이춘호의 100대 명산 답사기

100가지 보물을 품은 100대 명산

이춘호 지음

블루페가수스

들어가며

이미 산을 사랑하고 있거나, 이제 막 산과 친해지려 하거나,
산에 대해 더 알고 싶은 모든 이들에게

사람들은 왜 산에 오르는 것일까요? 건강을 위해서, 다이어트를 목적으로, 걷는 것이 좋아서, 몸과 마음의 수행을 위해서, 경치가 좋아서, 혹은 그저 산이 좋아서... 산을 찾는 이유는 저마다 다를 것입니다.

오래전 내게도 사람들이 왜 힘겹게 산을 오르는지 이해가 되지 않던 때가 있었습니다. 숨이 턱밑까지 차고 허벅지가 터질 것 같은 고통을 참는 것이 견디기 힘들기도 했고, 무엇보다 그렇게 기껏 올랐다가 내려가서 출발했던 곳으로 돌아가는 것이 허무하게 느껴졌습니다.

이후 산을 즐겨 찾게 된 것에 대해 어떤 특별한 계기가 있었는지는 잘 기억이 나지 않습니다. 한 번 그리고 또 한 번 산에 오르다보니 자연스럽게 일상 속으로 스며들었던 것 같습니다. 가랑비에 옷이 서서히 젖듯이... 산은 그렇게 내게로 왔습니다.

세상은 너무나 빠르게 변하고 있습니다. 4차 산업혁명이라는 이름 아래 인공지능, 빅데이터 등 불과 몇십 년 전만 해도 생각지도 못했던 것들

이 우리가 살고 있는 지금 이 시대를 지배하고 통제하기에 이르렀습니다. 버튼 하나면 바로 해결이 되어야 하는 속도가 최고의 가치인 시대에 살고 있습니다. 느긋함과 여유는 마치 게으름의 상징처럼 여겨집니다.

    모죽이라는 대나무가 있습니다. 모죽은 처음에는 자라지 않습니다. 싹이 트고 5년 동안 거의 성장을 하지 않습니다. 뿌리 발육은 하지만 위에는 꼼짝을 하지 않습니다. 그런데 5년이 지나면 그 때부터는 급속도로 자라기 시작합니다. 모죽은 5년 동안 아무것도 하지 않은 것이 아닙니다. 땅속 깊은 곳에서 조용히 때를 기다리고 있었던 것입니다.

    우리 인생도 마찬가지입니다. 당장 눈에 보이는 성과가 드러나지 않는다고 포기하거나 실패했다고 판단하기는 이릅니다. 남들보다 조금 천천히 갈 뿐, 결코 때를 놓친 건 아니라고 모죽이 말해주고 있습니다. 이렇게 자연에서 우리는 많은 것을 깨닫고 배우게 됩니다.

    사회가 어지러워 머리가 복잡할 때, 쉽사리 해결하기 힘든 문제에 직면했을 때 혹은 마음이 고단하여 마음에 쉼이 필요할 때... 어김없이 산에 오릅니다. 산에서 어떤 해답을 찾고 명확한 결론을 내리려는 것이 아닙니다. 거친 돌길을, 폭신폭신한 흙길을, 두 손을 써야만 하는 바위길을, 마음까지 시원해지는 계곡길을 따라 걷고 또 걷다 보면 어느새 머리가 맑아지고 마음이 편안해짐을 느낍니다. 아름다운 대자연을 우리에게 내어주신 창조주의 섭리를 느끼며, 그의 향기를 따르는 삶도 기대할 수 있습니다.

처음에는 가까운 곳에 있는 산을 위주로 다녔습니다. 하지만 시간이 흐를수록 어떤 목표를 세우고 체계적으로 산행을 해보고 싶다는 생각을 했습니다. 그러던 와중에 눈에 띈 것이 바로 산림청 지정 대한민국 100대 명산이었습니다. 강원도 휴전선 근처에 있는 산부터 배를 타고 한참을 가야 하는 섬에 있는 산, 편도 5시간이 넘는 거리에 있는 산까지... 과연 할 수 있을까 걱정도 되긴 했지만, 마감기한을 누가 정해 놓은 것도 아니고 하나씩 하나씩 해보기로 결심했습니다.

대한민국 100대 명산은 세계 산의 날을 기념하고 산의 가치와 중요성을 새롭게 인식하기 위해 2002년 10월 산림청에서 공표하였습니다. 지자체를 통해 추천받은 산, 산악회 및 산악전문지가 추천하는 산, 인터넷사이트를 통해 선호도가 높은 산 등을 대상으로 하여 산의 역사, 문화성, 접근성, 선호도, 규모, 생태계 특성을 고려하여 100개로 선정하였습니다.

그동안 100대 명산을 오르며 설레고 가슴 벅찬 순간이 너무 많았습니다. 지리산 천왕봉에서 맞은 일출, 새벽부터 칼바람을 맞으며 올랐던 설악산 대청봉, 폭설로 겨울왕국으로 변신한 한라산, 독도에서의 뭉클함을 함께 느낀 울릉도 성인봉… 일일이 열거할 수는 없지만 산에서의 모든 순간이 아름다웠습니다. 물론 아쉬운 점도 있었습니다. 100대 명산에 이름을 올렸으나 일반인이 출입할 수 없어 곰배령으로 대체한 점봉산 정상은 못내 미련으로 남았습니다.

이 책에서는 산들이 가지고 있는 특성과 산에서 느낀 저의 감정을 함께 녹여 내어 100대 명산을 13개의 키워드로 분류했습니다. 산을 친구로 삼으면서 얻는 것이 너무나 많습니다. 건강을 찾았고, 머리가 맑아졌고, 무엇보다 겸손과 인내를 산에서 배웠습니다. 산을 사랑하는 마음, 산이 가지고 있는 매력을 이제 혼자가 아닌 더 많은 사람들과 나누고 싶습니다.

이춘호

이춘호의 100대 명산 답사기
**100가지 보물을 품은
100대 명산**

CONTENTS

들어가며   02
100대 명산 한눈에 보기   12

01.
설경에 취하고 싶다면

- 001. 대자연이 주는 위대한 경이와 감동 | 제주 한라산   20
- 002. 산행 초입부터 눈 목련이 활짝 | 홍천 계방산   23
- 003. 눈꽃으로도 이름난 화합의 산 | 영동 민주지산   26
- 004. 설국으로 환상의 눈꽃 여행 떠나요 | 무주 덕유산   29
- 005. 천년을 사는 주목나무에 핀 눈꽃 | 태백 태백산   32
- 006. 겨울산에 펼쳐지는 눈꽃의 향연 | 가평 명지산   35
- 007. 눈 시리게 하얀 세상에 파묻힐 뻔하다 | 단양 소백산   38

02.
바다와 산을 함께 즐기고 싶다면

- 008. 한려수도에 우뚝 솟은 작은 지리산 | 통영 지리산   42
- 009. 동양의 나폴리를 품은 자그마한 명산 | 통영 미륵산   45
- 010. 홍도, 그 절경을 빚어낸 깃대봉 | 홍도 깃대봉   48
- 011. 천혜의 아름다운 섬, 울릉도의 신비한 산 | 울릉도 성인봉   51
- 012. 다도해를 굽어보는 여덟 개 봉우리 | 고흥 팔영산   54
- 013. 남해를 굽어보는 비단을 두른 산 | 남해 금산   57
- 014. 산과 바다의 행복한 조화 | 부안 내변산   60
- 015. 한려수도를 품은 섬 산에 공룡 발자국 | 고성 연화산   63

03. 암릉의 다이나믹을 느끼고 싶다면

016. 달맞이로 이름 높은 바위 명산 | **영암 월출산** — 68
017. 암릉에서 얻는 깨달음과 즐거움 | **단양 도락산** — 71
018. 75m 암벽에서 느끼는 짜릿함 | **영동 천태산** — 74
019. 고만고만한 8개 봉우리를 넘는 재미 | **홍천 팔봉산** — 77
020. 암릉의 스릴과 강과 호수의 멋진 조망 | **춘천 삼악산** — 80
021. 숨 고를 틈 없이 연이어지는 암릉의 스릴 | **금산 서대산** — 83
022. 긴장감 조성하는 칼날 같은 암릉 | **보은 구병산** — 86
023. 동강의 전망대에서 바위 타는 재미 | **정선 백운산** — 89
024. 장쾌한 암릉미, 아슬아슬한 스릴 | **함양 황석산** — 92

04. 단풍 속에 푹 빠지고 싶다면

025. 현란한 아름다움, 역시 단풍은 내장산 | **정읍 내장산** — 96
026. 애기 단풍이 이렇게 아름다울 수가 | **장성 백암산** — 99
027. 화강암이 빚어낸 수려한 산의 단풍 | **화천 용화산** — 102
028. 호반에서 단풍과 호수를 즐기다 | **춘천 오봉산** — 105
029. 짜릿한 구름다리에서 이른 가을 마중하다 | **완주 대둔산** — 108
030. 빨갛고 노란 물감을 흩뿌려 놓은 듯 | **무주 적상산** — 111
031. 화려하진 않아도 은은한 파스텔 단풍 | **인제 대암산** — 114
032. 접근성이 좋다! 수도권 최고의 단풍 명산 | **동두천 소요산** — 117
033. 천연기념물 은행나무와 어우러진 단풍 꽃대궐 | **양평 용문산** — 120

05.
봄이 오는 향기를 맡고 싶다면

034. 진달래가 온산에 흐드러지게 피었네 | **창원 무학산**	124
035. 철쭉의 바다, 그 화려한 붉은 유혹 | **합천 황매산**	127
036. 신비한 돌탑과 벚꽃의 화려한 조화 | **진안 마이산**	130
037. 해발 1,000m 위의 현란한 참꽃 화원 | **대구 비슬산**	133
038. 천상의 화원, 야생화의 천국 | **인제 점봉산 곰배령**	136
039. 선운산에서 만난 붉은 동백 | **고창 선운산**	139
040. 봄 햇살이 흘러넘치는 수도권의 철쭉 명산 | **남양주 축령산**	142

06.
억새로 물든 장관을 보고 싶다면

041. 가을 바람에 일렁이는 대평원의 억새 | **창녕 화왕산**	146
042. 다도해가 내려다 보이는 푸른 억새평원 | **장흥 천관산**	149
043. 화엄늪에 펼쳐진 눈부신 억새밭 | **양산 천성산**	152
044. 그 광활한 넓이가 주는 억새의 감동 | **밀양 재약산**	155
045. 그 아름다운 억새 능선의 풍광 속으로 | **울주 신불산**	158
046. 호수와 단풍도 덤으로 즐기는 억새 명산 | **포천 명성산**	161
047. 오지에서 만나는 호젓한 억새밭 | **장수 장안산**	164

07. 도심에서 쉽게 만나고 싶다면

048. 부산 시민들을 보듬는 아버지 같은 산 | **부산 금정산**	168
049. 천만 서울 시민의 영원한 허파 | **서울 북한산**	171
050. 광주의 역사를 가슴으로 품다 | **광주 무등산**	174
051. 한달음에 달려갈 수 있는 명산 | **대구 팔공산**	177
052. 특별시민의 친구 같은 명산 | **서울 도봉산**	180
053. 우리나라 최고의 상아탑을 끌어안은 산 | **서울 관악산**	183
054. 오랜 세월, 풍성한 이야기가 끝이 없네 | **구미 금오산**	186
055. 어머니 품처럼 포근한 시민들의 휴식처 | **전주 모악산**	189

08. 역사가 깃든 인문산행을 하고 싶다면

056. 천년의 도읍지, 경주의 노천박물관 | **경주 남산**	194
057. 단군이 홍익인간을 설파하던 민족의 성지 | **강화 마니산**	197
058. 수덕사를 품은 절절한 사연들이 깃든 산 | **예산 덕숭산**	200
059. 역사의 숨결이 남아 있는 사연 많은 산 | **문경 주흘산**	203
060. 숱한 전란을 이겨낸 전략적 요충지 | **파주 감악산**	206
061. 영험한 기운이 가득한 명산 | **공주 계룡산**	209

09. 보다 험준함을 즐기고 싶다면

062. 첩첩산중의 원시림을 찾아 떠난다 | **정선 가리왕산**	214
063. 험하지만 아름다운 이름, 만물상 | **합천 가야산**	217
064. 영남알프스 최고봉, 맏형 가지산 | **울주 가지산**	220
065. 영남알프스 큰 산 사이의 최대 난코스 | **밀양 운문산**	223
066. 치가 떨리고 악에 받쳐서 치악산이라던가 | **원주 치악산**	226
067. 험준하기 이를 데 없는 신령스러운 산 | **제천 월악산**	229
068. 경기 5악 중 으뜸, 경기도 최고봉 | **가평 화악산**	232
069. 암봉들이 구름을 뚫을 듯 솟았다 | **포천 운악산**	235
070. 흰 구름 모자를 쓰고 있는 산 | **광양 백운산**	238

10.
계곡이 아름다운 산이 궁금다하면

- 071. 아름다운 계곡에서 탁족(濯足)의 즐거움을 | **가평 유명산**　　**242**
- 072. 무더위 날리는 용추폭포의 장쾌함 | **문경 대야산**　　**245**
- 073. 아름다움의 절정, 수타계곡을 만나다 | **홍천 공작산**　　**248**
- 074. 단단한 암반 위로 맑은 물이 샘솟는다 | **순창 강천산**　　**251**
- 075. 자연이 빚어낸 작품, 십이폭포를 따라 | **포항 내연산**　　**254**
- 076. 깊은 오지 속에 꽁꽁 숨은 계곡 | **삼척 응봉산**　　**257**
- 077. 신선이 있었다면 여기에 살았을 것 | **청송 주왕산**　　**260**
- 078. 자연이 만든 워터파크, 백운계곡 | **포천 백운산**　　**263**
- 079. 우산살처럼 하늘을 향한 당당함 | **진안 운장산**　　**266**

11.
천년고찰을 따라 걷고 싶다면

- 080. 월정사를 품은 문수성지 오대산 | **홍천 오대산**　　**270**
- 081. 천년고찰 송광사와 선암사를 잇다 | **순천 조계산**　　**273**
- 082. 일년 중 단 하루만 열리는 봉암사 | **문경 희양산**　　**276**
- 083. 땅끝에 호국 불교의 성지 대흥사가 있다 | **해남 두륜산**　　**279**
- 084. 연꽃의 꽃술자리, 청량사 | **봉화 청량산**　　**282**
- 085. 햇볕이 잘 드는 곳, 청양에 숨겨진 보물 | **청양 칠갑산**　　**285**

12.
호젓한 숲길을 걸으며 사색하고 싶다면

086. 추월산의 달 그림자, 그 정취가 담긴 산 | **순창 추월산**　　290
087. 낙엽을 밟으며 사색의 바다에 빠진다 | **영월 백덕산**　　293
088. 소확행을 얻어가는 편안한 산행길 | **홍천 가리산**　　296
089. 부드러운 능선에 낙엽길이 이어진다 | **영월 태화산**　　299
090. 방태산에서 늦가을의 스잔함을 느끼다 | **인제 방태산**　　302
091. 충주호와 단풍 속 사색의 향기 | **제천 금수산**　　305
092. 바람조차 쉬어가는 호젓한 낙엽 산행지 | **남양주 천마산**　　308
093. 편백나무 향 가득한 숲 속 쉼터 | **장성 방장산**　　311

13.
백두대간을 따라 걷고 싶다면

094. 백두대간을 밟으며 '어머니의 산'으로 | **함양 지리산**　　316
095. 덕유와 속리를 이어주는 백두대간의 나들목 | **김천 황악산**　　319
096. 세 개의 강이 발원하는 백두대간의 허리 | **보은 속리산**　　322
097. 부드러운 능선의 백두대간을 걷다 | **문경 황장산**　　325
098. 동양 최대 동굴을 품은 백두대간의 분수령 | **삼척 덕항산**　　328
099. 장엄한 백두대간과 무릉계곡의 조화 | **동해 두타산**　　331
100. 단절된 백두대간, 더 이상 갈 수 없는 | **속초 설악산**　　334

부록
김해의 명산

가락국 이야기 보따리 | **무척산**　　340
신령스러운 물고기가 노닐다 | **신어산**　　343
장유화상의 흔적을 찾아서 | **용지봉**　　346
김해에도 백두산이 있다 | **백두산**　　349

100대 명산 한눈에 보기

001 한라산	002 계방산	003 민주지산	004 덕유산
005 태백산	006 명지산	007 소백산	008 사량도지리산
009 미륵산	010 깃대봉	011 성인봉	012 팔영산
013 금산	014 내변산	015 연화산	016 월출산
017 도락산	018 천태산	019 팔봉산	020 삼악산

| 021 | 서대산
| 022 | 구병산
| 023 | 백운산
| 024 | 황석산
| 025 | 내장산
| 026 | 백암산
| 027 | 용화산
| 028 | 오봉산
| 029 | 대둔산
| 030 | 적상산
| 031 | 대암산
| 032 | 소요산
| 033 | 용문산
| 034 | 무학산
| 035 | 황매산
| 036 | 마이산
| 037 | 비슬산
| 038 | 점봉산(곰배령)
| 039 | 선운산
| 040 | 축령산

100대 명산 한눈에 보기

100대 명산 한눈에 보기

| 041 화왕산 | 042 천관산 | 043 천성산 | 044 재약산 |
| 045 신불산 | 046 명성산 | 047 장안산 | 048 금정산 |

| 049 북한산 | 050 무등산 | 051 팔공산 | 052 도봉산 |

| 053 관악산 | 054 금오산 | 055 모악산 | 056 경주남산 |

| 057 마니산 | 058 덕숭산 | 059 주흘산 | 060 감악산 |

061	계룡산	062	가리왕산	063	가야산	064	가지산
065	운문산	066	치악산	067	월악산	068	화악산
069	운악산	070	백운산(광양)	071	유명산	072	대야산
073	공작산	074	강천산	075	내연산	076	응봉산
077	주왕산	078	백운산(포천)	079	운장산	080	오대산

100대 명산 한눈에 보기 15

100대 명산 한눈에 보기

| 081 조계산 | 082 희양산 | 083 두륜산 | 084 청량산 |

| 085 칠갑산 | 086 추월산 | 087 백덕산 | 088 가리산 |

| 089 태화산 | 090 방태산 | 091 금수산 | 092 천마산 |

| 093 방장산 | 094 지리산 | 095 황악산 | 096 속리산 |

| 097 황장산 | 098 덕항산 | 099 두타산 | 100 설악산 |

16 100가지 보물을 품은 100대 명산

산림청 지정 대한민국 100대 명산

연번	구분	산이름	높이(m)	소재지
1	서울	관악산	632	서울, 경기 안양·과천
2		도봉산	739	서울, 경기 의정부·양주
3		북한산	836	서울, 경기 고양·양주 (국립공원)
4	부산	금정산	801	부산, 경남 양산
5	대구	비슬산	1,084	대구, 경북 청도
6		팔공산	1,193	대구, 경북 군위·영천 (도립공원)
7	인천	마니산	472	인천(강화)
8	광주	무등산	1,187	광주, 전남 담양·화순 (국립공원)
9	울산	가지산	1,241	울산(울주), 경북 청도, 경남 밀양 (도립공원)
10		신불산	1,159	울산(울주)
11	경기	감악산	675	경기 파주·양주·연천
12		명성산	923	경기 포천, 강원 철원
13		명지산	1,267	경기 가평
14		백운산	903	경기 포천, 강원 화천
15		소요산	587	경기 동두천·포천
16		용문산	1,157	경기 양평
17		운악산	934	경기 가평·포천
18		유명산	864	경기 가평·양평
19		천마산	812	경기 남양주
20		축령산	887	경기 남양주·가평
21		화악산	1,468	경기 가평, 강원 화천
22	강원	가리산	1,051	강원 홍천·춘천
23		가리왕산	1,561	강원 정선·평창
24		계방산	1,577	강원 홍천·평창
25		공작산	887	강원 홍천
26		대암산	1,310	강원 인제·양구
27		덕항산	1,071	강원 삼척·태백
28		두타산	1,357	강원 동해·삼척
29		방태산	1,435	강원 인제·홍천
30		백덕산	1,350	강원 영월·평창·횡성
31		백운산	883	강원 정선·평창
32		삼악산	654	강원 춘천
33		설악산	1,708	강원 속초·인제·양양 (국립공원)
34		오대산	1,563	강원 평창·홍천·강릉 (국립공원)
35		오봉산	779	강원 춘천·화천
36		용화산	875	강원 화천·춘천
37		응봉산	999	강원 삼척, 경북 울진
38		점봉산	1,424	강원 인제·양구
39		치악산	1,282	강원 원주·횡성·영월 (국립공원)
40		태백산	1,567	강원 태백, 경북 봉화 (국립공원)
41		태화산	1,027	강원 영월, 충북 단양
42		팔봉산	327	강원 홍천
43	충북	구병산	876	충북 보은, 경북 상주
44		금수산	1,015	충북 제천·단양
45		소백산	1,439	충북 단양, 경북 영주 (국립공원)
46		속리산	1,058	충북 보은, 경북 상주 (국립공원)
47		도락산	964	충북 단양
48		민주지산	1,241	충북 영동, 전북 무주, 경북 김천
49		월악산	1,097	충북 제천 (국립공원)
50		천태산	714	충북 영동, 충남 금산
51	충남	계룡산	847	충남 공주·논산, 대전 (국립공원)
52		덕숭산	495	충남 예산 (도립공원)
53		서대산	904	충남 금산, 충북 옥천
54		칠갑산	561	충남 청양 (도립공원)
55	전북	강천산	583	전북 순창, 전남 담양
56		내변산	424	전북 부안 (국립공원-변산반도)
57		내장산	763	전북 정읍·순창 (국립공원)
58		대둔산	878	전북 완주, 충남 논산 (도립공원)
59		덕유산	1,614	전북 무주·장수, 경남 거창·함양 (국립공원)
60		마이산	687	전북 진안 (도립공원)
61		모악산	793	전북 전주·김제·완주 (도립공원)
62		백암산	741	전남 장성·순창
63		선운산	336	전북 고창 (도립공원)
64		운장산	1,126	전북 진안·완주
65		장안산	1,237	전북 장수
66		적상산	1,034	전북 무주
67		추월산	731	전북 순창, 전남 장흥
68	전남	깃대봉	365	전남 신안
69		두륜산	703	전남 해남 (도립공원)
70		방장산	743	전남 장성, 전북 고창·정읍
71		백운산	1,222	전남 광양·구례
72		월출산	809	전남 영암·강진 (국립공원)
73		조계산	887	전남 순천 (도립공원)
74		천관산	723	전남 장흥 (도립공원)
75		팔영산	608	전남 고흥
76	경북	경주남산	468	경북 경주
77		금오산	976	경북 구미·김천 (도립공원)
78		내연산	710	경북 포항·영덕
79		대야산	931	경북 문경, 충북 괴산
80		성인봉	986	경북 울릉
81		주왕산	721	경북 청송·영덕 (국립공원)
82		주흘산	1,106	경북 문경
83		청량산	870	경북 봉화·안동 (도립공원)
84		황악산	1,111	경북 김천
85		황장산	1,077	경북 문경
86		희양산	999	경북 문경, 충북 괴산
87		가야산	1,430	경북 합천·거창, 경북 성주 (국립공원)
88		남해금산	681	경남 남해
89		무학산	767	경남 창원
90		미륵산	461	경남 통영
91		사량도지리산	398	경남 통영
92		운문산	1,188	경남 밀양, 경북 청도, 울산(울주)
93	경남	연화산	524	경남 고성
94		재약산	1,189	경남 밀양, 울산(울주)
95		지리산	1,915	경남 함양·산청·하동, 전북 남원, 전남 구례 (국립공원)
96		천성산	922	경남 양산
97		화왕산	756	경남 창녕
98		황매산	1,108	경남 합천·산청
99		황석산	1,192	경남 함양
100	제주	한라산	1,950	제주 (국립공원)

100가지 보물을 품은 100대 명산

01

설경에 취하고 싶다면

- 한라산
- 계방산
- 민주지산
- 덕유산
- 태백산
- 명지산
- 소백산

001 | 대자연이 주는 위대한 경이와 감동
제주 한라산

은하수를 붙잡을 정도로 높은 산이라는 뜻의 한라산(1,950m)은 우리나라에서 가장 높다. 백록담(정상)은 서쪽 절반은 조면암, 동쪽 절반은 현무암으로 매우 독특한 분화구이다. 우리나라에서 자라는 4,000여종의 식물 중 2,000여종이 서식하고 있는 살아 있는 생태공원으로 불리며 뛰어난 경관과 지질학, 생물학적 가치를 인정받아 유네스코 세계 자연유산으로 지정되었다.

제주도에 위치한 한라산 특성상 아무래도 당일로는 무리가 있어 1박2일 여정을 계획하고 나서 첫 비행기에 오른다. 모두 상기된 표정이다. 연착되는 비행기에도 누구 하나 볼멘소리를 하지 않는 것을 보면 여행의 들뜬 공기는 사람들을 훨씬 여유롭게 만드는 것이 분명하다.

행여 사람들에 치여 지체되진 않을까 서둘러 도착한 성판악탐방로 입구는 이미 차와 사람들로 넘쳐나고 있다. 오늘 코스는 성판악에서 시작해서 관음사로 날머리를 잡는다. 왕복 8시간의 힘든 여정이 될 것이지만 크게 호흡을 하고 한라산 품으로 들어선다.

전날 폭설이 내려 통제되었던 터라 초입부터 눈밭이다. 왠지 오늘은 엄청난 절경을 맞을 수 있을 거라고 생각하니 발걸음이 한결 가볍다.

　성판악 입구에서 삼나무숲길을 지나 속밭대피소까지는 완만한 구간을 지난다. 말이 대피소지 속밭대피소는 사람들이 쉬어가기엔 여건이 녹록지 않다. 그대로 통과하며 쉬엄쉬엄 가기로 한다. 빨리 재촉하려 해도 주변을 둘러보며 감탄을 하느라 속도를 낼 수가 없다.

　그렇게 걷다 구경하다를 반복하며 진달래 대피소에 이른다. 진달래 대피소에서 정상을 가려면 통제시간(12시) 안에 도착해야만 한다. 요즘은 컵라면을 판매하지 않지만, 대피소에서 먹는 컵라면 맛은 그 어떤 만찬과도 비교할 수가 없을 것이다.

　진달래 대피소에서 백록담 정상까지는 그야말로 온통 눈세상이다. 하늘도 얼마나 쾌청한지 힘

든 것도 잊고 그저 산에 취할 뿐이다.

그렇게 4시간이 넘는 시간을 걷고 걸어 백록담 정상에 선다. 고도가 높아 자연스레 구름 위에서 눈으로 뒤덮인 백록담을 마주하니 나도 모르게 가슴이 뭉클해진다.

하산길은 왔던 길이 아닌 관음사 코스로 잡는다. 관음사 코스는 성판악에 비해 난이도가 더 높은 것으로 알려져 들머리로 잡는 것이 부담스럽기 때문이다. 확실히 성판악 코스보다는 사람이 적다. 눈 덮인 등산로에서 넘어지지 않으려고 조심조심 내려온다.

아침에 올라 저녁이 다 되어서야 마무리가 된다. 하루 종일 한라산과 함께하며 자연이 주는 위대한 경이와 감동에 대해, 또 건강하게 자연을 즐길 수 있음에 대해 다시 한번 감사하는 마음을 가진다.

에필로그 겨울 한라산은 눈부시게 아름답지만 그 품을 쉽게 허락하지 않는 듯하다. 겨울이 되면 폭설로 입산통제와 해제를 반복해서 산을 오르려는 많은 이들을 애타게 한다. 나 역시 엄청난 바람과 눈보라 앞에서 백록담을 코 앞에 두고 발걸음을 돌렸던 적이 있었다. 그런 경험이 있기에 쾌청한 날씨의 한라산이 더 소중하게 느껴졌는지도 모르겠다.

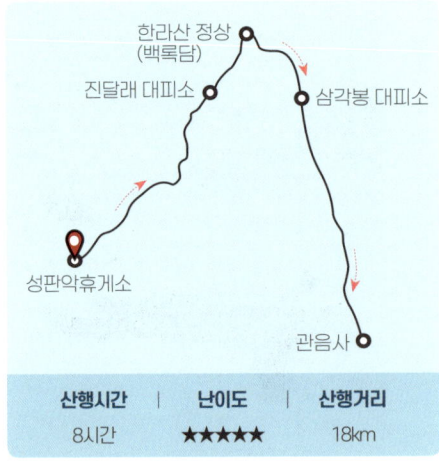

Tip 한라산을 오르는 방법은 다양하다. 백록담을 보기 위해서는 성판악탐방로와 관음사탐방로를 이용해야만 한다. 백록담 정상에 가지 않고 쉽게 한라산 눈꽃을 즐기고 싶다면, 영실이나 어리목탐방로를 추천한다. 성판악이나 관음사탐방로보다 산행 시간이 절반 정도로 줄어들어 체력적으로 무리하지 않고도 한라산 눈꽃 산행을 마음껏 즐길 수 있다.

산행시간	난이도	산행거리
8시간	★★★★★	18km

002 | 산행 초입부터 눈 목련이 활짝
홍천 계방산

강원 홍천군 내면 계방산(1,577m)은 한라산, 지리산, 설악산, 덕유산에 이어 다섯 번째로 높은 산이다. 산 정상에서는 설악산과 오대산, 대관령이 바라다 보인다. 각종 약초와 야생화가 자생하는데, 특히 산삼의 산지로 이름나서 심마니들이 많이 찾는다. 한겨울의 설경은 그야말로 일품이다.

눈꽃 산행지를 선택할 때 해발고도가 높은 산은 지레 걱정이 되기도 한다. 쌓인 눈으로 조심해야 하는 구간이 많고, 때로는 조난사고 소식을 뉴스에서도 접하기 때문이다.

그런데 계방산은 해발 1,089m 운두령에서 산행이 시작되니 그런 걱정은 접어두자. 1,577m인 계방산 정상까지 500여 m를 오르면 되니까... 운두령은 남한에서 자동차로 넘는 고개 중 제일 높은 해발고도에 있다. 그래서 계방산 정상까지는 초보자도 어렵지 않게 오를 수 있겠다.

혹독한 추위와 칼바람으로 유명한 계방산이라 겨울에 찾을 때는 복장과 장비를 철저하게 갖추어 사고를 예방해야만 한다. 멋진 경치를 보는 것도, 몸이 건강해지는 것도 다 좋지만 무엇보다 중요한 것은 안전이다.

눈 덮인 등산로를 걸을 때마다 뽀드득뽀드득 소리가 난다. 하얀 눈에 대

조를 이루는 파란 하늘이 너무 상쾌해서 걷는 길이 힘든지도 모를 지경이다. 높이 올라갈수록 하늘빛은 더 선명해진다.

정상에 오르면 저 멀리 설악산과 오대산이 보인다. 산 앞에 산, 산 뒤에 또 다른 산, 산과 산들이 끝날 것 같지 않게 이어지고 있다.

계방산이 품은 또 하나의 보물은 주목이다. 주목 군락지는 정상을 지나 노동계곡으로 가기 전에 있다. 이곳에는 천년 이상 자란 주목이 군락을 이룬다.

주목이라... 주목은 오래 살고 죽어도 잘 썩지 않는다. 그래서 흔히 살아서 천년, 죽어서 천년 산다고 한다. 그리고 우리 민족의 끈기와 인내를 상징하기도 한다. 느리게 자라는 주목은 나무 조직이 치밀하고 나뭇결의 무늬가 고와서 옛날부터 최고급 목재로 쓰였다.

백제 무령왕릉에서 출토된 무령왕의 나무 베개도 주목으로 만들어졌다. 그 뿐이랴. 예로부터 활을 만드는 재료로 주목을 당해낼 목재가 없다고 했다. 조선시대 무관들의 소원이 주목으로 만든 활을 갖는 것이었다.

계방산은 3월까지 하얀 눈에 덮인 겨울 왕국이다. 바쁜 일상으로 눈꽃을 볼 수 있는 때를 놓쳤다고 속상해하지 말자! 계방산에서는 늦게까지 겨울을 만끽할 수 있다.

에필로그 사람들이 북적거리며 다툼을 하는 복잡한 도시와는 사뭇 다른 겨울 산에서 눈꽃으로 뒤덮인 수풀을 헤쳐나가다 보면 사색의 바다에 빠진다. 대자연의 품에 안겨서 더 멀리 바라다보면 사소한 것에 매달리는 것이 참 부질없다고 느껴진다. 산이 도를 얻으려고 수행하는 도량이라고 할 것까지는 없지만, 산은 많은 것을 가르쳐 주고 깨달음을 주는 것 만큼은 분명하다.

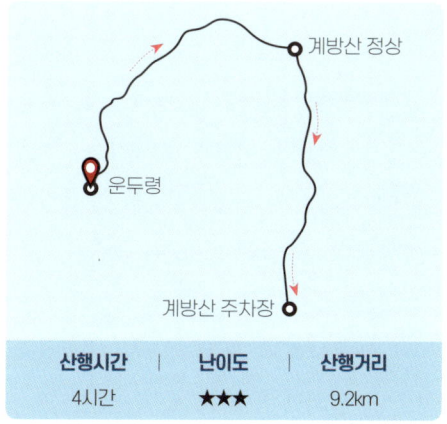

Tip 겨울 산행에서는 미끄러운 길로 인해 넘어지는 것을 특히 조심해야 한다. 그래서 눈 산행에서는 아이젠 착용이 필수인데, 짚신형 아이젠이 가장 무난하다. 또 쌓인 눈이 많아 등산화로 들어갈 경우를 대비해 스패츠도 준비해야 한다. 무릎의 부담을 덜어주는 등산 스틱을 사용한다면 더욱 안전한 산행이 될 수 있다.

003 | 눈꽃으로도 이름난 화합의 산
영동 민주지산

충북 영동군 용화면 민주지산(1,241m)은 해발 1천m가 넘는 산이지만 산세가 부드러우며 국내 최대 원시림 계곡인 물한계곡이 있다. 삼국시대에 백제와 신라가 국경을 이루었던 곳이고, 이 산의 삼도봉은 충청도·전라도·경상도의 꼭지점이라 해서 삼도봉이다. 겨울에는 눈꽃이 아름답고 봄이면 진달래가 산을 붉게 물들인다.

민주지산은 덕유산, 비슬산, 천마산 등 동서남북의 큰 산들에 의해 둘러싸여 있다. 산 속의 산이다. 그 산 속에서 민주지산은 큰 산들을 흠모하듯이 바라다 보며 포용하려고 한다. 수많은 짐승과 나무, 꽃들이 자생하며 사시사철 많은 등산객들을 불러들인다. 산세는 부드럽고 후덕스럽기까지 하다.

산행을 위해 달려가는 차 안에서 내다보니 밤새 내린 눈으로 산들이 하나같이 하얀 모자를 눌러썼다. 산행을 시작하기도 전에 가슴이 두근거린다. 틀림없이 눈꽃 구경을 원없이 할 수 있으리라.

물한계곡 주차장에 도착하니 시간이 일러서인지 폭설 때문인지 사람들이 거의 없다. 오늘 이 산을 전세라도 낸 듯이 느긋하게 즐길 수 있을 것

같다. 등산로로 들어서자마자 탄성이 저절로 터진다. 나뭇가지마다 맺힌 상고대와 여기저기 둘러보아도 눈밖에 안보이는 이 산은 그야말로 겨울왕국이 따로 없다.

눈높이에 가끔씩 비치는 햇살에 반짝이는 눈꽃들이 있기에 산행은 즐겁기만 하다. 고요한 설국 속에서 여기가 낙원 같은 산 속이라고 한다면 지나친 표현일까. 그만큼 행복감에 젖어 있다는 뜻이다.

거친 숨을 토해 내며 능선에 닿자 땀이 식기도 전에 칼바람이 반갑다며 온몸을 휘감아버린다. 그 칼바람 속에서, 겨울 산 속에서 푹푹 빠지는 눈밭을

걸어가는 묘미를 맛보며 사색을 즐겨본다. 누가 그랬던가. 나를 찾아 떠나는 것이 산행이라고…

다시 정상을 향해 걸음을 재촉한다. 약간 힘든 구간마다 밧줄이 잘 설치되어 있어 힘이 덜 들고 재미도 있다. 끝없이 이어지는 듯하던 희디흰 눈꽃세상을 지나 드디어 정상이다. 1,241m의 높은 봉우리답게 조망도 일품인데, 발 아래 온통 흰 세상뿐인 경치는 사진으로는 도저히 담아낼 수 없다. 눈으로, 머리로, 가슴으로 꼭꼭 저장하는 수 밖에…

민주지산 정상에서 좁은 등산로를 따라 능선을 오르내리기를 반복하다 보면 또다른 봉우리 석기봉이 나오고, 계속 직진을 하면 삼도봉이 보인다. 이곳에서 황룡사 방향으로 틀어 출발했던 물한계곡을 다시 만나며 산행을 마무리한다. 눈 구경 원없이 잘 했다.

에필로그 민주지산은 3개도에 걸쳐 펼쳐지는 장엄한 거산이다. 삼도봉에 이르면 화려하고 위풍당당한 기념탑을 만날 수 있다. 전라북도 무주군, 경상북도 금릉군(김천시), 충청북도 영동군의 화합을 기원하는 의미로 조형물을 세웠다고 한다. 이 산이 품은 뜻에 따라 우리나라 정치도 각 지역 간의 해묵은 감정을 털어내고 진정한 화합을 이룰 날이 반드시 올 것이다. 그날이 기다려진다.

Tip 물한계곡에서 잠시 사색의 시간을 가져보자. 민주지산과 삼도봉에 둘러싸인 이 계곡은 원시림을 보존하고 야생 동식물이 곳곳에 사는 손꼽히는 생태관광지이다. 민주지산은 물한계곡으로 더욱 빛난다. 폭포와 소(沼), 숲도 어우러져 있어 등산객과 피서객으로 사계절 붐빈다.

004 설국으로 환상의 눈꽃 여행 떠나요
무주 덕유산

전북 무주군 설천면 덕유산(1,614m)은 주봉인 향적봉을 중심으로 무룡산, 삿갓봉 등 1,300m 안팎의 봉우리들이 솟아 있다. 기슭을 흐르는 무주 구천동으로도 잘 알려진 명산이다. 무주 구천동은 장장 70여리에 걸쳐 흐르며 빼어난 계곡미(溪谷美)를 보여준다. 봄에는 철쭉 군락이 일품이고 가을에는 단풍, 겨울에는 눈꽃과 상고대가 장관을 이룬다.

덕이 많아서 덕유산이라 한다던가. 덕유산의 능선은 어머니 품처럼 부드럽다. 하지만 눈과 바람이 많다기에 방풍과 보온 의류에 신경을 쓰고 나선다. 아이젠과 스패츠도 단단히 챙기고 길을 나선다.

산행 들머리인 구천동 탐방지원센터를 출발해 그 이름난 무주구천동 계곡을 지난다. 인월담, 청류동, 비파담, 다연대, 구월담 등으로 이어지는 골짜기와 계곡은 대부분이 얼어붙거나 눈에 덮여 그 아름다운 모습을 제대로 드러내지 못한다. 여름이면 시원한 이 계곡이 피서객들로 가득 찰 것이다. 그런데 한겨울의 구천동 계곡은 청초함이랄까? 그런 모습으로 마음을 휘어잡는다.

백련사를 지나 정상인 향적봉으로 가는 등산로는 이제까지의 길과 결이

다르다. 백련사까지가 계곡을 끼고 도는 편안한 산책로였다면 백련사부터 정상까지는 2.5km 정도로 쉬지 않고 오르막길이 이어진다. 1,600m 높이의 정상에 오르기 위한 경사도가 만만치 않다. 거기에 더해 강풍까지 휘몰아친다. 손끝이 금세 얼어오고 매서운 바람에 몸이 휘청댄다.

하지만 향적봉 정상에 올라 바라보는 경치는 추위도 다 잊게 한다. 산 아래로 펼쳐진 구름의 바다는 마치 목화솜을 깔아놓은 듯 신비롭다. 사방을 둘러보아도 어느 곳이 더 아름답다고 우열을 가릴 수 없을 정도로 멋진 풍광이다.

워낙 인기가 많은 산인데다 곤도라로 쉽게 접근할 수 있으니 정상은 이미 많은 사람들로 북적거린다. 정상석 옆에서 사진을 찍기 위해서는 인내심을 가지고 기다려야 한다.

덕유산 눈꽃 산행의 하이라이트는 향적봉에서 설천봉으로 내려가는 길이다. 주목, 구상나무, 철쭉나무에 눈이 켜켜이 쌓여 피워낸 눈꽃과 상고대는 덕유산에서만 볼 수 있는 절경이다. 덕유산의 눈꽃은 그 하나하나가 달라 보이며 유별난 아름다움으로 다가온다. 살아 천 년, 죽어 천 년을 산다는 주목에 피어난 눈꽃은 말할 것도 없다. 덕유산이 철쭉이면 철쭉, 계곡이면 계곡, 단풍이면 단풍, 모든 면에서 출중한 산악미를 연출하는 명산이어서일까.

에필로그 덕유산은 가을 단풍이나 겨울 눈꽃 시즌이 되면 곤도라를 타려는 사람들로 인산인해를 이룬다. 특히 주말에는 몇 시간씩 기다려야 할 정도로 인기다. 곤도라나 케이블카 설치에 대해서는 찬반양론이 있다. 노약자나 거동이 불편한 사람들도 자연을 즐겨야 하고 관광 자원을 개발해야 한다는 의견과 환경파괴로 생태계를 망친다는 논리가 팽팽히 맞선다. 지자체와 환경단체 사이의 갈등은 계속 이어진다. 쉽사리 풀기 힘든 어려운 문제이기는 하다.

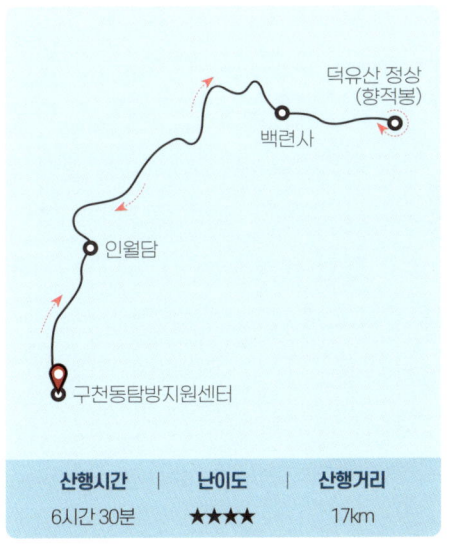

Tip 구천동탐방지원센터부터 백련사까지는 완만한 길이지만 거리가 6km에 달한다. 왕복하기엔 아무래도 무리가 없지 않다. 이럴 때는 편도만 이용하는 방법이 있다. 탐방지원센터에서 향적봉으로 등산한 뒤 20분 정도 내려가 설천봉에서 곤도라를 타고 하산하면 된다. 구천동탐방지원센터에 두고 온 차는? 걱정하지 말자. 무주리조트 주차장에서 구천동 탐방지원센터까지 셔틀버스가 운행된다.

산행시간	난이도	산행거리
6시간 30분	★★★★	17km

005 | 천년을 사는 주목나무에 핀 눈꽃
태백 **태백산**

강원 태백시 혈동 태백산(1,567m)은 설악산, 오대산과 함께 태백산맥의 신령스런 산으로 불린다. 최고봉인 장군봉을 중심으로 비교적 산세가 완만하고 웅장하고 장중한 맛이 느껴진다. 산 정상에는 예로부터 하늘에 제사를 지내던 천제단이 있어 매년 개천절에 태백제를 열고 천제를 지낸다. 주목 등 고산 식물도 많고 눈꽃 산행지로 인기다.

백두대간의 중심인 태백산에서 겨울 산행의 진수를 맛볼 수 있는 산행일이다. 많은 기대와 설레임 속에서 오늘을 기다려왔다.

한겨울의 태백산에 도착해 유일사에서 가벼운 첫발을 내딛는다. 양 옆으로 편백나무가 늘어서 있는 쭉 뻗은 등산로가 인상 깊다. 아늑한 느낌이다. 생각보다 포근한 날씨 때문인지 예상했던 눈꽃 천국은 아니지만 산세가 주는 좋은 기운이 느껴져 실망스럽지 않다.

평탄한 오르막길을 산책하듯 쉬엄쉬엄 오른다. 그 유명한 이름에 비해 험준하지 않아서 더욱 매력적이다.

태백산은 사시사철 등산객들의 사랑을 받는 곳이다. 일출이 장관이고 봄에는 철쭉, 겨울에는 눈꽃으로 각광 받는다. 그 중에 눈꽃은 압권이다.

　태백의 눈꽃은 탁월한 아름다움을 뽐낸다. 밑둥이 굵고 튼실한 소나무 가지 위에 소복히 쌓인 눈송이가 햇빛에 반사되는가 하면, 멀리 산봉우리가 맑은 보석처럼 빛을 발하는 순간의 아름다움은 쉽게 잊혀지지 않는다.

　적설량이 풍부하기로도 이름난 한겨울의 태백산을 찾은 등산객들은 두고두고 추억을 잊지 못한다더니 부풀려진 이야기가 아닐 것이다.

　산 정상 부근의 능선에 다다르자 조망이 탁 트이면서 주목 군락지가 나타난다. 장군봉 아래 있는 이곳 주목 군락지는 '살아서 천년, 죽어서 천년'을 산다는 주목의 진면목을 여실히 보여준다. 솜씨 좋은 정원사가 초대형 분재를 해놓은 듯한 그 기묘하고 고고한 자태에 숭고한 아름다움이 엿보

인다. 태백산에서 자라는 주목은 3,000주 가량 된다고 한다. 수령은 대부분 500년 이상이다.

주목 군락을 지나 태백산 최고봉 장군봉에 이른다. '태백산 최고봉 장군봉 1,567m'이라 쓰인 정상석이 등산객을 반갑게 맞는다. 장군봉을 지나면 하늘에 제사를 지냈다는 천제단이 나오는데 신성한 곳임이 짐작된다.

이곳에서 바라보는 산 풍경은 보고 또 봐도 경이롭다. 태백산이 품은 이 절경은 두 발로 오른 사람에게만 주어지는 특권이다.

에필로그 얼마 전에 신문에서 태백산 주목에 대한 칼럼을 읽었다. 식물학자들에 따르면 주목은 어릴 때는 내리쬐는 햇볕을 별로 좋아하지 않는다고 한다. 빨리 자라겠다고 발버둥 치지 않고 유유자적한다는 것이다. 오랜 세월을 버텨낸 주목은 다른 나무들보다 더 크게 자라서 더 많은 햇볕을 받는 데 뒤지지 않게 된다고 한다. 느긋한 여유가 되레 긴 생명력을 이끌어낸 셈이다. '살아서 천년, 죽어서 천년' 주목이 던지는 값진 교훈이다.

Tip 매년 1월 말이 되면 태백산 산 아래에서 눈축제가 열린다. 다양한 프로그램 중 단연 으뜸은 눈조각이다. 다채로운 주제로 빚어낸 눈조각들은 태백산의 또 다른 즐거움이다. 또 태백 시내 중심지에 있는 황지연못은 필수 코스처럼 들려야 할 명소다. 이곳은 장장 510.36km을 흐르는 낙동강의 발원지이다. 커다란 비석 아래 깊이를 알 수 없는 상지, 중지, 하지로 이루어진 둘레 100m의 소(沼)에서 하루 5천톤의 물이 쏟아져 나온다.

006 | 겨울산에 펼쳐지는 눈꽃의 향연
가평 명지산

경기 가평군 북면 명지산(1,267m)은 경기도에서는 화악산(1,468m) 다음으로 높다. 산세가 웅장하고 수려하면서도 크고 작은 폭포와 소(沼)가 이어져 어느 계절에 찾아도 좋다. 봄에는 진달래가 무더기로 피어나고 가을에는 붉게 물든 활엽수의 단풍이 곱다. 명지계곡은 북동쪽에서부터 30km에 이르는 구간을 흘러내려 수도권의 피서지로 인기도 높다.

서울에서 가장 가까운 1,000m 높이의 명지산. 수도권의 명산이라고 불리기에 조금도 부족함이 없다. 접근성도 좋기에 사시사철 인기다. 깊은 계곡과 짙은 수풀이 조화를 이뤄 여름철 불볕 더위를 식히기에도 안성맞춤이다.

고도가 워낙 높아 겨울이면 산정에 눈꽃이 필 확률이 상당히 높다. 게다가 쌓인 눈도 여간해서는 녹지 않아 언제 찾아도 눈꽃 산행을 즐길 수 있다. 하지만 산이 높다 보니 산행시간이 만만치 않게 걸리는 것을 감안해야 한다.

익근리주차장에서 승천사를 지나 갈림길까지는 완만한 경사의 평탄한 비포장 길이 이어진다. 명지계곡 풍경을 감상하면서 걸으니 지루할 틈이 없다. 갈림길에서 점차 고도를 높일수록 겨울 풍경이 실감난다.

이 겨울 내내 나뭇가지에 상고대가 피고 지고를 반복할 것이다. 상고대는 나무나 풀에 내려 눈처럼 된 서리를 말한다. 보통 물은 영하로 내려가면 얼음이 얼어야 하는데, 액체상태로 남아 있는 물방울이 있다. 이것이 영하의 물체를 만나면 순간 얼어붙어 상고대를 만드는 것이다.

등산로는 험하고 가파르다. 국립공원처럼 정비가 잘 되어 있지 않아 길이 희미해지는 구간도 있다. 나무계단과 돌계단이 이어지는 거친 산길을 꾸준하게 올라야만 한다. 중간중간 쉬어가면서 속도를 조절하는데도 계속해서 숨이 가쁜 것은 어쩔 수 없다. 정상을

1km 정도 앞둔 능선에 올라서자마자 기어이 철퍼덕 주저앉고 만다.

하지만 산에서 만나는 탐스러운 눈꽃은 그 고단함을 다 잊게 한다. 사슴의 뿔처럼 풍부한 볼륨을 자랑하는 눈꽃은 말라붙은 낙엽에도 두툼하게 자란다. 겨울의 마법이 만들어낸 아름다운 풍경에 흠뻑 빠져 정상을 향하여 발걸음을 재촉한다.

얼음 화살을 쏘는 듯한 능선 특유의 칼바람을 감내하며 정상에 도착하자마자 탄성이 터진다. 화악산이 손에 잡힐 듯 보이고, 전혀 막힘이 없는 전망에 마음이 후련해진다. 인적이 드문 겨울산에서 한동안 정상을 전세 내고 상념에 젖는다.

에필로그 명지산을 눈 산행지로 점찍고 겨울에 다녀왔지만, 명지계곡이 깊어 한여름 더위를 피해 찾아도 너무 좋겠다는 생각이 든다. 봄은 봄이라서 좋고, 여름은 여름에 맞게 좋고, 가을은 가을의 색깔이 있고, 겨울은 겨울의 맛이 있다. 이처럼 산은 사계절 언제라도 찾는 이에게 큰 즐거움과 기쁨을 준다. 몸과 마음이 건강해지는 것은 두말할 필요가 없다. 아낌없이 준다는 것은 딱 산을 두고 하는 말인 듯하다.

산행시간	난이도	산행거리
5시간	★★★★	12km

Tip 눈꽃산행을 떠나기 전에는 우선 적설량이 얼마나 많은지를 살펴보도록 한다. 아무래도 고도가 높은 산들이 적설량이 많다. 그런데 바람이 강할 때보다 조용한 날에 눈이 나뭇가지에 잘 달라붙는다. 특히 굵은 함박눈이 대규모로 내리면 눈꽃이 잘 만들어진다. 폭설 직후에는 어디라도 눈꽃산행에 좋다. 등산 중급자라도 쉬운 코스를 택하고 방한 준비를 철저히 해야 사고를 막을 수 있다.

007 | 눈 시리게 하얀 세상에 파묻힐 뻔하다
단양 소백산

충북 단양군 가곡면 소백산(1,439m)은 정상인 비로봉을 중심으로 많은 봉우리들이 연이어져 있다. 수많은 야생화와 함께 희귀식물인 에델바이스(외솜다리)가 자생하고 국망봉 일대에는 주목의 최대 군락지가 펼쳐진다. 아름다운 골짜기와 완만한 산등성이와 울창한 숲이 뛰어난 경치를 이루며, 남쪽 기슭에는 천년 고찰 희방사가 있다.

소백산은 국립공원답게 정상까지 오르는 방법이 여러 가지인데, 어느 코스로 가든지 오름길을 3시간 정도는 예상해야 한다. 능선은 이 봉우리에서 저 봉우리로 부드럽게 이어진다. 완만한 능선길에서 어머니의 포근함을 느낄 수 있다.

소백산은 백두대간의 중심부에서 장대함과 신비로움을 간직한 영험스런 산이다. 조선시대 이중환은 택리지에서 "병란을 피하는 데는 태백산과 소백산이 제일 좋은 지역이다"라고 말했다. 또 정감록에서는 소백산 자락의 금계촌을 흉년, 전염병, 전란이 없는 십승지지의 으뜸으로 꼽았다. 예언서 격암유록의 저자 남사고는 소백산 옆을 지나가다 갑자기 말에서 내려 넙죽 절을 하며 "이 산은 사람을 살리는 활인의 산"이라고 극찬했다.

　윗지방에 전날 폭설이 내렸다더니 소백산으로 향하는 도로가 심상치 않다. 속도를 최대한 낮춰 천천히 운전해본다. 혹시나 해서 스노우체인까지 준비했다. 겨울 장비도 철저하게 갖추어 안전에 대비한다.

　희방사에서 시작해서 연화봉을 거쳐 비로봉을 보고 삼가매표소로 하산하는 코스를 예상하고 소백산의 품속으로 들어간다. 눈 쌓인 등산로 입구는 아직 우리보다 앞서 나간 이가 없는 것처럼 깨끗하기만 하다.

　순백의 눈길을 걷다가 희방사와 희방폭포를 만난다. 강추위로 희방폭포는 꽁꽁 얼어붙어 있다. 이곳을 지나면서부터 길이 가팔라서 난간을 잡고 올라야 하는 구간이 잦다. 여기저기서 거친 숨소리가 터져 나온다.

힘들게 도착한 연화봉에 오르니 또 눈발이 날리기 시작한다. 영하 20도의 강추위에 등산 가방에 꽂아 둔 생수가 냉동고에 넣은 것처럼 꽁꽁 얼어 있다. 비로봉으로 가는 능선길을 따라 걸어 보지만 어느 순간 더는 곤란하다는 판단이 선다. 허벅지까지 푹푹 빠지는, 러셀이 안된 눈길을 헤쳐나갈 자신이 없어서다. 기상 상황도 점점 안좋아진다. 아쉬운 마음이 너무나 크지만 살아서 돌아가기 위해서는 절대 안전이 먼저라고 스스로 위로하며 발걸음을 돌린다.

에필로그 원래 계획대로라면 연화봉을 거쳐 정상인 비로봉까지 다녀왔어야 했다. 하지만 기상악화와 계속 쌓이는 눈으로 인해 돌아가는 것으로 결단을 내렸다. 그 후 1년을 기다려 소백산을 한번 더 찾았다. 같은 겨울이라지만 포근한 날씨에 전에 보지 못했던 소백산의 멋진 모습을 볼 수 있었다. 우리 삶도 마찬가지다. 포기할 줄을 알아야 또 다른 것을 얻을 수 있다. 덕분에 겨울 소백산을 한번 더 만날 수 있지 않았나… 포기는 실패가 아니라 용기의 또 다른 이름일 수도 있다.

> **Tip** 희방사에서 차로 10분만 내려오면 소백산풍기온천이 있다. 눈보라, 칼바람에 지칠대로 지친 산행객들에게는 사막의 오아시스처럼 반가우리라. 소백산풍기온천은 약알칼리성 유황온천으로 신경통, 관절염, 피부 미용에도 탁월한 효과가 있다고 한다. 온천은 특히 겨울에 인기가 많다. 일부러 시간을 내어 온천여행도 가는데, 이왕이면 산에 올라 눈꽃도 보고 온천까지 즐기도록 하자!

02

바다와 산을
함께 즐기고 싶다면

- 사량도지리산
- 미륵산
- 깃대봉
- 성인봉
- 팔영산
- 금산
- 내변산
- 연화산

008 | 한려수도에 우뚝 솟은 작은 지리산
통영 지리산

경남 통영시 사량면 지리산(398m)은 많은 사람들이 산과 낚시를 즐기기 위해 찾아오는 사량도에 있다. 그 높이나 규모는 작지만 산의 위세는 그 어느 산에 비해서도 뒤떨어지지 않는다. 바위 능선을 싸고 있는 숲은 기암괴석과 절묘한 조화를 이루며 그 전망이 아주 우수하다.

지리산이라면 전라도와 경상도에 걸쳐 큰 산줄기를 이루는 우리나라 최고의 명산을 떠올린다. 그런데 그 지리산이 바다 한가운데도 있다. 바로 동양의 나폴리라 불리는 통영의 자그마한 섬, 사량도에 말이다.

사량도는 때 묻지 않은 수더분한 아름다움이 곳곳에 배어 있는 아기자기한 섬이다. 가오치항에서 사량도로 향하는 배에 몸을 싣고 바다를 보며 감상에 젖는 것도 잠시, 배는 이내 선착장에 우리를 내려놓는다. 선착장에서 산행 시작점인 돈지까지는 버스로 이동해야 하는데, 행여 시간이 지체될까 빠른 걸음을 옮겨 가까스로 마지막 손님이 된다. 이것을 놓치면 또 한참을 기다려야 할지도 모르므로...

돈지마을에서 크게 한번 숨을 쉬고 오르막길을 오른다. 산행 초입에 '노약자와 심신 쇠약자는 우회하시오'라는 안내판도 걸려 있다. 칼날처럼 생

긴 바위지대를 지날 때면 바짝 엎드려 두 손을 모두 사용해야만 하고 양쪽으로 낭떠러지 구간이라 바짝 긴장하게 만들기도 하지만, 요 몇 년 사이 데크, 난간, 출렁다리 같은 안전장치로 잘 정비되어 큰 어려움은 없다.

이곳 사량도의 지리산에서는 내륙의 지리산이 보인다 해서 지리망산(智異望山)으로도 불린다고도 한다. 높이 400m가 채 안되는 산이지만 기암절벽으로 이루어진 산세가 만만치 않고 수풀이 울창해서 작은 지리산으로서의 면모를 유감없이 보여준다.

섬 산행을 하다 보면 아무리 힘들어도 청량제 역할을 하는 것이 있다. 산 아래로 굽어볼 수 있는

바다의 수려한 풍광이 바로 그것이다. 지리산도 예외는 아니다. 푸른 바다가 넘실대는 마을의 풍경이 마치 한 폭의 그림처럼 아늑하게 다가온다.

불모산을 지나 가마봉과 옥녀봉 구간에 이른다. 이 구간은 산행의 하이라이트다. 예전에는 밧줄과 수직계단 등으로 인해 마치 유격 훈련장을 방불케 하며 안타까운 사고도 잦았다고 한다. 하지만 최근 우회길이 마련되어 산행이 편해졌고 새로 개통된 출렁다리는 사량도 지리산의 명물로 등장했다. 봉우리의 꼭대기와 꼭대기를 연결했기에 고도감이 막강해 아슬아슬하게 걷는 특유의 스릴과 맛이 있다.

에필로그 봄 정취가 한창인 4월에 사량도 지리산을 찾았다. 미세먼지 하나 없는 하늘과 푸른 바다는 보는 것만으로도 마음이 치유되는 것 같았다. 하산 후 눈 앞의 바다를 안주 삼아 오늘의 회포를 푸는 많은 등산객들의 얼굴은 하나같이 밝았다. 지친 일상의 피로를 풀고, 내일을 또 열심히 살아갈 에너지를 얻는 것이 산이 우리에게 주는 선물이 아닐까 한다. 돌아가는 배가 목적지에 채 도착하기도 전에 이런 생각이 든다. 이 섬에 다시 오고 싶다!

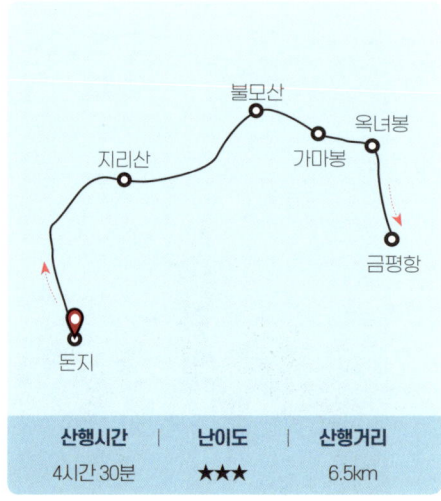

Tip 사량도에 가면 꼭 살펴봐야 할 유적지가 있다. 바로 통영시 사량면에 있는 최영 장군 사당이다. 우리나라 최고의 산신(山神)이라 불리는 고려의 최영 장군은 이곳을 중심으로 남해 일대에서 왜구를 무찌른 공로가 워낙 뛰어났다. 그래서 이 일대에서 최영 장군은 신처럼 추앙됐다는데, 당시 최영 장군의 용맹성과 덕망은 조선을 세운 이성계를 훨씬 능가했다고 전한다.

009 | 동양의 나폴리를 품은 자그마한 명산
통영 미륵산

미륵산(461m)은 통영시 봉평동에 늠름하게 서 있다. 정상에 오르면 한려수도 일대가 장쾌하게 조망된다. 청명한 날에는 저 멀리 일본 대마도가 바다 보인다. 그리 높은 산은 아니지만 명산으로서의 덕목을 두루 갖추고 있다. 울창한 수림 사이에 맑은 물이 흐르는 계곡이 있고 갖가지 모양의 기암괴석과 바위굴이 있다.

통영 미륵산은 케이블카로 쉽게 오를 수 있어 접근성이 좋다. 시원한 바다 경치도 즐길 수 있다. 산 자체가 그다지 높지 않고 험한 구간도 없어 가벼운 산행지로도 인기가 많다. 오늘은 편하게 산책을 한다는 기분으로 씩씩하게 산행을 시작한다.

미륵산은 명산으로서의 덕목도 두루두루 갖추고 있는 아기자기한 산이다. 울창한 수림 사이로 맑은 물이 흐르는 계곡이 있고 갖가지 모양의 바위와 용화사 같은 고찰이 있으며 약수터도 빼놓을 수 없다. 봄에는 진달래가 지천으로 흐드러지고 가을 단풍도 웬만한 단풍 명산 못지않게 빼어나다 하니 단풍철에 다시 한 번 와봐야겠다는 생각도 든다.

미륵산은 불교와도 연이 깊다. 원효대사가 '미래 부처가 찾아 온다'고

예언했던 산이 이곳이기도 하다. 미륵이 나타나 석가모니에 이어 중생들을 모두 구제할 것이라는 믿음은 사회가 혼란할 때 더 커졌다.

산길이 어렵지 않아 예상대로 산행 시작 한 시간 남짓이면 정상에 설 수 있다. 미륵산 정상에서 바라보는 육지도 바다 못지않게 아름다운데, 한 눈에 들어오는 크고 작은 섬들이 한 폭의 그림 같다. 다른 방향으로는 산을 병풍 삼아 바다를 품고 있는 통영 시내가 한눈에 들어온다.

통영항을 중심으로 하는 해안선의 풍경이 멋스럽게 다가오는데, 그래서 통영을 '동양의 나폴리'라 부르나 보다. 또한 통영은

많은 예술가들을 배출해 '예향 통영'이라고도 불린다. 미륵산은 이들의 어머니 같은 산이자 예술적인 영감의 시발점이 됐으리라. 우리 문학의 주춧돌이라 할 수 있는 대하소설 '토지'를 쓴 박경리도 통영에서 태어났다.

 정상을 뒤로하고 미래사로 향하는 울창한 숲길은 하늘을 가릴 정도로 시원시원하게 뻗어 있어 피톤치드를 제대로 느낄 수 있다. 산속에서 마시는 좋은 공기는 보약보다 낫다는 생각이 든다. 오랜만에 가벼운 산행에 가벼운 발걸음으로 하산하며 원점회귀 등산을 마무리한다.

에필로그 몇 년 전 국내에서는 처음으로 루지가 통영에 개장하며 선풍적인 인기를 끌었다. 이후 전국 곳곳에 비슷한 시설이 들어섰다. 통영은 케이블카와 루지의 시너지 효과로 관광도시로서의 명성을 확고하게 다졌으나 시에서 부지를 30년 동안 무상임대하는 대신 받게 될 수익금 문제 등으로 인해 논란이 되기도 했다. 관광 활성화를 위한 지자체의 역할과 책임에 대해 또 정책 결정이 얼마나 신중해야 하는지에 대해 많은 생각이 들게 하는 대목이다.

Tip 아름다운 항구 통영항에서 바다를 즐기면서 박경리기념관을 찾으면 등산 여행이 한층 더 풍요로워진다. 이곳에는 박경리 선생의 서재를 재현한 공간부터 국내외에 출간된 선생의 책들이 보관되고, 소설들이 탄생하게 된 배경과 작품에 대해 자세하게 소개되어 있다. 그리고 통영에 갔다면 중앙시장에 들러 신선한 회도 한 점 맛보고 충무김밥과 통영꿀빵도 시식해야 섭섭하지 않을 것이다.

010 | 홍도, 그 절경을 빚어낸 깃대봉
홍도 깃대봉

전남 신안군 흑산면 홍도의 깃대봉(365m)은 섬 전체가 천연기념물로 지정된 홍도의 가운데 솟아 있다. 나지막한 산세의 깃대봉 주변에는 아름드리 동백나무와 풍란이 자란다. 홍도의 특산 식물인 풍란은 바닷바람을 받으며 자라는 난(蘭)으로 아주 귀한 식물이다. 또한 후박나무, 식나무 등 희귀 식물 5백여 종과 2백여 종의 동물과 곤충이 서식한다.

해안의 빼어난 경관과 20여 개의 부속 섬이 아름답게 어우러지는 섬, 홍도. 홍도는 그 수려함으로 누구나 꼭 한 번은 가보고 싶은 곳이다. 섬 전체가 천연기념물 제170호로 지정돼 있고 풀 한 포기, 돌 하나도 가지고 나올 수 없는 곳으로 발길 닿고 눈길 머무는 곳마다 절경이 펼쳐진다.

하지만 깃대봉에 오르기 위해 홍도로 가는 길은 간단하지 않다. 당일로 다녀오기에는 아무래도 무리가 있으므로 전날 목포로 가서 하루를 묵어야 하고, 밖으로 나갈 수도 없는 다소 답답한 배를 타야 하며, 흑산도를 거쳐 홍도까지도 2시간 30분이 넘는 시간이 걸리기 때문이다.

오랜 시간이 걸려 도착한 홍도는 생각보다 더 작은 섬이다. 바다를 품은 작은 학교에서 뛰어놀 아이들을 생각하니 마냥 흐뭇해진다. 홍도분교에

서 산행을 시작해 일몰 전망대를 지나며 바라본 붉은 지붕 일색의 홍도는 말 그대로 붉은 섬이다. 푸른 바다와 대비를 이루며 뭔가 더 조화롭게 느껴진다.

등산로는 약간 가파른데 계속 나타나는 나무계단이 야속하기도 하다. 해발 368m에 불과한 산이지만 해수면에서 바로 솟은 까닭인지 호락호락하지는 않다. 그렇다고 그다지 힘든 길도 아니다.

산행 중에 만나는 전망터에서는 홍도의 절경들이 눈에 들어온다. 오랜 세월을 두고 파도가 암벽에 부딪혀 이뤄놓은 해변 조각품들은 탄성을 부른다. 층층이 포개놓은 듯한 바위와 칼로 그은 듯 내리뻗은 절벽을 보며 자연의 위대함에 다시 한번 머리가 숙여진다.

정상이 가까워져 오면 오히려

길은 완만해지는데, 마치 돌탑 위에 올려 놓은 것 같은 귀여운 정상석을 마주하니 웃음이 피식 터진다. 홍도와 너무 잘 어울리는 모습인 듯하다. 하산 길은 하나다. 왔던 길을 돌아가는 방법 뿐이다. 하지만 올라올 때와 내려갈 때 바라보는 섬과 바다의 모습이 다르게 느껴져 지루할 틈이 없다.

해질녘의 홍도는 온통 붉은 빛으로 물이 든다는데, 그래서 붉은 옷을 입은 것처럼 보여 홍도라고 한다는데… 아쉽지만 그 모습은 보지 못하고 돌아간다. 언젠가 다시 만나게 될 그 날을 기약하며.

에필로그   홍도는 1965년 천연기념물로 지정되었다. 당시는 우리나라의 1인당 국민소득이 300달러 밖에 안되던 가난한 시절이었다. 많은 국민들이 산에서 마구 베어낸 나무를 때서 밥을 지어 먹지 않았었나. 자연보호라는 용어도 개념도 모르던 시대였다. 그 시대에 홍도의 가치를 알아보고 천연기념물로 지정해 홍도를 이렇게 보호하도록 한 이들에게 거듭 찬사를 보낸다. 정말 정말 고맙다고…

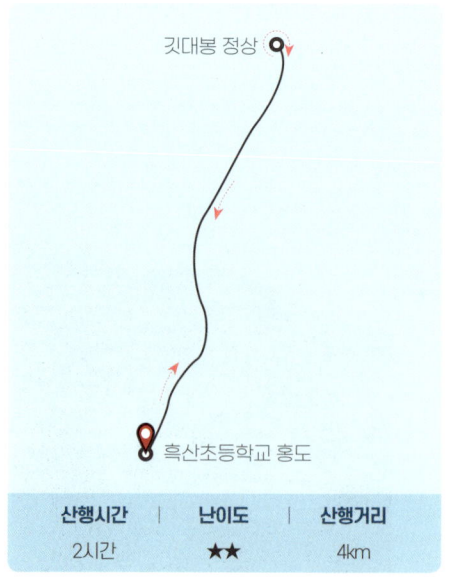

산행시간	난이도	산행거리
2시간	★★	4km

Tip   등산을 마친 후 홍도 유람선에 오르면 해상 관광을 통해서도 깃대봉의 자태를 감상할 수 있다. 기암절벽으로 둘러싸인 해안을 돌며 독립문, 코끼리 바위, 남문바위 등 쉴새 없이 나타나는 바위들을 보면 감탄이 절로 나온다. 구수한 입담을 자랑하는 관광 안내원의 해설은 덤이다. 특히 유람선에서 만나는 낚시배에서는 즉석에서 횟감을 만들어 주는데 그 맛이 또한 일품이다. 유람선으로 해안 20km를 돌아오는 데 2시간 정도가 걸린다.

011 | 천혜의 아름다운 섬, 울릉도의 신비한 산
울릉도 성인봉

성인봉(986m)은 울릉도의 최고봉으로 산맥이 뻗어내려 남면, 북면, 서면을 가르는 경계가 된다. 성인봉 북쪽에는 동서 1.5km, 남북 2km의 삼각형의 칼데라(caldera 화산 일부가 무너지면서 생긴 분지)가 있다. 성인봉에는 또 섬피나무, 너도밤나무, 섬고로쇠나무 등 희귀 수목이 군락을 이룬다.

울릉도는 큰 마음을 먹고 가야 한다. 포항이나 후포 등으로 달려가서 거기서 배를 타야 하고, 전국 어느 곳에서 가든 최소한 1박 2일은 걸리니 말이다.

가을의 초입에 들어선 9월의 바다는 잔잔하기만 하다. 흔들리는 배 안에서 배멀미로 고생하는 사람들도 많다는데, 이날의 바다는 내 편인가 보다. 왠지 더 기대가 되는 울릉도행이다.

포항에서 탄 배는 3시간 30분만에 도동항에 도착한다.

천혜의 섬이라는 울릉도는 기대를 배신하지 않는다. 울릉도에 발을 딛기 전에 여객선에서 본 울릉도는 섬 전체가 성인봉을 중심으로 하나의 케이크 모양이다. 섬 주변이 대부분 깎아지른 절벽으로 이루어진 절경으로 그 자태가 육지사람들을 단숨에 압도한다.

감상은 잠시 미루어 두고 SUV형 택시를 타고 곧장 KBS중계소까지 달

린다. 성인봉 산행은 세 가지 정도의 코스가 있는데, 제일 무난하다는 KBS중계소를 기점으로 정했기 때문이다. 시작부터 된비알이다. 섬이라 그런지 고비와 군락지 등 원시림 같은 풍경이 이어지는데, 햇빛조차 들어오지 않는 숲속에서 나무계단과 흙길로 이어지는 등산로를 오르다 보면 어느새 조망이 터진다. 저 멀리 동해바다가 보이기 시작한다.

바다에서 직벽으로 솟아오른 해안의 절벽들, 절경의 바다를 보며 오르는 덕분에 힘겨움이 덜어지지만, 헉헉 숨이 막혀오고 이마에서 땀이 주르르 흘러내린다. 1천m가 안 되는 산이지만, 등산로가 가파르고 험해 난이도는 어지간한 강원도 고산과 맞먹는 것 같다. 정상에 오르면 사방으로 동해가 한 눈에 들어온다. 이렇게 우리나라 동쪽 끝의 울릉도도 마음에 품는다.

하산은 나리분지 쪽으로 한다. 나리분지는 울릉도가 화산 폭발로 만들어지면서 생긴 분화구이

고, 울릉도의 유일한 평지다. 백두산으로 치면 천지에 해당하는 칼데라다. 성인봉은 나리분지 가장자리에 있는 봉우리다.

나리분지에는 억새 지붕을 얹은 100년 된 '투막집' 두 채가 남아 있다. 투막집의 억새를 '우데기'라 부른다. 울릉도에만 있는 건축 양식이다.

에필로그 성인봉은 나의 100대 명산 탐방의 종착지다. 처음 100대 명산을 둘러봐야겠다고 생각했을 때부터 마무리는 성인봉에서 해야겠다고 마음을 먹었다. 쉽게 그 길을 내주지도 않는 섬일뿐더러 독도까지 함께 둘러보아야 했기에 더 큰 의미를 두지 않았나 싶다. 성인봉에서 조촐한 기념식을 하면서 그동안 발도장을 찍었던 우리나라 산들을 떠올렸다. 이렇게 아름다운 곳들을 내 발로 직접 걷고 느낄 수 있었음에, 또 큰 사고 없이 무사히 잘 마칠 수 있었음에 감사하고 또 감사하는 마음이 가슴 한켠에서 가득 차올랐다.

산행시간	난이도	산행거리
4시간	★★★★	8km

Tip 울릉도로 가는 여객선은 강릉, 묵호, 후포, 포항 4개 항구에서 출발한다. 영남권에서는 주로 포항과 후포(울진) 노선을 많이 이용하는데, 포항에서 출발하는 배는 3시간 30분 걸리고 후포에서는 2시간 30분 소요된다. 그런데 포항에서 후포까지는 육로로 1시간을 더 달려야 한다. 즉 전체 시간은 비슷하다. 육로로 1시간이냐, 뱃길로 1시간이냐의 차이다. 또한 울릉도는 기상 상태에 특히 민감해 배가 뜨지 않는 경우가 잦고, 겨울에 눈이 많이 내리므로 파도가 센 겨울에 가는 것은 가급적 추천하지 않는다.

012 | 다도해를 굽어보는 여덟 개 봉우리
고흥 팔영산

전남 고흥군 점암면 팔영산(608m)은 중국 위왕의 세숫물에 8개의 봉우리가 비쳐 그 산세를 중국에까지 떨쳤다는 전설이 있을 정도로 풍광이 아름다운 다도해 국립공원의 명산이다.

이름만 듣고도 산세가 그려지는 듯하다. 팔(八)이 들어간 만큼 봉우리가 여덟 개라는 느낌이 딱 온다. 이렇게 그 산세와 모양새가 머리 속에 그대로 떠오르는 산 이름이 또 있을까. 팔영산은 유영봉, 성주봉, 생황봉, 사자봉, 오로봉, 두류봉, 칠성봉, 적취봉 등으로 여덟 개 봉우리마다 각각 이름이 정해져 있다. 팔영산의 정상인 깃대봉은 팔봉을 넘고 나서 마주할 수 있다. 즉 넘어야 할 봉우리는 9개다.

다도해해상국립공원 고흥분소를 지나 능가사쪽 등산로로 진입하니 팔영산의 봉우리들이 손에 잡힐 듯 가까이 있다. 옹기종기 모여 있는 모습이 잘 왔다고, 나를 보러 와주어 고맙다고 환영 인사를 하며 방긋방긋 웃는 듯하다. 같이 손을 들어 인사를 해주고 싶다.

등산로 초입부터 너덜길과 흙길을 번갈아가면서 밟다 보면 흔들바위가 나온다. 전국에 흔들바위가 몇 개나 되려나? 괜시리 호기심이 생겨 바위

를 흔들어보지만 힘이 부족해서인가 별다른 반응이 없다.

　이후 이어지는 등산로는 여덟 봉우리를 오르다 내리다를 반복하는데, 은근히 재미가 있다. 각 봉우리마다 설치된 표지석은 포토존 역할을 해서 등산객들이 지루하지 않도록 한다. 또 안전시설도 잘 설치돼 있어 큰 위험도 없다. 스릴 넘치는 산행을 하며 고흥 일대의 바다가 내려다보여 산행의 묘미를 더해준다.

　드디어 정상이 저 앞에 있다. 정상에 서니 지금껏 지나온 8개의 암석 봉우리가 병풍처럼 이어진다. 그 모습이 바닷물에 산 그림자로 비쳐진다. 아, 아름다워라!

　등산의 막바지에 이르면 편백숲이 나타난다. 편백나무는 목질이 좋고 향이 뛰어나 실용성이 높다고 한다. 가구 제작은 물론 건물

의 내부 벽채, 인테리어용으로도 널리 쓰인다. 거기다가 편백나무에 다량 함유된 피톤치드가 아토피 치료에 효과가 있음이 알려지지 않았는가.

식물을 뜻하는 피톤(Phyton)과 죽이다는 의미의 치드(Cide), 피톤치드는 식물들이 여러 가지 해로운 균과 생물들을 막고 자신을 지켜내기 위해 만들어낸 항균 물질이다. 항균물질은 아주 다양한데, 이를 모두 통틀어 피톤치드라 부른다. 편백나무에서는 이 피톤치드가 아주 많이 뿜어져 나온다고 한다.

에필로그 우리나라는 삼면이 바다로 둘러싸인 반도이다. 생각해보면 바다를 품고 있다는 것이 얼마나 큰 축복인지 모른다. 바다에서 많은 자원과 식량을 얻을 수 있고, 푸른 바다를 보는 것만으로도 마음이 편안해지며 사람들에게 즐거움과 여유를 준다. 특히 높은 곳에 올라서서 바라보는 바다는 느낌이 사뭇 다르다. 미처 알지 못했던 주변의 크고 작은 섬들의 모양새가 한눈에 들어오기 때문이다. 이 멋진 광경을 언제까지고 눈에, 마음에 담고 싶다.

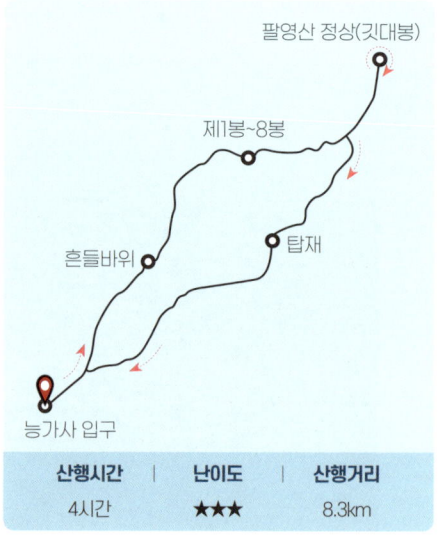

Tip 소록도도 탐방해 본다면? 이름도 예쁜 고흥 소록도는 한국문학사에 길이 남을 소설가 이청준의 장편소설 '당신들의 천국'의 무대다. 소록도의 역사와 실제 인물들을 바탕으로 창작되었다. 그런 소록도는 한센병 환자들이 거주하던 곳이다. 그런데 한센병에 관한 편견이 해소되어 소록도를 찾는 관광객이 연 30만 명에 달한다. 소록도가 고흥 일대에서 그야말로 빼어난 경치를 뽐내는 까닭이다.

013 | 남해를 굽어보는 비단을 두른 산
남해 금산

경남 남해군 상주면 금산(681m)은 한려해상국립공원 안에 있는 유일한 산악공원이다. 이성계가 기도했다는 이씨기단을 비롯, 삼사기단 쌍룡문 등 금산 38경을 이루는 기암괴석과 울창한 숲, 그리고 바다와의 절묘한 조화는 명산으로서 손색이 없다. 금산의 8부 능선까지 도로가 개설되었고 인근에 상주해수욕장이 있다.

남해 바다에 보석처럼 박혀 있는 산들을 좋아한다. 산에서 내려다보는 바다는 해안가에서 바라보는 것과는 다른 감흥을 주는 까닭이다.

남해는 우리나라에서 4번째로 큰 섬이지만, 육지와 연결하는 다리가 있어 접근성이 뛰어나다. 그 아름다움을 표현하는 말로 남해는 앉은 곳이 바로 관광지라고 한다. 어느 방향으로 앉아도 그곳을 마음에 담아두고 싶을 만큼 남해는 아름다움을 갖고 있다.

금산탐방지원센터를 지나 한가로운 여행을 하는 나그네처럼 느긋하게 정상을 향한다. 전후좌우로 보이는 천태만상의 바위와 울창한 숲, 그리고 눈 아래로 보이는 바다와의 절묘한 조화는 국립공원의 진면목을 그대로 보여주는 것 같다. 기암괴석이 금강산을 빼닮았다 하여 남해의 금강이라

고도 불린단다.

   금산 38경 중의 하나인 쌍홍문은 높이 7m 가량의 쌍굴로 한 쌍의 무지개라는 이름 그대로 아름답기 그지없는 조망처다. 멀리 쪽빛 바닷물과 크고 작은 다도해 섬들이 가물거린다.

   쌍홍문을 거쳐 보리암에 이른다. 보리암은 양양 낙산사 홍련암, 강화 석모도 보문사와 함께 3대 관음보살 성지로 꼽히는 곳으로 원효대사가 창건했다고 알려져 있다. 보리암에서 보는 남해 절경이 아름다워 불교신자가 아니더라도 많은 관광객들이 찾고 있다.

   바다를 바라보고 있는 해수관음보살상 앞은 저마다의 소원을 비는 사람들로 늘 북적일만큼 우리나라 최고의 기도처로 꼽힌다. 그도 그럴 것이 왕이 되고 싶었던 남자가 여기서 기도하

고 소원을 이루었으니까 말이다.

조선 태조 이성계는 보리암에서 100일 기도를 하고 새 왕조를 열었다고 한다. "내 소원을 들어주면, 이 산을 전부 비단으로 덮어 세상에서 가장 아름다운 산으로 만들어 주겠다"고 다짐을 한 뒤, 왕위에 오르자 금산이라고 이름을 바꾸었다.

사실 금산은 산 자체보다는 보리암이 더 유명하다. 꼭 산행이 아니어도 보리암 근처까지 차로 쉽게 오를 수 있어 연중 많은 사람들이 찾는다.

비교적 여유 있게 정상(망대)에 오르니 또다시 남해 바다의 그 아름다운 다도해가 한눈에 조망된다. 과연 남해 최고의 비경이라고 해도 지나치지는 않을 듯 싶다.

에필로그 다도해(多島海). 섬이 많은 바다를 뜻한다. 다도해는 대륙의 생물이 해양으로 분산되는 교두보임과 동시에 해양에서 육지로 들어오는 환경변화를 걸러주는 필터의 역할을 한다. 남해의 다도해 지역은 지난 수십 년간 비교적 지속적으로 잘 보전되어 왔다. 그 독특한 생태계가 지속적으로 유지되었으면 좋겠다.

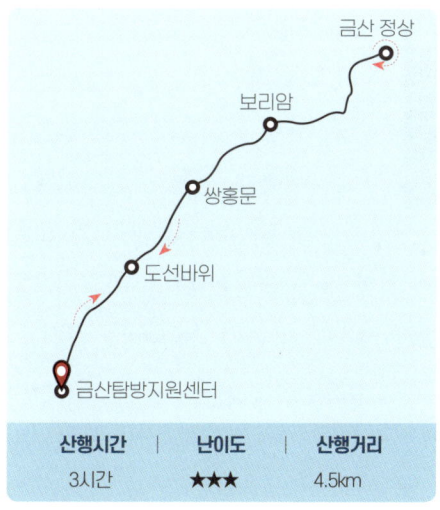

Tip 금산 정상 부근에 자리잡은 금산산장에서는 파전과 컵라면 등을 먹을 수 있다. 힘든 산행 끝에 맛보는 음식들은 어느 고급 레스토랑의 요리와 견주어도 부족하지 않을 것이다. 게다가 멋진 바다 풍경이 곁들여져 그 즐거움은 배가 된다. 예전에는 막걸리도 함께 팔아서 많은 등산객이 환호했지만 자연공원법 개정으로 지금은 판매가 중단되었다 한다.

014 | 산과 바다의 행복한 조화
부안 내변산

전북 부안군 변산면 내변산(424m)을 품은 변산반도는 수려한 자연경관, 다양한 자연자원 및 역사문화자원의 보존가치를 인정받아 도립공원에서 1988년 국립공원으로 승격되었다. 내변산에는 높이 20m의 직소폭포가 자리하고, 해안에는 변산해수욕장 격포해수욕장 등 이름난 여름철 휴양지가 많다.

산이면 산, 바다면 바다, 맛이면 맛! 산과 바다가 조화롭게 어우러진 변산은 그래서 거부하기 힘든 매력이 있다. 변산은 한자로 '바닷가 옆에 있는 산'이라는 뜻으로 내변산과 외변산으로 이루어져 있다.

보편적인 산행코스인 내소사를 산행 기점으로 해서 관음봉과 세봉을 거쳐 원점회귀하는 길을 잡는다. 1월이지만 코끝이 조금 시린 정도의 포근한 날씨에 기분 좋은 출발을 한다. 본격적으로 산행을 하기 전에 내소사를 한번 둘러보기로 하는데, 내소사에 가면 꼭 봐야 할 것들이 많다.

보물로 지정된 고려동종과 대웅보전이 있고, 특히 대웅보전의 부처님이 앉아계신 벽 뒤쪽의 백의관음보살좌상은 그 눈을 바라보면서 소원을 빌

면 꼭 하나는 이루어진다고 한다. 또 대웅보전의 모양이 모두 다른 정교한 무늬의 꽃살문은 감탄이 절로 나올 정도로 정말 아름답다.

무엇보다 내소사 입구에서 시작되는 전나무 길은 아주 유명하다. 아름드리 전나무들이 탐방객을 향해 열병식을 벌이듯 내소사 입구에 600여 m에 걸쳐 늘어서 있다. 고개를 치켜세우고 푸르른 창공으로 솟구쳐 오른 나무 끝을 바라보니 족히 30~40m는 될 듯하다.

전나무는 편백나무처럼 피톤치드를 강하게 내뿜어 그 숲에 들어서는 것만으로도 마음

이 편안해진다.

　이렇게 많은 볼거리를 간직한 내소사를 지나 변산을 제대로 느껴보기로 한다. 절묘한 조화란 이런 것일까? 산행 중에 언뜻언뜻 보이는 바다, 맑은 물이 흐르는 긴긴 계곡, 수풀이 짙게 우거진 숲과 계곡… 발 디디는 곳마다 저마다의 특색이 있어 산행이 한결 즐겁다.

　서해가 아름다운 이유는 변산이 아름답기 때문이라는 말도 있다. 해발 고도가 채 500m도 안되지만 만만히 볼 산세는 아니다. 그렇다고 위험한 것도 아니니 조심스럽고 편안하게, 아주 편안하게 산행을 즐기면 된다.

에필로그 　곰소항에 들려 식사를 하면서 '해불양수'(海不讓水)라는 사자성어를 떠올린다. 바다는 어떠한 물도 사양하지 않는다는 뜻이다. 모든 사람을 차별하지 않고 포용해야 함을 이른다. 이곳 변산도 포용력이 넓다. 수많은 동식물과 계곡, 바위 절벽, 먹거리, 바다까지 무엇 하나 거슬리지 않고 있는 그대로를 받아주고 조화를 이루며 아름다움과 평온함을 선사한다. 변산은 그런 곳이다.

Tip 변산 인근에는 명소가 여럿이다. 격포항에는 해식 절벽인 채석강이 있다. 해식 절벽은 파도, 조류 등 바닷물이 해안을 조금씩 깎아 먹는 현상이다. 이곳 채석강은 퇴적한 절벽이 마치 수만 권의 책을 쌓아놓은 듯하다. 주변의 백사장, 맑은 물과 어울려 풍치가 더할 나위 없다. 줄포만에 있는 곰소항도 명소다. 곰소 염전은 우리나라의 대표적인 천일염 생산지로 곰소항은 젓갈시장으로도 성황을 이룬다.

015 | 한려수도를 품은 섬 산에 공룡 발자국
고성 연화산

경남 고성군 개천면 연화산(524m)은 산세가 크지도 않고 화려하지도 않지만 경관이 아름답다. 연화산이라는 이름은 산의 형상이 연꽃을 닮은 데서 유래했다. 옥녀봉, 선도봉, 망선봉의 세 봉우리로 이루어지고 정상에 오르면 동쪽으로 쪽빛 바다의 당항포가 한눈에 들어온다. 북쪽 기슭에 신라시대에 창건된 천년고찰 옥천사가 있다.

높지 않고 산세가 순탄해서 크게 힘들이지 않고도 오를 수 있는 연화산. 봄이면 울긋불긋한 진달래가 흐드러지게 피어오르고, 복수초와 얼레지 같은 야생화도 풀 섶에서 수줍게 피어난다. 가을 단풍도 참 곱다. 시루봉 정상을 제외하고는 울창한 숲이 하늘을 가려 산 전체가 거대한 삼림욕장 같다. 가벼운 마음으로 호젓한 산행을 즐길 수 있는 곳이다.

한려해상국립공원의 옥빛 바다를 낀 연화산은 중생대 백악기 시대의 유산인 공룡 발자국 화석의 산지로도 유명하다.

산행은 옥천사 못미친 지점에 있는 집단시설지구 주차장의 공룡발자국 화석지(천연기념물 제475호) 옆에서 출발한다. 월곡재를 거쳐 시루봉에

이르면 계승사 일대에도 용각류 공룡이 걸어간 발자국이 남아 있다. 계곡에 노출된 암반 표면이 울퉁불퉁해 뚜렷하지 않지만, 용각류 보행렬 화석 5개가 찍혀 있다. 용각류 공룡이란 목이 길고 몸집이 커다란 초식 공룡이다. 공룡 중에서 몸집이 가장 크고 긴 목을 이용해서 나무 꼭대기에 있는 잎사귀도 따 먹었었다.

느재고개에 이르니 산에서는 좀처럼 보기 힘든 표지판이 나온다. 일반 도로에서나 볼 수 있는 방향 표지판을 산에서 마주하게 되다니... 이 곳은 상록수인 편백나무 군락지대에 펼쳐져 있다. 소나무, 대나무와 어울린 편백의 숲이다.

햇빛 한 줄기 허용하지 않는 그 깊은 숲 그늘을 거닌다. 미끈하게 하늘로 솟아오른 편백나무의 숲과 아름드리 낙락장송 사이로 뻗은 고요한 산길에서 모처럼 느릿느릿 발걸음을 옮기며 몸과 마음을 추슬러 본다.

연화산 정상에 오르면 동쪽으로 쪽빛 바다의 당항포가 한눈에 들어오고, 연이은 봉우리에 파묻혀 버린 듯한 옥천사와 불교유물전시관이 내려다보인다.

옥천사는 신라시대 의상대사가 창건한 절로 오랜 역사를 간직하고 있다. 등산을 마치고 되돌아온 옥천사 앞마당에는 담장 옆으로 홀로 핀 목련이 지나가는 계절이 아쉬운 듯 처연한 모습이다.

에필로그 연화산 뿐만 아니라 편백나무 '치유의 숲'은 통영 미륵산, 장성 축령산, 울산 천마산, 제주 안돌오름, 목표 유달산, 남해 금산 등 전국 10여 곳에 조성돼 있다. 편백나무에는 피톤치드라는 천연 항균물질이 많이 함유되어 있어 살균 작용이 뛰어나고, 잡냄새도 없애주기 때문에 건축물의 최고급 내장재로 사용된다. 내가 살고 있는 곳도 이런 편백숲을 조성해서 많은 사람들의 힐링 장소가 되었으면 좋겠다는 생각을 해본다.

산행시간	난이도	산행거리
2시간	★★	4.9km

Tip 경남 고성의 연관 검색어는 단연코 공룡이다. 당항포에서는 매년 공룡엑스포가 열려 동심을 자극한다. 또한 당항포는 임진왜란 당시 충무공 이순신 장군의 당항포해전 대첩지이기도 하다. 두 차례에 걸쳐 왜선 57척을 전멸시킨 곳이다. 당항포대첩 기념사당, 기념관, 대첩탑이 있으며 모험놀이장, 해양레포츠 시설, 자연조각공원, 수석관도 들어선 다목적 관광지다.

100가지 보물을 품은 100대 명산

03

암릉의 다이나믹을
느끼고 싶다면

- 월출산
- 도락산
- 천태산
- 팔봉산
- 삼악산
- 서대산
- 구병산
- 백운산
- 황석산

016 | 달맞이로 이름 높은 바위 명산
영암 월출산

전남 영암군 영암읍 월출산(809m)은 해발 고도가 높지는 않지만 산세가 웅장하고 수려하다. 달맞이가 아름다워 삼국시대부터 월라산, 월생산이라 이름했다. 천황봉을 주봉으로 구정봉, 사자봉, 도갑봉 등이 동서로 하나의 작은 산맥을 형성하고 깎아지른 듯한 기암절벽이 많아 예로부터 영산(靈山)이라 불려왔다.

설악산, 주왕산과 더불어 우리나라 3대 바위산의 하나로 꼽히는 것이 영암 월출산이다. 천태만상의 기기묘묘한 암석들이 절경을 이루어 흔히 '남도의 금강산'이라 부른다는데... 큰 기대를 하고 산행에 나선다.

산행 기점인 천황사 입구를 지나 본격적인 산행에 들어간다. 그러자 바로 이곳이 그야말로 바위산임을 실감하게 된다. 수많은 봉우리와 능선... 사방 어디서 보거나 빼어난 모습은 보는 이를 압도한다. 역시나! 그 명성 그대로다!

한여름인 8월인지라 무더위와 아침에 살짝 내린 비로 인한 습한 기운 때문에 온 몸에 땀이 나고 입고 있던 등산복이 푹 젖는다. 그런 날씨 탓에

힘든 산행이 되리라 예상하면서 연신 흐르는 땀을 닦아내기에 바쁘다.

하지만 암릉 산행 특유의 쾌감이 위안이 된다. 바위와 바위 사이를 지나며, 숱한 계단길을 오르며 만나는 월출산의 모습은 눈을 뗄 수 없을 정도로 아름답다. 마치 수석 전시장을 방불케 한다.

아찔하면서도 스릴을 느낄 수 있는 구름다리에 이르러서야 쉬면서 한숨 돌리기로 한다. 길이 54m의 월출산 구름다리는 해발 510m 높이의 허공에 설치된 월출산의 명물이다. 고소공포증은 없지만, 뛰어가면서 짖궂게 장난을 치는 사람들과 함께 건너가려니 살짝 긴장이 된다.

구름다리를 지나 또다시 급격한 경사가 이어지며 암릉 구간도 계속 나타난다. 안전장치로 설치해놓은 철제 난간에 의지해 한 발짝씩 내딛는데,

이곳에서 보는 경치가 황홀한 아름다움을 지니고 있다.

쉬엄쉬엄 오르면서 천황봉 정상에 도착하니 날씨가 흐려진다. 정상에서 기다리며 안개가 걷히기를 바라지만 쉽사리 물러갈 것 같지가 않다. 아쉬움보다는 이런 날씨 또한 그 나름대로 좋다는 생각이 든다. 산에 다니면서 마음이 더 여유롭고 편안해진 것이 분명하다.

큰 인기를 끌었던 드라마 '도깨비'에 나오는 유명한 대사가 있지 않은가. '날이 좋아서, 날이 좋지 않아서, 날이 적당해서, 모든 날이 좋았다'

에필로그 산행 중에 장갑을 끼지 않고 바위 지대를 오르며 고생하는 사람을 만나 안타까운 마음이 들었다. 암릉 산행은 장갑이 필수다. 그 뿐이랴… 암릉에 설치된 밧줄을 당겨 상단 고정 부위가 튼튼한지, 낡거나 삭지 않았는지 점검을 해야 한다. 힐링도 좋고, 체력을 단련하는 것도 좋고, 호연지기도 좋지만 산에서의 우선 순위는 무조건 안전이다. 번거롭다 여기지 말고 장비를 잘 갖추어 안전하게 산행하는 것이 오래오래 산을 만날 수 있는 방법이다.

Tip 월출산에서 가까운 곳에 강진 무위사가 있다. 무위사 극락보전은 국보 제13호로 지정될 만큼 높은 가치가 있다. 또 극락보전 안에는 국보 제313호 아미타여래삼존 벽화가 있다. 월출산국립공원사무소 가는 길에 있으니 산행을 하고 돌아오면서 고즈넉한 사찰을 둘러보는 것도 좋겠다. 100대 명산이 전국에 걸쳐 있으니, 주변에 있는 유적지를 함께 방문한다면 더 풍요로운 시간이 될 것이다.

017 | 암릉에서 얻는 깨달음과 즐거움
단양 도락산

충북 단양군 단성면 도락산(964m)은 바위산으로 청풍명월의 도를 즐기는, 즉 도락(道樂)의 산이다. 소백산과 월악산 중간에 있는 바위산으로 일부가 월악산국립공원에 들어가 있다. 능선에는 신선봉, 채운봉, 검봉, 형봉 등의 암봉이 성벽처럼 둘러 있다. 암릉, 계곡, 숲길의 경치가 뛰어나며 정상까지 암릉길 바위틈에 솟은 청송은 암벽과 함께 산수화를 그린다.

암릉을 오르내리니 깨달음의 길이더라. 어느 산악인이 되뇌이던 이 말이 가슴에 와닿는다. 암릉의 다이나믹함을 짜릿하게 느끼며 깨달음을 얻어보련다! 도락산은 산의 대부분이 바위로 구성되고 등산로 대부분도 바위길이라고 했다. 자, 떠나자!

도락산 등산로 입구에 영산홍과 금낭화가 예쁘게 피어 있다. 군데군데 산철쭉도 수줍게 얼굴을 내밀고 있다. 파릇파릇한 초봄의 싱그러움이 눈까지 시원하게 하니 출발하기 전부터 상쾌하다. 산행에 나선 후 곧 제봉과 채운봉 갈림길에서 잠시 망설이지만, 어느 방향으로 가든 도락산 정상까지 거리는 비슷하다.

초반의 숲길에 마음을 놓는 것도 잠시 이내 가파른 계단과 커다란 바위들을 마주한다. 정상으로 오르는 길은 암봉이 연이어져 마치 성벽처럼 둘

러싸고 있다. 신선봉은 도락산에서 전망이 제일 좋은 곳이다. 이곳에서 산 아래를 내려다보니 신선이라는 이름을 괜히 붙인 것이 아니라는 생각이 절로 든다.

암릉도 가히 일품이지만 그뿐 만이 아니다. 갈라진 바위틈 사이로 강인한 생명력을 자랑하듯이 소나무들이 꼿꼿한 자태를 뽐낸다. 갖가지 형상의 기암괴석들과 단단한 바위를 뚫고 뿌리 내린 모습이 마치 그 옛날 신선이 가꾸어놓은 대형 분재 같아서 보는 이의 감탄을 자아낸다.

암릉을 오르내리는 재미가 각별하지만, 등산 초보자들에게는 결코 만만치 않을 듯하다. 도락산의 암릉은 설악산 공룡능선의 축소

판이라고 하지 않았던가..

　신선봉을 거쳐 완만한 능선길과 가파른 오르막길을 차례대로 지나 도락산 정상에 다다른다. 도락산 정상에는 덩그러니 정상석만 있다. 정상 부근이 나무 숲에 가려진 탓에 다른 산에서처럼 탁 트인 조망을 볼 수는 없어 살짝 아쉽다.

　하산은 올라온 길과 다른 방향으로 출발했던 곳으로 돌아간다. 내려가는 길 역시 암릉의 연속이다. 암릉이 발달한 산에서는 방심은 금물이다. 특히 등산 초보자라면 산행 경험이 많은 사람들과 함께 가는 것이 좋다.

에필로그　우암 송시열 선생이 '깨달음을 얻는 데는 나름대로 길이 있어야 하고, 거기에는 또한 즐거움이 있어야 한다'며 도락산이라 이름했다고 한다. 과연 그 깨달음의 길에는 어떤 즐거움이 있을까? 도락산의 뜻을 되새기며 산에 올랐다. 힘든 산행 끝에 만날 수 있는 오랜 세월 그 자리를 지켜온 바위와 모진 비바람도 꿋꿋하게 견뎌낸 소나무를 보면서 작은 위로를 받는다. 그렇다. 산에서, 자연에서 깨닫고 또 즐거움을 얻는다.

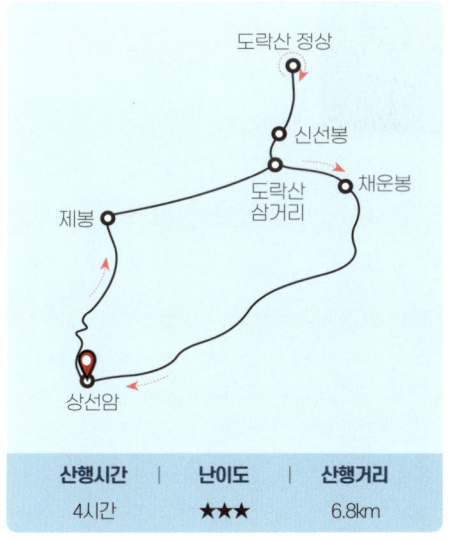

산행시간	난이도	산행거리
4시간	★★★	6.8km

Tip　도락산 북쪽의 사인암, 서쪽의 상선암, 중선암, 하선암을 포함한 단양팔경은 단양하면 자동으로 연상되는 말이다. 최근에는 단양에 단양팔경 말고도 즐길 거리가 더 풍성해진 느낌이다. 특히 패러글라이딩은 단양에서 꼭 해봐야 하는 레포츠로 자리 잡았다. 하늘을 나는 것은 인간의 오랜 꿈이 아니었나. 하늘에서 단양팔경의 아름다운 자연을 품을 수 있으니 주저하지 말고 도전해보자! 용기를 갖고!

018 | 75m 암벽에서 느끼는 짜릿함
영동 천태산

충북 영동군 양산면 천태산(714m)은 경관이 아름답고 산세가 빼어나 충청북도의 설악산이라 불린다. 설악산처럼 암릉이 발달해 암릉산행지로 인기가 있다. 영국사에는 약 1,000년 된 은행나무와 3층석탑 등 문화재가 많다. 고려 공민왕이 홍건적의 난을 피해 이곳에서 국난을 극복했다 하여 영국사라 이름했다.

천태산은 암릉 등반의 짜릿함을 즐기려는 산행객들에게 특히 인기가 많다고 하는데, 나도 그 대열에 합류해 보고자 설레는 마음으로 길을 나선다.

산행길 입구에 있는 영국사 은행나무는 용문사 은행나무와 함께 우리나라 은행나무의 대표선수쯤 된다. 천연기념물 제223호로 천년의 세월을 간직한 채 그 자리를 지키고 있다.

사방으로 줄기와 가지를 뻗으면서도 하늘로 솟구쳐 오른 듯한 이 은행나무의 높이는 약 31m, 둘레는 약 11m. 서쪽으로 뻗은 가지 중에 하나는 땅에 닿아 뿌리를 내리고 독립된 나무처럼 자란다.

본격적인 암릉 산행이 전개되는 곳은 중턱이다. 밧줄을 타고 암벽을 오르는 구간이 잇달아 나타나고, 드디어 '75m 암벽'이라 불리는 암벽이 그

위용을 드러낸다.

　벅차다 싶은 사람들이 우회하는 길이 옆으로 나 있다. 하지만 그럴 수는 없다. 약간 무섭기는 해도 자연이 주는 기막힌 스릴을 놓치고 싶지 않다.

　팽팽한 긴장감을 맛보며 밧줄을 잡는다. 밧줄이 튼튼한지 확인도 해본다. 그것은 자칫 위험할 수도 있는 암릉 산행의 기본이 아닌가. 까딱하면 사고가 날 수도 있다. 밧줄을 잡고 가파른 암벽을 기듯이 오른다. 이때 밧줄이 흔들리면 위험할 수 있으므로 앞서 올라가는 사람이 완전히 오를 때까지는 기다려줘야 한다.

　마치 유격 훈련을 하는 것처럼

설치된 밧줄을 잡고 오른다. 역시 쏠쏠한 재미가 있지만 쉽지만은 않은 구간이다. 단 한 순간도 방심할 수 없다. 조심, 조심하면서 한 걸음씩 발을 뗀다. 다 올라와서 왔던 길을 뒤돌아 보니, 저기를 어떻게 올라왔나 싶다. 그리고 짜릿한 스릴과 함께 아기자기한 경치를 만끽한다.

75m 암벽 구간을 지나도 길은 여전히 가파르다. 땡볕이 내리쬐는 암릉 지대라서 몸은 구슬땀으로 흠뻑 젖는다. 다시 가파른 오르막이다. 꾸역꾸역 밀려오는 적군 같은 오르막을 치고 오르니 정상이 저 앞에 보인다.

하산은 헬기장 방면으로 내려가 영국사로 회귀한다. 이쪽 방향은 조망이 아주 훌륭하고 넓은 바위들이 있어 쉬어가기에도 안성맞춤이다.

에필로그 짜릿함과 함께 팽팽한 긴장감이 느껴지는 암릉 산행을 하고 나서 목욕탕에 몸을 담그니 산행이 주는 카타르시스가 느껴진다. 새삼스럽게 산행의 의미를 되새겨본다. 산이란 산과 사람이 만나고 사람과 사람들이 만나는 곳, 그리고 그 사람들이 자연과 하나 되는 곳이 아니겠는가! 집으로 돌아가는 여정도 떠올려본다. 누군가 그러지 않았나? 산행이란 또한 무사히 집으로 다시 돌아오는 것이라고...

Tip 충북 영동은 물 맑은 금강을 품은 곳으로, 영동에 가면 꼭 먹어야 하는 음식이 있다. 영동의 향토음식인 어죽과 도리뱅뱅이다. 어죽은 맑은 물에서 자라는 쏘가리 등을 푹 고아내고 쌀을 넣어 죽으로 만든 것이고, 도리뱅뱅이는 피라미와 빙어 등 작은 민물고기를 기름에 튀긴 다음 고추장 양념에 조린 음식이다. 생선살은 물론 뼈까지 먹는데, 맛깔나면서도 영양가가 많다.

019 | 고만고만한 8개 봉우리를 넘는 재미
홍천 팔봉산

강원 홍천군 서면 팔봉산(327m)은 홍천강이 산의 삼면을 둘러싸고 있다. 강을 따라 여덟 개의 봉우리가 길게 뻗어 팔봉산이라 불린다. 홍천강을 끼고 있어 여름철에 많은 사람들이 찾는다. 낮은 산이라 짧은 시간에 오를 수 있으나 바위와 암벽이 많고 능선이 험하니 산행 준비를 단단히 해야 한다.

여덟 형제가 어깨를 맞댄 듯 고만고만한 8개의 봉우리로 이루어진 팔봉산. 고만고만하다는 것은 '여럿이 다 비슷비슷하다'는 뜻이지 작거나 만만하다는 뜻은 아니다. 팔봉산을 오를 때는 이것을 명심해야 할 것 같다. 해발 327m로 산림청이 지정한 100대 명산 중에서 가장 낮은 산이지만, 쉽게 보다가는 누구 말대로 '큰 코' 다친다.

산행길은 1봉에서 출발해 8봉을 차례대로 잇는 코스를 밟기로 한다. 순서대로 하나씩 하나씩 오른 뒤 홍천강을 따라 출발점으로 되돌아오면 된다. 봉우리들 사이에 중간중간 하산 구간이 있어 힘들면 내려와도 된다. 하지만 팔봉산을 만나러 멀리 강원도까지 왔는데, 급박한 상황이 아니라면 완등하리라 마음먹는다.

1봉으로 오르는 길에 들어서면 바로 밧줄 구간이 나온다. 역시나 등산

길이 만만치 않다. 능선에 크고 작은 바위들이 봉우리나 날카로운 칼날 형태로 이어진다. 능선이 한눈에 들어올 정도로 나지막하다고 생각했는데, 거친 바위와 깎아지르는 절벽에 놀라게 된다. 등산로가 그 바위와 절벽 사이에 있어 다이나믹함과 함께 스릴이 느껴지고 재미도 있다. 다른 산행객들도 이런 맛에 암릉 등반을 하나 싶다.

각 봉우리마다 두 손, 두 발을 써서 오르내리는 짜릿한 암릉산행이 재미를 더한다. 1봉부터 8봉까지 봉우리 사이의 거리가 짧아 산행

중에 지루할 틈이 없다. 거기다 봉우리마다 정상에 세워놓은 앙증맞은 정상석을 찾아내는 재미도 있다.

 뒤를 돌아보면 팔봉산을 안고 흐르는 홍천강이 시원한 풍광을 만들어낸다. 그래서 등산의 즐거움도 더해진다. 각 봉우리에는 소나무가 제각각의 수려함을 뽐내며 자라나 마치 병풍 한 폭이 펼쳐진 모양새다. 어느 산친구의 말이 떠오른다. "팔봉산은 작아도 당당한 산, 있을 건 다 있다."

 1봉에 서면 2봉이, 2봉에 서면 3봉이… 앞으로 가야할 봉우리들이 손에 잡힐 듯 보인다. 바위 사이로 난간을 잡고 오르고 내리기를 반복해야 해서 다른 생각에 빠지는 것은 금물이다. 8봉으로 가는 길이 가장 험한데, 발붙일 곳도 마땅하지 않은 구간이 자주 나타나서 자칫하다가는 사고로 이어질 수 있다. 산에서는 조심 또 조심하자!

에필로그 팔봉산 등산이 마치 우리 삶과 비슷하다는 생각을 했다. 오르막이 있으면 반드시 내리막이 있고, 한없이 내려간다 싶다가도 이내 다시 올라갈 수 있는 시점이 온다. 더이상 내려갈 데가 없다고 여길 만한 상황에서 좌절할 것도 없고, 최고의 자리에 올랐다 해서 자만할 것도 없다. 그것이 인생이다. 이렇게 커다란 가르침을 또다시 산에서 얻는다.

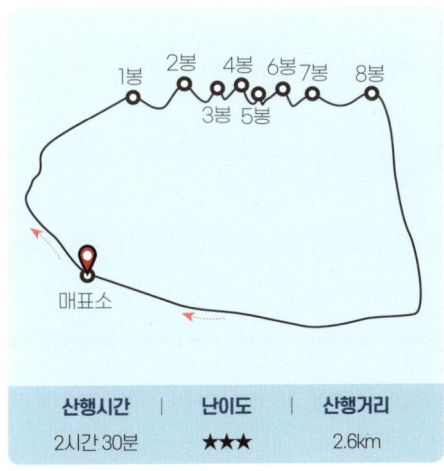

Tip 팔봉산 주변의 관광지로는 북한강 한 가운데 있는 남이섬이 돋보인다. 이 섬은 희한하게도 내국인보다 외국인이 더 관심을 보인다. 오래전에 여기서 촬영된 배용준 최지우 주연의 드라마 '겨울연가'가 아시아 주요 국가에서 엄청난 히트를 쳐서 전설의 드라마로 통하는 까닭이다. 아름다운 강변에 메타세쿼이아길 등 울창한 숲이 잘 가꾸어져 있다.

020 | 암릉의 스릴과 강과 호수의 멋진 조망
춘천 삼악산

강원 춘천시 서면 삼악산(654m)은 금강산에서 발원한 북한강물이 소양강, 의암호를 지나 의암댐 수문을 막 벗어날 즈음 서쪽에 우뚝 솟아 있는 산이다. 산의 규모가 크거나 웅장하지는 않지만 경관이 수려하고 기암괴석으로 이루어져 있다. 예전에는 험준한 산세를 이용한 천혜의 요새로서 삼국시대 이전에 있던 맥국(貊國)의 성터가 남아 있다.

쉽게 전철을 타고 가서 즐길 수 있는 암릉 산이 있으니 바로 춘천에 있는 삼악산이다. 등산 경험이 어느 정도 있는 사람이라면 바위를 타고 넘는 재미가 있다 하겠지만 초급자라면 이 산의 암릉도 만만찮을 터다.

산 전체가 바위로 이루어진 삼악산은 등산로 대부분도 바위길이다. 설악산의 빼어난 암봉과 오대산의 웅장한 모양을 한곳에 모아 축소해 놓은 듯 운치 있는 잡목과 소나무들이 기암괴석과 잘 어울린다.

시작과 동시에 가파른 길을 치고 올라가야 한다. 오르면서 돌아보니 의암호와 북한강의 푸른 물줄기가 내려다보인다. 이어 깔딱고개가 나타나 숨을 할딱거리게 한다. 하지만 강촌에서 불어오는 골바람이 시원하다.

깔딱고개라. 정감 있는 순우리말이다. 경사가 가팔라서 오르다 보면 숨이

깔딱깔딱거릴 정도로 힘들게 오른다는 뜻이다. '꼬질배기'는 또 뭔가? 깔딱고개 만큼이나 오르기 힘든 산이나 고개를 가리키는 밀양 사투리라지...

깔딱고개가 끝나자 이번엔 아슬아슬하고 날카로운 암릉 구간이 산행객을 맞는다. 쉴 새 없는 오르막 구간을 진짜 두 손, 두 발을 다 이용해서 엉금엉금 기어야 올라갈 수 있다. 지루할 틈이 없는 짜릿한 암릉 길이다.

산행 중에는 소나무가 많이 보이는데, 쭉쭉 뻗은 것부터 굽은 채로 누운 소나무까지 종류도 참 다양하다. 정상 직전 전망대에서는 의암호와 시원하게 뻗은 북한강의 수려함이 한눈에 굽어 보인다. 삼악산 산행의 하이라이트다.

하산은 등선계곡 쪽으로 한다. 바로 만나는 333계단은 돌로 이루어져 있다. 맞은 편에서 정상으로 올라오려면 꽤나 애를 먹겠다는 생각이 든다. 아니나 다를까. 맞은 편에서 나타나는 등산객들의 얼굴은 세상 모든 것을 포기한 듯 힘겨워 보인다. 이제 힘든 구간은 거의 끝나고, 등선계곡을 따라 높이 10m의 아담한 제 1폭포를 시작으로 제 2, 제 3폭포와 선녀탕이 나타난다. 짜릿한 암릉 구간에 잇달아 등장하는 협곡의 멋들어진 풍광! 이만하면 근사한 산행길이다!

에필로그 힘들어서 '악'소리가 난다 해서 '악산'이라고 한다던가. 설악산, 월악산, 화악산, 치악산, 운악산... 대부분 한자로는 嶽(큰산 악)이나 岳(큰산 악)이 들어가는데, 惡(악할 악)자는 아니니 무조건 힘든 산이라는 의미는 아니다. 험준한 산세만큼 아름다운 풍광을 자랑하는 곳이기 때문이다. 삼악산 역시 그 이름값을 톡톡히 하고 있었다. 다만, 이런 험난한 산들은 비가 올 때나 겨울에 등반하려면 특히 더 조심하고 더 많은 준비를 해야 할 필요가 있다.

산행시간	난이도	산행거리
3시간 30분	★★★	5km

Tip 삼악산에서 가장 가까운 전철역은 강촌역이다. 서울에서 간다면 상봉역 또는 망우역에서 경춘선으로 환승해 강촌역까지 간다. 강촌역에서 등선폭포까지는 버스로 이동하면 된다. 산행 후 그러니까 등산의 마지막 코스는 역시 먹방이다! 수도권에서 소문난 먹거리 중에 하나는 강촌의 숯불닭갈비 아닌가. 강촌역으로 회귀하다가 맛난 닭갈비와 시원한 맥주 한잔에 산행의 피로를 모두 날려보자!

021 | 숨 고를 틈 없이 연이어지는 암릉의 스릴
금산 서대산

충남 금산군 추부면 서대산(904m)은 충청남도의 최고봉이다. 서쪽 사면은 넓고 경사가 완만하며 이곳에서 흐르는 계류들이 서대천으로 흐른다. 높이에 비해 규모는 작은 편이지만 기암절벽으로 이루어진 산세가 이어진다. 특히 북쪽 사면의 협곡에 설치된 구름다리 주변은 기암절벽들이 어울려 장관을 이룬다.

충남에는 1,000m를 넘는 높은 산이 없다. 904m 높이로 충남의 최고봉인 서대산은 주변 산과 줄기가 이어지지 않고 섬처럼 혼자 우뚝 솟아 있어 비래산(飛來山)이라는 별명을 가지고 있다. 널리 알려지지는 않았지만 어디서 봐도 울창한 숲을 뚫고 기암절벽이 튀어나와 있어 산을 좀 탄다는 산꾼들에게는 입소문이 난 곳이다.

역시나 가까이 가서 본 서대산의 산세는 솟아오르는 불길처럼 원추형으로 우뚝 솟아 있다. 근처 어느 곳에서도 눈에 들어오는 늠름하고 독특한 산세를 간직하고 있다.

초반부터 가파른 바위를 밧줄을 타고 올라야 한다. 아… 오늘 만만치 않겠구나 싶어 긴장이 되지만 오를수록 만나는 멋진 풍경에 마음이 풀린다.

바위와 바위 사이를 지나면서 점점 숨이 가빠지고 땀이 송글송글 맺힌다. 이렇게 험준한 산세로 인하여 삼국시대에는 백제와 신라가 맞서는 경계선 역할을 했고, 동학농민운동 때에는 동학군들이 숨어들었으며, 6·25를 전후해서는 공비 1개 대대가 서대산을 아지트로 삼아 경찰서와 군청 등을 습격했다고 한다.

천리 길도 한 걸음부터라던가. 그런 생각을 하면서 한 걸음, 한 걸음을 옮긴다. 자연 앞에 겸손해야 하고 자연에 대한 외경의 마음을 가져야 한다는 어느 선배의 가르침을 되새기

며 뚜벅뚜벅 오른다. 이마에 흐르는 땀을 손등으로 훔치고 적당히 심호흡을 한다. 그러면서 즐기는 서대산의 수려함은 마음을 즐겁게 한다.

산자락 곳곳에는 깎아지른 절벽과 기암괴석들을 들어 올린 험준한 암릉들이 부챗살처럼 아래로 퍼져내려 있다. 하나 하나 돌파할 때마다 짜릿함이 느껴지는 암릉이 숨 고를 틈 없이 연이어 나타나면서 기암절벽들이 산행객을 압도한다.

서대산의 정상석은 다른 곳과 달리 돌탑 형태로 만들어져 있다. 이제껏 산에 다니면서 본 정상석 중 가장 독특하다. 차별화되어 기억하기에 좋겠다. 다만 정상 부근은 협소해서 오래 머무르기가 힘들다.

에필로그 언젠가 산행 중에 겸손하게 허리를 굽히듯이 굽어진 소나무에 걸려 있는 한 표찰을 보았다. 그 표찰에는 이렇게 쓰여 있었다. '하심송(下心松) - 머리를 숙이면 세상과 부딪칠 일이 없습니다.' 그 표찰을 보며 삼국지의 유비가 떠올랐다. 유비는 이렇게 말했다. "머리 숙이는 자에게 모질게 해악을 가하는 자 없다." 이렇게 하나씩 하나씩 산에서 많은 깨달음을 얻어 간다.

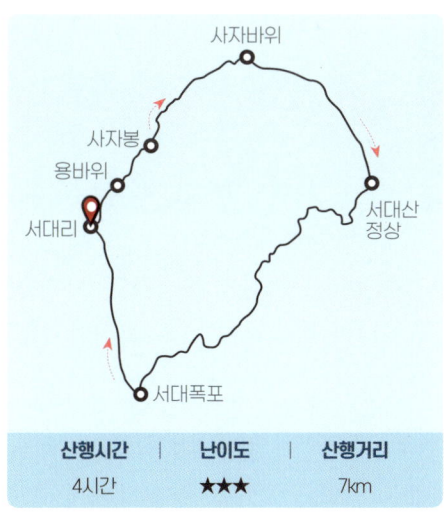

Tip 인삼의 고장 금산에 갔으니 금산인삼시장은 들려야 하는 코스가 아닌가 싶다. 인삼시장은 한 곳이 아니라 아주 넓다. 도매시장, 국제시장, 약초거리 등 주변 전체가 인삼시장이다. 인삼을 처음으로 심기 시작한 것을 기념하는 개삼터테마공원을 함께 둘러봐도 좋다. 해마다 9월이면 인삼축제가 열리는데 이왕이면 그 기간에 산행계획을 잡아보는 것이 어떨지?

022 긴장감 조성하는 칼날 같은 암릉
보은 구병산

충북 보은군 마로면 구병산(876m)은 아홉 개의 봉우리가 병풍처럼 둘러 있다 하여 붙여진 이름이다. 이웃한 속리산의 명성에 가려 일반인에게는 잘 알려지지 않아 산 전체가 깨끗하고 조용하며 보존이 잘 되어 있는 편이다. 기암절벽과 더불어 단풍이 자아내는 풍경이 아름다워 가을 산행지로 각광받는다.

어깨를 맞댄 속리산의 명성에 가린 숨은 명산! 예로부터 보은에서는 속리산을 지아비산, 구병산을 지어미산, 금적산을 아들산이라 해서 삼산이라고 부른다 한다.

웅장하고 수려한 산세에 깊은 숲, 그리고 칼날 같은 암릉이 그 말을 실감하게 한다. 이만하면 우리나라 100대 명산의 대열에 합류할 만하다.

깊은 산세와 그 아름다움, 그것을 제쳐놓고 구병산의 특징을 두 가지 꼽는다면, 첫째는 온 산이 돌밭으로서 커다란 암벽부터 작은 바위와 작은 돌까지 그야말로 돌이 많다. 두 번째는 능선에 상당한 긴장감을 조성하는 암릉 구간이 연이어지는데, 그것을 즐기는 재미가 상당하다.

조용하고 작은 마을, 적암리가 오늘의 출발점이다. 산행 입구에서 안내

판을 보며 오늘의 갈 길을 한번 더 확인하려고 하지만, 이 곳 구병산은 안내판이나 이정표가 그다지 친절하지 않다.

본격적인 암릉 구간에 올라서기 전에도 구병산은 호락호락하지 않다. 오르내림이 심하고 밧줄을 잡고 올라야 하는 구간도 몇 군데 있다. 한편으로는 사방으로 가지와 줄기를 뻗은 나무들이 길을 막아선다.

특히 853봉 가는 등산로는 칼등 같은 암릉이 연속으로 이어지고, 그 오른쪽은 아찔한 절벽이다. 한순간 현기증이 날 수도 있다.

정상에 닿기 직전에는 갑자기 수직에 가까운 암벽이 나타난다. 급경사에다 길이 좁아서 혼자 오르기 힘들다. 등산로에 설치된 밧줄을 잡고 오르는 것도 쉽지만은 않다. 하지만 그 재미가 쏠쏠하다. 그게 바로 암릉 산행의 다이나믹한 재미가 아니랴. 드디어 정상에 올라 성취의 기쁨을 누린다.

정상 부근의 풍혈(風穴. 서늘한 바람이 늘 불어 나오는 구멍이나 바위 틈)에 들려 대자연의 오묘함에 탄성을 지른다. 바위 틈에서 에어컨보다 시원한 바람이 솔솔 나온다.

에필로그 '숨은 명산' 구병산을 떠나며 우리나라의 강산에 대한 깊은 애정이 새삼스럽게 느껴진다. 산정무한(山情無限)이랄까? 산에서 느끼는 정취가 끝이 없다. 예전에 읽었던 '산정무한'이라는 기행 수필도 떠오른다. 소설가 정비석이 남긴 그 기행문은 아름다운 금강산에서 느낀 감회를 서술하고 있었다. 요즘도 그 기행 수필이 교과서에 실린다고 한다. 다시 한번 읽어 봐야겠다.

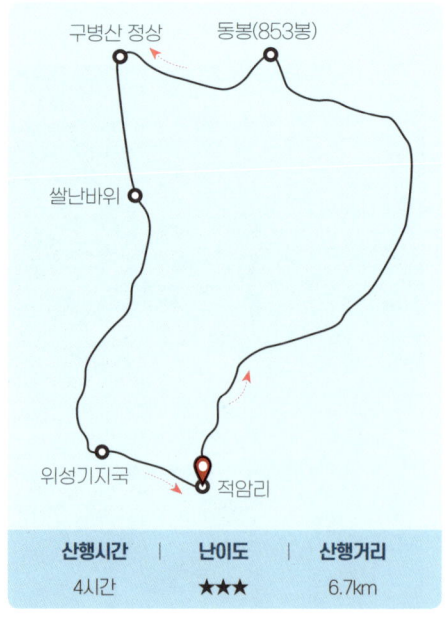

Tip 전국의 많은 산에 오르기 위해 승용차를 많이 활용한다. 그런데 주차된 곳으로 돌아와야 하기 때문에 등산로 선택이 제한적이다. 그리고 장거리 운행으로 인해 피로가 더 누적된다. 이럴 경우 안내등반 산악회를 활용하는 것은 좋은 방법이다. 안내등반 산악회는 운영자가 산행지를 공지하고 등산객들을 모집하여 왕복으로 전세버스를 운영하는 일회성 산악회이다. 친목 도모가 목적이 아니고 단순히 차편만 제공하므로 서로 불편한 상황이 연출될 일도 없다.

023 | 동강의 전망대에서 바위 타는 재미
정선 백운산

강원 정선군 신동읍 백운산(883m)은 흰 구름이 늘 끼어 있다고 하여 백운산이라고 부르게 되었다고 전해진다. 동강을 따라 크고 작은 6개의 봉우리가 이어지고 동강이 산자락을 굽이굽이 감싸고 흐른다. 등산로가 벼랑 끝으로 아슬아슬하게 걸려 있는 구간이 적지 않아 위험하므로 혼자서 등산하는 것은 삼가해야 한다.

동강! 댐 건설로 사라질 뻔한 위기에 처해 '국민의 강'으로 불리기도 했다. 그런 동강은 다양한 아픔과 추억을 간직한 채 정선에서 영월까지 흐르는 100리가 넘는 물길로 정선아리랑의 발상지다.

그 아름다운 동강을 따라 크고 작은 6개의 봉우리가 이어져 있으니 바로 백운산이다. 그러므로 백운산은 우리나라 강산의 아름다움을 대표하는 동강의 절경을 가장 잘 바라볼 수 있는 '동강의 전망대'이다.

산행은 점재마을에서 시작된다. 가파른 등산로를 20분쯤 오르면 놀랄 만한 멋진 조망이 펼쳐진다. 뱀이 또아리를 튼 것 같이 S자로 굽이굽이 돌고 돌아가는 강줄기가 이어진다. 절벽 능선이 겹을 이루며 보이는 풍광이

일품이다.

그 뒤로 병풍을 친 산봉우리들이 뭉실뭉실 떠다니는 구름 아래서 강 위에 떠 있는 듯하다. 산봉우리와 산봉우리 사이사이에 자리잡은 강변 마을은 지난 60~70년대의 고향 마을처럼 정겹게 느껴진다.

등산로는 6개의 봉우리를 가파르게 오르고 가파르게 하산한다. 주로 참나무 군락지로 이어진다. 동강 쪽의 능선은 낭떠러지 같은 급경사의 절벽이다. 군데군데 위험 구간이 나타난다. 암릉의 다이나믹함과 그것을 답파했을 때의 짜릿함을 흠뻑 즐긴다는 생각으로 한걸음 한걸음 내딛는다. 태산이 높다 하되 하늘 아래 뫼이로다. 오르고 또 오르면 못 오를 리 없건마는... 조선시대 문장가였던 양사언의 시조를 읊으며 느리게 걷는다는

마음으로 오르고 또 오른다.

산행 중에 산 아래를 내려다보면 감동적인 풍광은 계속 이어진다. 가파르고 거친 바위 능선은 스릴 넘치고, 잠시 숨 돌리려 뒤돌아서면 또다시 입이 벌어진다.

정상에 오르면 또 다른 풍광이 가슴을 벅차게 한다. 달덩이처럼 솟아오른 함백산이 보이고 그 양 옆으로 백두대간이 꿈틀거리고 있다.

백운산 산행은 가을 단풍이 한창일 때가 더 좋을 듯하다. 이토록 아름다운 동강 주변의 산들이 알록달록한 단풍으로 물들면 그 아름다움은 배가 될 것이다.

에필로그 벌써 20여 년이 흘렀다. 국민적인 반대 운동으로 동강댐 건설을 백지화시킨 것이. 정부가 동강댐 건설을 예정 고지한 이후 2년 동안 반대 운동이 뜨겁게 벌어졌고 결국 대통령의 선언으로 백지화됐다. '동강을 지키자'라는 구호 아래 자연을 사랑하는 국민들과 환경단체의 역량을 집결해 동강댐백지화의 승리를 일구어냈다. 현장에 와서 당시를 회상해 보니 감회가 새롭다. 실천하는 국민들의 힘은 위대하다!

Tip 삼촌인 세조에게 죽음을 당한 단종의 유배지였던 영월로 자리를 옮겨 단종의 묘 장릉, 단종의 유배지였던 청령포 등 유적을 살펴보는 것도 좋다. 특히 청령포에는 단종이 한양을 바라보며 시름에 잠겼다고 전하는 노산대, 한양에 남겨진 정순왕후를 생각하며 쌓은 돌탑, 외인의 접근을 금하기 위해 영조가 세웠다는 금표비(禁標碑) 등 여러 유적이 있다.

정선 백운산

024 | 장쾌한 암릉미, 아슬아슬한 스릴
함양 황석산

경남 함양군 서하면 황석산(1,192m)은 바위산으로 영남, 호남 지방을 가르는 소백산맥의 줄기를 형성한다. 정상 일대는 2개의 커다란 암봉으로 이루어져 있으며, 남봉은 북봉보다 더 뾰족해 피라미드 형태를 이룬다. 가을에는 황석산 정상 바로 밑에서 거망산으로 이어지는 능선이 억새로 빽빽하게 뒤덮여 장관을 이룬다.

황석산에는 사람의 자취도 별로 없고 손때 묻지 않은 자연미가 그대로 보존된 듯하다. 황석산 정상 부분으로 가는 길은 억새 능선이 장관을 이루고, 멀리 정상 부근에 보이는 암봉의 멋스러움이 등산의 피로를 어루만져 준다.

여러 등산로 중에서 경사도가 비교적 완만한 길이 우전마을 코스다. 우전마을을 출발해 피바위를 지난다.

왜 피바위인가? 임진왜란 당시 왜군에게 마지막까지 항거하던 남자들은 성이 함락되자 죽임을 당했다. 부녀자들이 이곳 천길 절벽에서 몸을 날려 자결하였다 하여 피바위다. 함양 사람들의 절개와 기개를 상징하는 중요한 유적이 아닌가 한다.

다시 정상을 올려다본다. 그곳은 멀리서 보면 범접할 수 없는 위엄과 그에 걸맞는 기품이 있다. 정상 아래로 발달한 슬랩(치마바위)을 치렁치렁 거느리고 전후좌우로는 칼날 같은 암벽 능선을 거느리고 있다.

이 암릉은 보조 자일이 있어야 하는 코스로 조망도 좋고 바위 타는 맛도 좋다. 연속된 암릉을 걸을 때면 아찔하고 위태롭고 오금이 저린다. 약간 위험하기 때문에 오르면서 주의를 기울여야 한다.

이윽고 황석산성에 닿는다. 성벽은 돌로 쌓은 부분과 흙

과 돌을 섞어 쌓은 부분으로 이루어져 있는데, 전체 길이는 2,750m, 높이는 3m 정도다. 산세가 수려하고 암릉미가 장쾌한 황석산은 이러한 황석산성도 품으면서 명산의 반열에 올랐다.

황석산의 정상을 밟기 위해선 로프가 설치된 암릉을 올라야 한다. 암릉 구간이 아슬아슬하고 스릴 있다. 밧줄을 잡고 공룡의 등껍질 같은 암릉을 오르는 순간 긴장감이 최고조에 달한다.

정상은 세 사람이 서 있기도 어려울 만큼 비좁다. 하지만 굽어보는 풍경만큼은 더없이 좋아 한참을 앉아 있는다.

에필로그 산행기점인 우전마을을 돌아 나오면 우리나라 정자문화 1번지 화림동계곡을 만날 수 있다. 산 좋고 물 좋고 정자 좋은 데는 없다고 한다던데, 이곳에 해당하는 말은 아닌가 싶다. 명승 제86호인 거연정을 비롯해 군자정, 영귀정, 동호정, 람천정, 농월정까지 많은 정자들이 자리 잡고 있다. 예로부터 함양은 안동과 더불어 선비의 고장으로도 이름나 있다. 산도 많고 물도 많은 이곳에서 사화와 당쟁으로 은둔한 선비들이 풍류를 즐겼으리라. 자연은 사람을 키우고, 사람은 자연을 닮는다고 했던가.

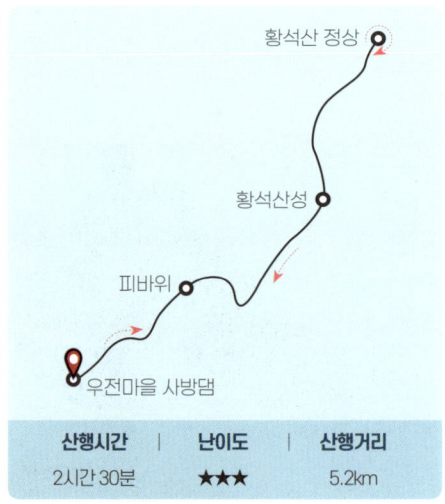

산행시간	난이도	산행거리
2시간 30분	★★★	5.2km

Tip 암릉 산행을 할 때는 바스큐 등산화(릿지화)를 신는 게 좋다. 비브람창을 사용해 접지력이 좋고 발에 잘 맞아 착화감이 편한 제품을 고르면 좋다. 그리고 릿지화 중에서도 바닥의 창이 딱딱한 편인 제품이 편안하다. 물렁한 창보다는 발의 피로도가 적다. 착화감이 편안한 장갑도 물론 준비해야 한다. 기왕이면 고어텍스로 된 덧장갑이 좋다. 산행에서의 장비는 안전과 직결된다.

04

단풍 속에
푹 빠지고 싶다면

- 내장산
- 백암산
- 용화산
- 오봉산
- 대둔산
- 적상산
- 대암산
- 소요산
- 용문산

025 | 현란한 아름다움, 역시 단풍은 내장산
정읍 내장산

전북 정읍시 내장동 내장산(763m)은 예로부터 가을철 단풍이 매우 아름다워 조선 8경의 하나로 꼽혔다. 주봉인 신선봉을 중심으로 연지봉, 까치봉, 장군봉, 불출봉 등이 말발굽 모양으로 둘러서 있다. 신선봉, 장군봉 등에 있는 굴거리나무 군락은 천연기념물로 지정되었다. 겨울철에는 아름다운 설경이 일품이다.

'오메 단풍들겠네 / 장광에 골 붉은 감잎 날러오아 / 누이는 놀란 듯이 치어다보며 / 오메 단풍들겠네'

단풍철만 되면 여기저기서 김영랑 시인이 소환된다. 덩달아 마음이 바빠진다. 계절은 우리를 기다려주지 않기 때문이다. 깊어 가는 가을을 만끽하기 위해 내장산으로 떠난다.

여러 단풍 명산 중에서도 압권은 11월 초순에 절정을 이루는 내장산 단풍이다. 울긋불긋한 것이 화려함을 넘어 현란한 자태로 내장산 일대가 단풍의 바다를 이루고, 우스개 소리로 단풍잎만큼 많은 사람들이 전국에서 모여들어 그 인기를 실감케 한다. 평일임에도 한바탕 주차 전쟁을 치르고 단풍 숲속으로 들어간다.

　내장산에서 가장 인기 있는 구간인 '단풍 터널'을 걷는다. 내장산 입구 일주문에서 내장사 앞에 있는 극락교까지 2km 구간에 길 양쪽으로 수령 50~200년의 단풍나무가 화려무쌍하게 늘어서 있다. 단풍나무들이 뿜어내는 붉은 빛이 가히 환상적이다. 아치형의 이 통로를 지나면서 황홀한 아름다움에 빠져든다.

　내장사에 이르러서부터 산행이 시작된다. 시작할 때와 달리 정상이 가까워질수록 날이 흐려지더니 기어이 비가 한 방울씩 떨어진다. 전망을 기대하기는 힘들겠다. 혹여 미끄러질까봐 조심해서 걷는다. 구간 구간 숨이 차오르기도 하지만, 단풍에 취해서인지 몸이 힘든지도 모르겠다.

　어디서든 아름다운 단풍이 산

행객들을 반긴다. 역시 단풍하면 내장산! 내장산하면 단풍이다! 단풍나무의 수종도 애기 단풍나무, 신나무 등 다양해 화려한 색감의 단풍이 어우러진 풍경을 감상할 수 있다. 내장산 단풍은 잎이 7갈래로 작고 섬세하며 다른 산에 비해 유난히 붉다 .

내장산 특유의 애기 단풍은 그 이름도 예쁘다. 잎이 어린아이 손처럼 작고 앙증맞으며 빛깔이 고운 것이 특징이다.

내장산은 단풍만 아름다운 것이 아니다. 기암괴석과 울창한 산림, 맑은 계류가 어우러진 호남 5대 명산의 하나로 국립공원으로 지정되어 있다. 단풍과 수려한 경치가 어우러지니 절경이 아닐 수 없다.

에필로그 단풍 절정기의 내장산 등산로는 혼잡스러웠다. 그런데 2~3명이 등산로에 나란히 서서 오르는 산행객들이 더러 눈에 띄었다. 나란히 걸으면 당사자들이야 정답고 좋겠지만, 길을 막아서는 거나 마찬가지다. 반대편에서 오는 산행객들에게 방해가 된다. 일렬로 걷는 게 맞다. 또 올라가는 사람과 내려오는 사람이 마주쳤을 때는 올라가는 쪽이 우선이다. 서로 가벼운 인사를 나눈다면 더 좋을 것이다.

산행시간	난이도	산행거리
4시간	★★★	7km

Tip 내장산은 유명한 단풍 명소 중에서 가장 늦게 단풍이 든다. 보통 절정 시기는 11월 초다. 내장사까지의 단풍길도 아름답지만 조금 더 높은 곳에서 단풍을 즐기고 싶다면? 그런데 등산하는 것이 곤란한 상황이라면? 걱정할 것 없다. 케이블카를 타고 전망대까지 쉽게 갈 수 있다. 전망대에서 내려다보는 단풍은 또 새롭다. 물론 긴 대기 시간은 감수해야만 한다.

026 | 애기 단풍이 이렇게 아름다울 수가
장성 백암산

전남 장성군 북하면 백암산(741m)은 내장산, 입암산과 함께 내장산국립공원에 속하는 단풍의 명산이다. 산세가 다소 험준하나 웅장하다. 사방의 비탈면은 경사가 급하며 계곡과 늪이 많다. 봄에는 백양, 가을에는 내장이라는 말이 있다. 백양사의 비자나무숲과 벚꽃나무가 너무 아름다워서 생긴 말이다. 그런 만큼 봄철에 찾아도 만족도가 높다.

단풍이 조금씩 산을 물들일 때면 마음이 설레기 시작한다. 매년 연례행사처럼 단풍 구경을 하지 않으면 못내 서운한 마음이 가슴 속에 남는다.

매표소에서 백양사로 들어가는 입구의 단풍 터널은 찬란한 아름다움을 뽐낸다. 그 터널 일대는 도로까지 주차장이 될 정도로 북적거린다. 여기서 가까운 전국 단풍 1번지 내장산만큼 이곳을 찾는 사람들도 많다.

백양사 단풍은 내장산 단풍보다 며칠 빠르다. 10월 말이 절정이다. 이곳 백양사 단풍은 인터넷으로, 신문이나 책으로 수도 없이 보아왔다. 그런데 백양사 쌍계루와 단풍의 조화는 상상했던 것 이상이다. 붉디붉게 물든 애기 단풍에 둘러싸인 쌍계루의 단아한 자태와 백암산 중턱에 우뚝 솟

아 있는 백학봉이 멋진 조화를 이루는 모습이 지극히 아름답다.

백양사 단풍은 불타는 듯한 애기 단풍으로 이름 높다. 자세히 보면 단풍잎이 정말 다른 곳보다 작고 귀엽다. 작아서 더욱 붉어 보이는 애기 단풍이다. 새색시의 수줍은 뺨처럼 붉고 곱게 물들어 있다.

백양사는 백암산의 아늑한 품에 안겨서 현란한 색채의 단풍 속에서 너무나 예쁘게 자리 잡고 있다. 아담한 산들이 이어져 이 절을 포근하게 감싼다.

백양사를 지나 단풍에 흠

뻑 취한 채 본격적으로 산행을 시작한다. 역시 단풍의 명소답게 많은 사람들이 이곳을 찾았지만, 대부분은 백양사 인근에 머물며 저마다 단풍놀이를 즐긴다. 그래서 백암산 정상으로 가는 길은 한가롭다.

백학봉까지 꽤나 가파른 길을 치고 오르며 상왕봉까지는 편한 능선길이 이어진다. 내장산까지 연계 산행하려는 사람들도 종종 눈에 띈다.

정상은 밋밋하지만 백암산에서 뻗어내린 백학봉은 해발 630m의 거대한 바위봉으로 그 형태가 '학이 날개를 펴고 있는 모습'과 같다 하여 '백학봉'이라는 이름이 붙여졌다. 육당 최남선은 백학봉을 두고 "흰맛, 날카로운 맛, 맑은 맛, 신령스런 맛이 있다"고 극찬하였다.

에필로그 장성에 온 김에 장성호 주변 길을 걸어 보기로 했다. 출렁다리를 건너는 재미도 쏠쏠하고 숲길을 걷는 것도 상쾌하다. 이곳은 평일에는 무료지만 주말이면 입장료를 받는다. 하지만 매표소에 입장료를 내면 바로 같은 금액의 지역상품권으로 교환해주기 때문에 결국 무료인 셈이다. 지역경제를 살리는 의미 있는 좋은 방식이다. 특히 지역상품권은 그 지역 안에서만 사용이 가능해 자영업자나 소상공인에게 도움이 되고 있다. 이런 좋은 제도가 더 활성화 되었으면 좋겠다고 생각을 해본다.

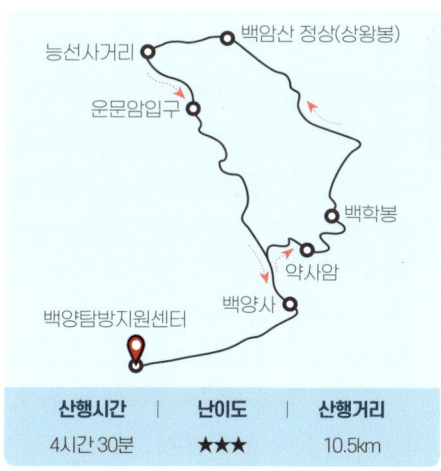

산행시간	난이도	산행거리
4시간 30분	★★★	10.5km

Tip 한국불교 조계종에서는 참선수행 전문도량인 선원과 경전 교육기관인 강원, 계율 전문교육기관인 율원을 모두 갖춘 사찰을 총림이라고 한다. 해인사(가야총림), 송광사(조계총림), 통도사(영축총림), 수덕사(덕숭총림), 백양사(고불총림)가 오대 총림으로 불리었으나, 2012년 동화사, 쌍계사, 범어사를 추가하여 팔대 총림이 되었다.

027 | 화강암이 빚어낸 수려한 산의 단풍
화천 용화산

강원 화천군 하남면 용화산(875m)은 춘천의 의암댐, 소양댐, 춘천댐, 화천댐에 둘러싸인 천혜의 성벽이다. 등산로 대부분도 바위길로 이루어져 있으며 가을 단풍이 특히 아름답다. 이 산에서 지네와 뱀이 싸우다 이긴 쪽이 용이 되어 하늘로 올라갔다 해서 용화산이라는 이름이 생겼다는 전설이 있다. 옛날에는 가뭄이 들면 이곳에서 기우제를 지내기도 하였다.

용화산은 동서로 뻗어 내린 아기자기한 능선과 암벽, 암봉들이 특히 볼만하다고 알려져 있다. 10월에 찾으면 화강암으로 이루어진 돌산에서 암릉을 타는 스릴과 곱디고운 단풍을 만나는 즐거움을 동시에 느낄 수 있다는데, 그 즐거움을 기대하며 용화산으로 향한다.

산행 들머리인 큰고개에서 용화산 정상까지는 1km도 채 걸리지 않는다. 그 대신 가파른 길을 쉬지 않고 계속 올라야 해서 체감 거리는 더 길게 느껴진다. 오른지 30분 정도면 시야가 탁 트이는데, 하늘을 찌를 듯 우뚝 솟은 기암과 바위 틈을 뚫고 자란 소나무에서 기품이 느껴진다. 발길 닿는 곳마다 만나는 암릉은 멋진 포토존이 된다.

다소 힘든 산행 중에도 피로를 씻어주는 것은 수려한 주변 경관이다. 저

멀리 파로호, 춘천호, 의암호, 소양호 등 아름다운 호수의 풍광이 내려다 보여 마음이 탁 트인다.

암벽과 암릉에 매어둔 자일 로프를 잡고 당기며 가까스로 오르면 또 자일 코스가 계속된다. 그렇게 이어진 절경을 따라 정상에 오른다. 멋진 바위들이 차례로 나타나 탄성을 내지르게 한다.

용화산 정상에 오르니 저 멀리 화천댐 파로호가 조망되고 주변에는 주전자 바위, 마귀 할멈바위 등 갖가지 전설을 간직한 기기묘묘한 바위가 늘어서 있다.

정상에서 양통 방면으로 하산하다 보면, 또 한번 절터 부근에 울굿불굿하고 알록달록한 단풍의 숲이 수백 미터에 걸쳐 펼쳐진다. 바위와 바위 사이로, 암릉과 암릉 사이로 단풍이 솟아오를 듯이 피어나 산행객들을 반긴다. 그렇게 화려한 색을 자랑하는 단풍은 아니지만 그 아름다움에 취하지 않을 수 없다.

고탄령을 지나면서 평탄한 등산로가 나타난다. 지금까지 암릉을 타고 넘는 소소한 재미가 있었는데, 거기 비해 다소 심심하게 느껴진다. 하지만 곧 물소리가 경쾌한 계곡이 나타난다. 계곡물에 손을 담그니 피로가 싹 가시는 듯하다.

에필로그 예전에 유명 강사가 마음이 건강한 사람들의 특징에 대해 언급하는 것을 들은 적이 있다. 첫 번째가 계절의 변화를 알아차리고 느낀다는 것이다. 내면이 건강하지 못한 사람은 계절은 두 가지로만 표현한단다. '덥다'와 '춥다'로… 바쁜 일상에 시달리다 보면 언제 계절이 바뀌었는지 모르고 지나갈 때도 많다. 하지만 산을 찾으면 시각과 촉각으로 오고 가는 계절을 바로 느낄 수가 있다. 몸 뿐만 아니라 마음의 건강을 위해서라도 산을 계속 다녀야겠다는 생각이 든다.

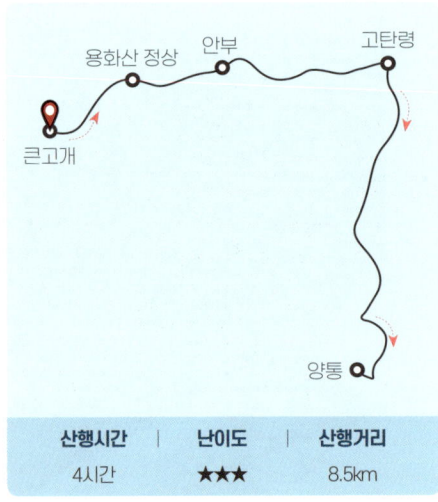

Tip 단풍은 하루 최저 기온이 5도 이하가 되면 들기 시작한다. 첫 단풍은 산 정상에서부터 20%가 물들 때, 절정은 80%가 물들 때를 말한다. 흔히 볼 수 있는 단풍색은 붉은색, 노란색, 갈색이다. 붉은 단풍은 잎 속에 안토시아닌이 생성되어 나타나고, 노란색 단풍은 크산토필과 카로틴 성분으로 인해 물들며, 타닌성 물질이 산화 중합되어 축적되면 갈색 잎이 된다.

028 호반에서 단풍과 호수를 즐기다
춘천 오봉산

강원 춘천시 북산면 오봉산(779m)은 소양강댐 건너편의 호숫가에 자리한다. 호수를 낀 청평사 뒤에 솟은 비로봉, 보현봉, 문수봉, 관음봉, 나한봉의 다섯 봉우리로 이루어져 있다. 그래서 오봉산이다. 산세는 험하지 않고 바위와 수목이 어우러진 경관이 아름답다. 청평사는 천년 고찰로 청평사 회전문, 아홉 가지 소리로 떨어진다는 구성폭포 등을 둘러볼 수 있다.

오봉산은 기차와 배를 타고 가는 철도 산행지, 산과 호수를 동시에 즐길 수 있는 호반 산행지로 알려져 있다.

지금은 60대를 훌쩍 넘긴 사람들도 눈부신 젊은 날에 연인의 손을 잡고 덜컹거리던 경춘선 열차에 몸을 싣던 추억이 있을 것이다. 그 시절 춘천과 소양댐은 호수의 낭만에 젖어들 수 있는 인기 만점의 데이트 코스였으므로...

전국 모든 산악회의 산행 리본을 다 붙여 놓은 듯 현란한 안내판이 눈길을 사로잡는 오늘의 출발점은 배후령이다. 배후령은 해발 600m로 오봉산 정상(779m)까지 올라야 하는 고도가 200m도 채 되지 않는다. 즉 아주 수월하게 정상까지 접근이 가능하다는 의미이다.

 단풍이 이제 막 물들기 시작한 오봉산 숲길은 빨간 물감, 노란 물감을 산 전체에 흩뿌려 놓은 것 같다. 내장산이나 백암산처럼 온 산을 단풍이 뒤덮은 것은 아니지만 은은한 단풍 빛깔이 마음을 사로잡는다.

 급경사를 한번 치고 오르니 바로 조망이 터진다. 저 멀리 소양호가 보인다. 전반적으로 정상으로 오르는 등산로는 그윽한 숲길이다. 청솔바위에 다다르면 그 틈 사이로 소나무 한그루가 곧게 뻗어 고고한 자태를 뽐내고 있다. 잘 왔다고, 멀리서 오느라 고생했다고 인사를 하는 듯 하다.
 오봉산은 그리 높지는 않으나 산 전체가 기암으로 잘 어우러져

오밀조밀한 느낌을 준다. 아슬아슬한 암벽지대도 있지만 쇠줄이 설치되어 있어 어렵지 않게 정상에 접근할 수 있다. 정상에 서서 땀을 식히다 보면 눈 아래 소양호가 시원스럽게 펼쳐지고 멀리 춘천 시내가 가물거린다.

하산 길은 청평사 방향으로 잡는다. 갈림길에 서 있는 안내표지판이 급경사 길과 완경사 길이 있다고 알려준다. 오르는 길이 수월했던 만큼 내려가는 길은 급경사로 잡아 나름 균형을 맞춰보고자 한다. 멋진 바위와 명품 소나무, 그 뒤 배경으로 소양호까지 시야에 들어오니 액자만 없다 뿐이지 한 폭의 그림이 따로 없다.

에필로그 청춘이라는 단어만큼 설레는 말이 또 있을까. 많은 지역 중 유독 춘천은 청춘을 연상시킨다. 왠지 모르게 그 속에서 낭만이 한가득 느껴진다. 오봉산을 품고 있는 춘천의 뜻을 풀어보자면 봄 춘(春), 시내 천(川)이다. 봄이 오는 시내라. 그 이름도 참 예쁘다. 그래서인지 춘천은 언제 찾아도 풋풋한 봄의 향기가 나는 듯하다. 유안진 시인이 쓴 '춘천은 가을도 봄이지'라는 시도 있지 않던가.

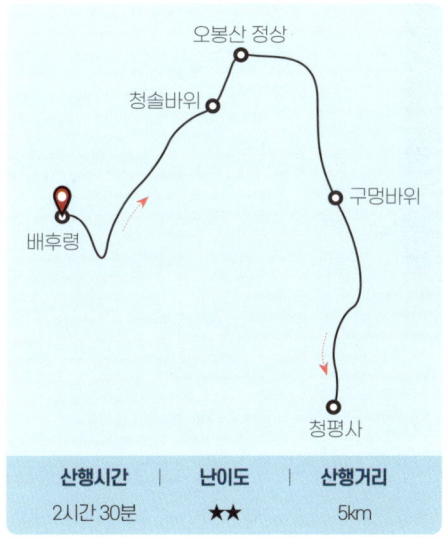

Tip 호반의 도시, 춘천은 소양호와 의암호를 끼고 있어 수려한 풍광을 자랑한다. 국내 최대 규모의 소양강댐은 높이가 무려 123m, 제방 길이는 530m이다. 규모도 크지만 주변 경관이 아름다워 많은 사람들이 찾고 있다. 또 의암호의 물레길에서 카누 타기를 체험한다면 이국적 풍경 속에서 즐기는 이색 경험이 되겠다. 그뿐 아니다. 춘천을 찾았다면 춘천 닭갈비와 막국수는 먹어 줘야 섭섭하지 않을 것이다.

029 | 짜릿한 구름다리에서 이른 가을을 마중하다
완주 대둔산

전북 완주군 운주면 대둔산(878m)은 수십 개의 봉우리가 넓은 평야를 바라보며 충남 논산과 전북 완주 사이 6km에 걸쳐 솟아 있다. 남쪽은 기암절벽이고 북쪽은 산세가 완만하며 대체로 수풀이 우거져 있다. 여름의 짙은 숲, 가을의 단풍, 겨울의 설경 등 사계절이 아름다워 '호남의 소금강'이라 일컬어진다.

원효대사가 사흘을 둘러보고도 발이 떨어지지 않는 산이라 했던 곳이 대둔산이다. 만해 한용운과 우암 송시열도 경관을 칭송한 기록이 남아 있는 곳 또한 대둔산이다.

암봉이 웅장해 '호남의 금강산' 혹은 '작은 설악산'이라고 불리는 이 산은 가을철이면 단풍이 기암괴석과 어울려 협곡마다 비단을 펼쳐놓은 듯하다. 대둔산의 참모습은 가을철이라지만 조금 일찍 대둔산을 만나러 간다. 산행 기점은 케이블카정류장이 있는 대둔산매표소이다.

큰 돌로 이루어진 계단의 폭이 커서 오르는 내내 숨이 찬다. 가을을 앞둔 대둔산의 빛깔은 여전히 푸릇푸릇하지만, 단풍이 예쁘게 물든 이 산은 또 어떤 모습일까? 상상하는 것만으로도 즐겁다. 고운 단풍잎들이 대둔산을 찾은 사람들의 마음도 곱게 물들게 하리라.

바위 사이로 난 틈에 설치된 좁은 철계단을 하나씩 밟고 올라선다. 국내 최초의 현수교인 금강구름다리가 보인다. 깎아지른 듯한 절벽 사이에 높이 80m, 길이 50m의 구름다리가 아슬아슬하게 매달려

있다. 대둔산의 명물인 이 새빨간 다리는 협곡을 이어놓는다.

구름다리는 출렁거리며 짜릿함을 선사한다. 다리 위에서 바라보는 풍광은 아름답기 이를 데 없다. 그 대신 다리를 건널 때 흔들리기 때문에 담이 약한 사람은 이 구름다리를 건널 엄두조차 못내지 않을까. 한 걸음 한 걸음 조심스럽게 디딜 때마다 아찔하고 가슴이 서늘해지기까지 한다.

구름다리를 건너 얼마 지나지 않아 대둔산의 필수 코스라 불리는 삼선계단이 나타난다. 127개의 삼선계단은 정상으로 가는 고빗사위다. 철제계단

사이로 내려다보이는 까마득한 절벽 아래 풍경은 할 말을 잃을 정도로 아름답기만 하다.

　삼선계단을 지나 350m쯤 더 급경사의 오르막을 치고 오르면 사방이 막힘없는 대둔산 정상이다. 정상인 마천대에 있는 정상석은 정상석이라기 보다 기념탑처럼 보인다. 아름다운 이 산에는 아담한 돌로 된 정상석이 더 어울릴 것 같은데…

에필로그 　금강구름다리와 삼선계단은 대둔산의 명물이다. 하지만 삼선계단은 사진에서 보던 것보다 훨씬 가파르고 위험해 보여서 당황했다. 아니나 다를까 시작 전부터 못가겠다고 울상인 사람, 계단 중간쯤에서 난간을 부여잡고 어쩔 줄 몰라 하는 사람이 더러 있다. 계단에서 주저앉아 버리면 뒤따라오던 사람들도 같이 위험해질 수 있다. 우회해서 정상으로 가는 방법도 있으니 위험하다고 판단이 되면 무리해서 진행해서는 안 될 것이다. 스스로의 안전은 스스로가 지켜야 한다.

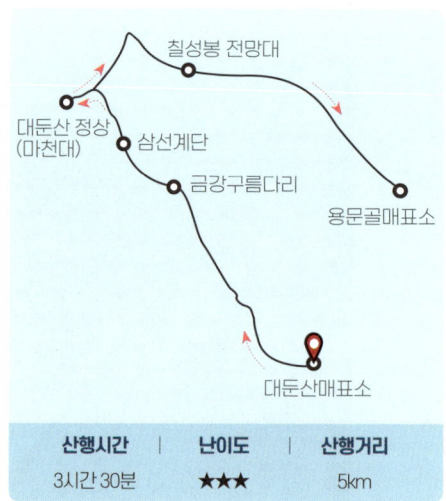

Tip 　초반 가파른 산길이 부담스럽다면 케이블카를 이용하자. 케이블카를 타면 단숨에 해발 350m를 올라 삼선계단까지 쉽게 갈 수 있다. 이곳에서 정상에 오르면 산행이 수월해진다. 산행 후 입구에 있는 대둔산온천에서 개운하게 피로를 씻어내도 좋겠다. 지하 620m의 암반층에서 끌어올린 온천수를 사용하는 대둔산온천은 유황온천이다. 유황온천수는 온천 중에서 으뜸으로 꼽힌다.

030 빨갛고 노란 물감을 흩뿌려 놓은 듯
무주 적상산

전북 무주군 적상면 적상산(1,034m)은 4면이 절벽으로 둘러싸여 있다. 붉은색 바위지대가 마치 산이 붉은 치마를 입은 것 같다고 하여 적상(赤裳)산이다. 산세가 험준하고 수량이 풍부하므로 방어상 유리한 조건을 갖춘 천혜의 자연 요새였다. 내장산과 함께 단풍의 명산으로 손꼽힌다.

언젠가 접한 사진 한 장이 내 마음을 술렁이게 했다. 사진을 잘 찍은 건가? 아니면 진짜 산이 저렇게 이쁘단 말인가? 붉게 물든 단풍으로 뒤덮인 그 산의 고운 자태는 한순간 마음을 빼앗기에 충분했다. 10월이 되면 다른 일을 제쳐두고라도 저 적상산에 꼭 가야겠다는 마음을 먹었다.

적상산은 천혜의 요새로 바위가 많은 산이다. 조선 시대에 적상산성을 부분적으로 쌓았고 사고(史庫)를 설치해서 조선왕조실록을 보관했다. 적상산 사고를 설치하기 위해 중건된 안국사에서 산행을 시작한다.

나라를 평안하게 해주는 사찰이라는 뜻의 안국사는 워낙 높은 고도에 자리 잡은 까닭에 힘들지 않게 40여 분 후 정상에 올라선다. 그러자 산 아래가 까마득하게 보인다. 올라왔던 길을 그대로 다시 내려가는 산행을 썩 좋아하진 않지만, 이런 경우 다른 방법 없으니 어쩔 수 없다.

 그런데 오를 때와 내려갈 때의 적상산은 확실히 다른 느낌을 준다. 고은 시인의 '그 꽃'이란 시가 떠오른다. '내려갈 때 보았네. 올라갈 때 보지 못한 그 꽃...' 그 싯구에서 표현한 대로다. 가벼운 마음으로 내려가니 어느새 안국사가 보인다.

주차장 쪽에 적상산성으로 내려가는 길이 있다. 산기슭에서 산허리까지 절벽으로 둘러싸이고 산세가 험준한 자연 요새라서 산성을 축성하였다고 한다. 한 바퀴 여유롭게 둘러보고 적상산 전망대 방향으로 향한다. 적상호가 생각보다 훨씬 더 큰 규모를 자랑하며 해발 800m 고지에 자리잡고 있다. 이런 높은 곳에 호수가 있다니 놀랍기만 하다.

전망대 가는 길에서 본 단풍은 정말이지 눈이 시리도록 아름답다. 곳곳에 차를 세워놓고 사진을 찍는 관광객들로 붐빈다.

　전망대에 올라서니 적상산 단풍이 전체적으로 한눈에 들어온다. 온 산이 빨갛고 노란색 물감을 흩뿌려 놓은 듯하다. 아무리 뛰어난 화가일지라도 캔버스에 저 색감을 담아내진 못할 것이다. 따사로운 햇살과 그 햇살을 담은 적상호, 그곳을 둘러싼 아름다운 단풍... 그야말로 자연의 선물이다. 너무나 소중한 선물이다.

에필로그　가을이 되면 나무는 월동 준비에 들어간다. 영양분이 불충분한 겨울을 나야 하기 때문이다. 영양분이 불충분한데 나뭇잎 하나하나에 영양분을 공급해 준다면 나무는 죽고 만다. 그래서 나뭇잎을 떨어뜨리게 된다. 영양분을 조금이라도 아끼기 위해서 그렇게 한다. 나름의 생존전략일 것이다. 살기 위해서 필사적으로 애를 쓰는 나무와는 달리 우리는 단풍을 보며 즐거워하고 행복해 한다. 이러한 사실에 마음이 헛헛해진다. 세상에는 모르는 것이 더 좋을 때도 있다.

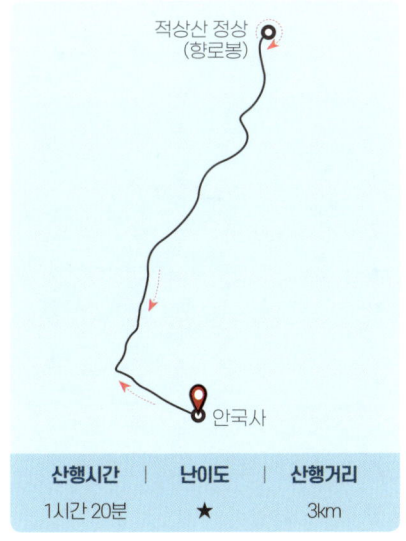

> **Tip**　사고(史庫)는 역대 실록을 보관하기 위해 국가에서 설치한 시설이다. 조선건국 후 사고를 4곳으로 분산해서 지었으나, 임진왜란 때 모두 불타고 전주사고만 남았다. 이후 춘추관, 강화도, 묘향산, 태백산, 오대산으로 다시 분산하여 보관했다. 다시 묘향산사고를 적상산사고로 옮겨 5대 사고가 완성되어 지금까지 보존되고 있다. 요즘으로 치면 외장 하드에 자료를 백업해둔 것이다. 우리 선조들의 기록에 대한 집념이 조선왕조실록을 유네스코 세계기록유산으로 등재시켰다고 볼 수 있다.

031 | 화려하진 않아도 은은한 파스텔 단풍
인제 대암산

강원 인제군 북면 대암산(1,310m)은 민통선 내에 있으며 그 북서쪽에 있는 1,304m 고지와 더불어 쌍두봉(雙頭峰)을 이룬다. 6·25전쟁 이후 민간인 출입이 통제되어 수천 년의 생태계 변화를 간직하고 있다. 그래서 희귀 식물들이 많이 자생하고 단풍의 명소로도 손꼽힌다. 능선 동쪽에 넓은 분지가 있는데, 화채 그릇과 비슷해서 펀치볼이라 부른다.

대암산은 한국전쟁 격전지였고, 비로용담, 끈끈이주걱, 물이끼 등 희귀한 특산 식물의 자생지이며 300여 종의 동식물들이 서식한다.

특히 대암산 정상 인근에 자리 잡은 하늘 아래 제일 높은 습지인 용늪은 국내 유일한 고층 습원이다. 이곳은 1년 중 70일 이상이 안개에 싸여 습도가 높고 5개월 이상이 영하의 기온으로 춥다. 적설 기간도 길어 식물이 죽어도 썩지 않고 그대로 쌓여 이탄층이 발달하였다.

그 가치를 인정받아 1973년 용늪을 포함한 대암산 전체가 천연기념물, 1999년 습지보호지역, 2006년 산림유전자원보호림으로 지정되었다. 특히 1997년에는 우리나라 람사르협약 제1호 습지가 되었다.

 산행은 용늪안내소에서 시작한다. 입산을 위해 사전에 신청해 놓은 명단에서 이름을 확인하고 출입증을 받은 뒤 해설사와 함께 산속으로 들어간다. 오색찬란한 단풍들이 이내 등산객들을 맞이한다. 쉬는 동안에도 이어지는 해설사의 대암산과 용늪에 대한 설명에 귀를 기울인다.

 민간인의 출입이 통제되던 산이라 나무의 수종들이 다양하고 깊은 골짜기라서 단풍색도 예쁘다. 단풍나무와 곱게 물든 단풍나무 잎들 사이로 보이는 작은 폭포와 깊은 소(沼)가 한 점의 그림 같다.

 푸른 하늘에 따사로운 가을빛을 온 몸으로 맞으며 함께 오르는 사람들이 앞서거니 뒷서거니 사이

좋게 용늪에 도착한다. 용늪에서 해설사가 본격적으로 설명한다. 아무래도 깊은 내용을 듣고 보니 용늪이 더 새롭게 보인다.

정상으로 가는 길은 이제까지와 달리 제법 험하다. 바위가 많아 두 손으로 바위를 잡고 조심스럽게 접근해야 하는 구간이 나온다. 대암산 정상은 좁아 두 사람이 서기 어렵고, 정상석이랄 것도 없이 조그만 팻말만이 이곳이 정상임을 확인시켜 준다.

하산은 용늪생태탐방로로 방향을 잡는다. 산자락의 숲속에 점점이 빨간 단풍이 곱게 물들어 있다. 살짝 물든 듯 은은한 가운데 곱디고운 단풍은 독특한 아름다움을 뽐낸다. 이렇게 또 가을이 지난간다.

에필로그 대암산의 용늪은 우리나라 제1호 람사르 습지로 생태·학술적 가치가 매우 높다. 현재 람사르협회에 가입된 우리나라 습지는 용늪과 우포늪, 순천만습지 등을 비롯해 24곳이다. 정부 차원에서도 습지를 보존하기 위해 많은 노력을 하고 있다. 지금까지 우리는 지역 발전이라는 이름 아래 환경 보호를 외면하기도 하고, 보전과 개발의 사이에서 딜레마에 빠질 때도 있었다. 적어도 윗대로부터 받은 자연만큼은 훼손시키지 않고 후손들에게 그대로 돌려주는 것이 우리의 책무가 아닐까 하는 생각을 해본다.

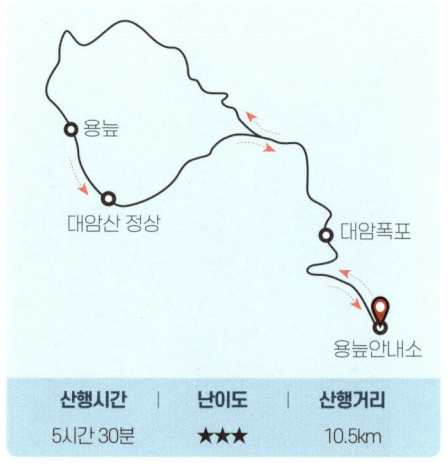

Tip 대암산은 가고 싶다고 언제든 갈 수 있는 산이 아니다. 용늪 보존을 위해 5월에서 10월까지만 입산이 가능하고, 일일 입장객 수도 제한하고 있다. 산림청, 환경부, 문화재청, 국방부와 연계되어 대암산 등반을 위한 신청을 인제군에서 150명, 양구군에서 100명 등 하루 250명만 받는다. 또 해설사와 동반해야만 대암산 정상까지 갈 수 있다.

032 | 접근성이 좋다! 수도권 최고의 단풍 명산
동두천 소요산

경기 동두천시 상봉암동 소요산(587m)은 해발 고도가 높지 않고 규모도 크지는 않지만 산세가 수려하고 아름다워서 '경기의 소금강'이라 불려왔으며 특히 단풍의 명산으로 손꼽힌다. 삼국시대에 신라의 원효대사가 세운 자재암 등 원효대사가 수행했던 유적들이 많이 남아 있다. 소요산은 무엇보다도 전철 산행지로 인기가 있다.

높푸른 가을 하늘과 현란한 단풍, 눈부신 하얀 폭포와 절경의 바위가 한데 어우러지는 곳이 있으니 바로 소요산이다.

소요산역에 내리면 금방 산행 들머리에 닿을 수 있다. 전철로 닿을 수 있으므로 접근성에 관한 한 소요산 버금가는 산행지가 없을 것 같다.

봄에는 진달래와 철쭉이 피고, 여름에는 계곡에 물이 많이 흘러 피서 산행지로도 좋지만, 특히 가을 단풍이 아름답다는 이야기를 들어서인지 소요산으로 향하는 마음이 설렌다.

소요하다? 자유롭게 이리저리 슬슬 거닐며 돌아다닌다는 뜻이다. 소요산이란 이름은 생육신의 한 사람이자 조선 전기의 대학자인 매월당 김시습과 화담 서경덕이 이 산을 찾아 유유자적하듯 걸으며 담소를 나눈 데서

유래됐다고 한다. 그 모습을 사람들이 보고 소요산이라 불렸다 한다.

우리나라에만 소요학파가 있었던 게 아니었다. 소요학파는 고대 그리스 철학파의 하나였다. 아리스토텔레스가 학원 안의 나무 사이를 산책하며 제자들과 토론과 담론을 나누고 가르쳤다는 데서 붙은 이름이다.

이른 아침부터 소요산이 소란스럽다. 들뜬 표정의 사람들이 입은 형형색색의 등산복이 단풍색과 묘한 조화를 이루어 내고 있다. 산을 향해 걸음을 옮기면서 보니 계곡마다 사람들이 쉬고 있다. 누워 쉬는 사람, 책을 읽는 사람, 그냥 멍하게 사색을 즐기는 사람... 계곡도 참 좋은 산이다.

소요산은 단풍의 명산답게 정상까지 단풍나무가 줄지어서 산행객을 반긴다. 닿는 곳마다 감탄사가 터진다. 소요산 단풍의 절정기는 10월 말로 이때쯤 소요산단풍제가 열린다.

하산길에 들른 자재암은 봉선사의 말사로 원효대사가 수행하던 곳이고 그 부근에 청량폭포와 원효폭포가 있다. 자재암 부근을 한 바퀴 돌아보고 나무계단길을 따라 처음 출발했던 곳으로 돌아오며 고운 단풍을 다시 한 번 더 눈에 담고 가슴에 담는다.

에필로그 정상에 오른 후 하산길에서 올라오는 이들에게 가장 많이 듣는 말은 '얼마나 남았어요?', '정상까지 한참 가야 하나요?'다. 그런 질문을 받을 때면 으레 이렇게 말한다. '조금 더 가면 됩니다. 힘내세요.', '거의 다왔어요.' 예전에는 희망과 용기를 주는 말이라고 생각했다. 그런데 산에 계속 다니면서 본인 체력에 맞는 산행이 무엇보다 중요하다는 것을 깨닫게 된 이후로는 가급적 솔직하게 이야기해 주려고 한다. 도저히 안되겠다 싶으면 과감히 포기하고 내려가야 한다. 정상에 오르는 성취감보다 안전하게 산행을 마치는 것이 더 중요하므로...

Tip 소요산은 곳곳에 원효대사와 요석공주의 이야기가 숨어 있어 찾아보는 재미가 있다. 원효대사가 창건한 자재암과 소요산의 명소 원효폭포가 바로 그런 곳이다. 또 신라 무열왕의 딸인 요석공주가 원효대사와의 사이에서 태어난 설총과 함께 원효대사를 그리며 머물렀다는 별궁터도 있었고, 의상대 옆 공주봉은 원효대사가 요석공주를 마음에 두고 이름 지었다고 전해진다.

033 | 천연기념물 은행나무와 어우러진 단풍 꽃대궐
양평 용문산

경기 양평군 용문면 용문산(1,157m)은 경기도에서 화악산, 명지산, 국망봉 다음으로 높다. 험난한 바위산으로 정상에 이르는 등산로는 중급자 이상의 산행코스다. 깊은 계곡과 폭포도 볼 수 있고 가을 단풍도 아름답다. 천연기념물 제30호로 지정된 용문사 부근의 1100년 된 은행나무는 우리나라 은행나무 중에서 가장 크고 우람하며 가장 나이가 많다.

용문산은 맑은 강물과 고운 산빛이 산자수명한 경관을 빚어내는 '경기도의 금강산'이라 불리고 있다. 산림청 지정 100대 명산 70회차를 위해 가을의 문턱에 선 용문산 속으로 간다.

용문사 일주문에서 용문사까지는 단풍 산책길로 계곡을 따라 단풍과 낙엽이 어우러진다. 그리고 우리나라에서 가장 오래되었다는 1100년 된 은행나무가 샛노랗게 물들어 있는 그 풍경은 가히 장관이다.

은행나무를 지나 본격적으로 용문산의 품에 드니 계곡물이 흐르는 험준한 바윗길이 이어진다. 칼로 자른 듯 바닥이 깨끗한 너럭바위인 마당바위를 지나면서 가을을 마음껏 누려야 하는데 가파른 너들길 오르막길이 사정없이 나타난다. 나무 계단이 나오기도 하고 로프를 잡고 경사가 심한

내리막 바위를 탈 때는 아슬아슬하다. 이래서 산행 내내 욕이 나온다고 해서 욕문산 이라고도 한다는 우스개 소리도 있다.

예전에 용문산 정상 가섭봉 (1,157m)은 공군레이더 기지로 출입이 금지되었던 시기도 있었다. 정상에는 철제 조형물로 은행나무가 만들어져 있다. 경기도에서 4번째로 높은 산이라 조망이 확 트여 맑은 날에는 인천 앞바다까지 보일 정도로 막힘없는 조망을 내준다.

이른 가을 단풍으로 물들기 직전의 용문산도 이리 아름다운데, 단풍이 절정에 치달으면

얼마나 멋있을까... 멋진 주변 경치를 접하는 순간 힘든 산행에 대해 위로를 받는다. 우리의 삶도 이런 행복한 순간들이 있기에 어려움을 극복하고 목표를 향해 꾸준히 나아가는 것 아닐까?

하산은 갈림길에서 능선길 방향으로 향한다. 붉게 물들기 시작한 산세를 바라보고 있자니 덩달아 마음도 가을빛으로 물들어 간다.

하산해서 다시 한번 용문산을 바라본다. 산세가 참 좋다. 1천m 이상의 고지에서 이 아름다운 산을 감상하는 것은 힘들게 여기까지 올라온 이들만이 누리는 특권이리라.

에필로그 노송군락과 어우러진 암릉 협곡들이 자연스럽게 이어진 용문산은 명산이 갖추어야 할 겨울 설경, 봄 철쭉, 여름 계곡, 가을 단풍이 골고루 다 아름답다. 철따라 화려한 옷을 갈아입는 아름다움을 간직하고 있다. 때에 따라서는 꽃보다 아름다운 게 고운 단풍이라는데... 이 예쁜 단풍길을 아낌없이 내어 주었지만 산행이 힘들다 해서 투덜거리며 산을 올랐던 내 모습을 떠올리니 부끄러움이 몰려왔다. 산에서는 항상 겸손해야 한다는 것을 다시 한번 배운다.

Tip 인근에 있는 두물머리는 금강산에서 흘러내린 북한강과 강원도 금대봉 기슭 검룡소에서 발원한 남한강 두 물이 합쳐지는 곳으로, 한강의 시작이다. 이른 아침에 피어나는 물안개와 일출, 황포돛배 그리고 400년이 넘은 느티나무가 어우러진 양수리 두물머리는 사계절 아름답게 변하는 풍광이 기다리는 곳으로 양평에 왔다면 꼭 들러야 할 곳이다.

05

봄이 오는
향기를 맡고 싶다면

- 무학산
- 황매산
- 마이산
- 비슬산
- 점봉산(곰배령)
- 선운산
- 축령산

034 | 진달래가 온산에 흐드러지게 피었네
창원 무학산

경남 창원시 회원동 무학산(767m)은 학이 날개를 펼치고 날아갈 듯한 모습으로 마산을 서북쪽에서 병풍처럼 둘러싸고 있다. 크고 작은 능선과 여러 갈래의 계곡으로 이루어져 있으며, 여름에는 시원한 계곡물이 흘러내리고 수목들이 수려하다. 산세는 전체적으로 경사가 급한 편이다.

진달래는 한국인에게 가장 친근한 꽃 중에 하나다. 아주 오래 전부터 개나리와 함께 봄을 알리는 전령사로 사랑받아왔다. 봄이 시작되면 우리나라의 산 어디에서나 볼 수 있을 만큼 널리 펴져 있기도 하다.

두견화, 참꽃이라고도 하는 진달래의 꽃말은 '사랑의 기쁨'이다. 개나리가 주로 양지바른 곳에서 잘 자라는 반면에 진달래는 약간 그늘진 곳에서 잘 자란다. 우리 조상들은 진달래를 날것으로 먹거나 화채 또는 술을 만들어 먹기도 했다.

해마다 봄이면 진달래 꽃잔치가 펼쳐지는 산행지로, 전국에서 손꼽히는 무학산으로 떠나면서 한국인의 애송시로 사랑받는 시인 김소월의 시 '진달래꽃'을 떠올려 본다.

보통 산행은 서원곡 입구에 시작하는데, 무학산은 진달래 뿐만 아니라

서원곡의 벚꽃도 일품이다. 서원곡을 따라 조성된 데크로드엔 꽃망울을 활짝 터트릴 준비를 하고 있는 아름드리 벚나무가 그 자태를 뽐낸다.

무학산기도원을 지나고 계곡길을 따라 한차례 오르막길을 치고 올라가면 쉬어 갈 수 있는 쉼터(정자)를 만나게 된다. 이곳에서는 마산 앞바다가 한 눈에 들어온다. 노산 이은상 선생이 고향인 마산을 그리며 작사한 가곡 '가고파' 노래 가락이 들려오는 듯 하다.

내 고향 남쪽 바다 / 그 파란 물 눈에 보이네 / 꿈엔들 잊으리요 / 그 잔잔한 고향 바다 / 지금도 그 물새들 날으리 가고파라 가고파...

정상에 오르기 전 끝이 없을 것 같은 긴 계단이 나온다. 365사랑계단, 365건강계단이라 이름 붙인

창원 무학산 **125**

총 730개나 되는 계단을 올라야 한다. 계단 하나마다 월일을 표시해 어디쯤 왔는지 얼마나 남았는지 가늠할 수 있도록 해 놓았다.

　365사랑계단이 한차례 끝나면 진달래 군락지가 넓게 형성된 서마지기에 도착하게 되는데 진달래가 만개한 날에 찾으면 흐드러지게 핀 꽃이 얼마나 예쁠지 상상이 된다.

　하산은 왔던 길이 아니라 중봉과 학봉을 지나는 능선길을 따라 가본다. 구간마다 데크로 정비도 잘 되어 있고 걷기 좋은 산길이 이어져 오히려 올라왔던 길보다 더 편안하게 느껴진다. 바위 사이에 단아하게 피어있는 진달래가 참 곱다.

에필로그　무학산의 진달래꽃은 무더기로 피어나 무척이나 화려해 보인다. 추운 겨울을 보내고 새봄을 맞으며 피고 지는 꽃들을 보면 화무십일홍(花無十日紅)이라는 말이 떠오른다. 화려하게 피었다가 떨어지는 꽃잎들이 우리네 삶과 비슷하다는 생각이 문득 들었다. 인생도 화려한 순간만 있을 수는 없다. 권력이나 부가 영원할 것 같아도 언젠가 사라질 수도 있는 것이 세상의 이치다. 그것이 인생이다.

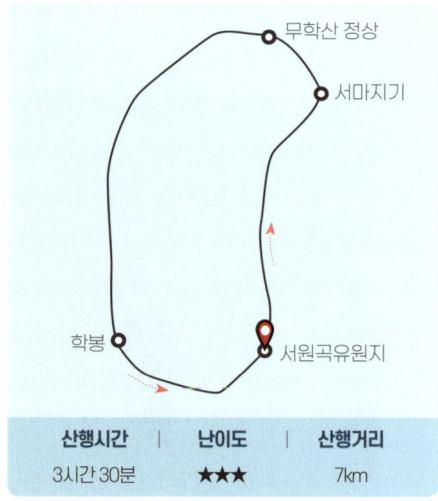

Tip　무학산의 학봉 근처에 있는 십자바위는 바위 윗면이 정말 십자가처럼 패여 있다. 항일독립운동가이자 순교자인 주기철 목사가 매일 눈물로 기도를 했다는 이 곳은 '주기철 목사 성지 순례길'로 이름 붙여져 있다. 십자바위에 들러, 암울했던 시절 일제에 협력해 쉽게 목회활동을 할 수 있었음에도 어려운 길을 택했던 주기철 목사의 큰 뜻을 헤아려 보는 것이 어떨까?

035 | 철쭉의 바다, 그 화려한 붉은 유혹
합천 황매산

경남 합천군 가회면 황매산(1,108m)은 소백산맥에 속한 고봉으로 주봉우리는 크게 하봉, 중봉, 상봉으로 나뉜다. 화강암의 기암괴석과 소나무가 잘 어울려 아름다운 경관을 이룬다. 정상의 동쪽 아래에 있는 황매평전에는 철쭉이 군락을 이루고 철쭉제가 열린다. 그리고 천태만상, 각양 각색의 기암괴석들이 즐비한 모산재(767m)의 바위산이 절경이다.

지리산 바래봉, 소백산, 황매산을 일컬어 우리나라 3대 철쭉 군락지라고 한다는데, 특히 황매산은 전국 최대 규모로 유명하다. 더구나 황매산은 전 세계를 휩쓴 방탄소년단(BTS)의 '들꽃놀이' 뮤직비디오 촬영지이기도 하고, 미국 CNN이 선정한 '한국에서 가 봐야 할 곳 50선'에도 그 이름을 올렸다.

황매산의 철쭉이 가장 예쁜 시기는 5월 초다. 화려한 붉은 유혹에 못 이겨 황매산을 찾는다. 차로 황매평전까지 올라 좀 더 쉽게 황매산을 오를 수도 있지만 산 전체가 하나의 바위덩어리 같이 절경을 자랑하는 모산재를 거치기로 한다.

모산재로 오르는 길은 가파르고 바위도 타고 올라야 해서 다소 힘이 들지만, 온갖 모양새의 기암괴석들이 늘어서서 눈이 호강을 한다. 돛대바위

직전의 철계단이 가장 힘든 반면, 여기서 보는 풍경이 어찌나 아름다운지 힘든 산행을 보상 받는 기분이다.

모산재에서 황매산 방향으로 진행해 철쭉 군락지에 들어서면 수만 평에 걸쳐 이어지는 황매평전에 감탄이 절로 나온다. 부드러운 자태의 능선에 헤아릴수도 없는 철쭉꽃이 피어 있다. 하늘 아래 이렇게 많은 꽃이 한꺼번에 필 수 있을까. 그야말로 연분홍빛 철쭉의 바다를 이루고 있다. 몽환적인 풍광이라고 해도 그리 지나치지는 않을 것이다.

이곳의 철쭉 군락을 렌즈에 담으려고 아주 무거워 보이는 대형 카메라를 들고 부산하게 움직이는 사진작가들도 더러 보인다.

황매평전에서 황매산 정상 가는 코스는 급경사 계단 코스다. 조심 또 조심해서 오른다. 황매산 정상에 서서 내려다보니 철쭉이 만개한 모습이 마치 분홍빛 비단 이불이 산을 포근히 덮은 것 같다.

하봉, 중봉, 상봉 등 3개 봉우리의 산 그림자가 합천호수의 물에 비치면 세 송이의 매화꽃이 물에 잠긴 모습과 같다고 해서 황매산은 '수중매'라고도 불린다.

에필로그 황매산은 합천군과 산청군 경계에 있다. 황매평전을 기준으로 합천군과 산청군에서 모두 황매산을 오를 수 있다. 그래서 같은 이름의 철쭉제가 합천에서도 열리고 산청에서도 열린다. 특화된 지역자원으로 축제를 개최해 관광 자원의 기반을 마련하고, 그로 인한 지역경제의 활성화를 도모하는 것은 분명 지자체의 역할이다. 하지만 일반인들은 혼란스러울 수 있다. 철쭉제를 따로 개최하는 것 보다 두 지자체가 협업해서 더 풍성한 하나의 대표 축제로 거듭나는 것이 어떨까...

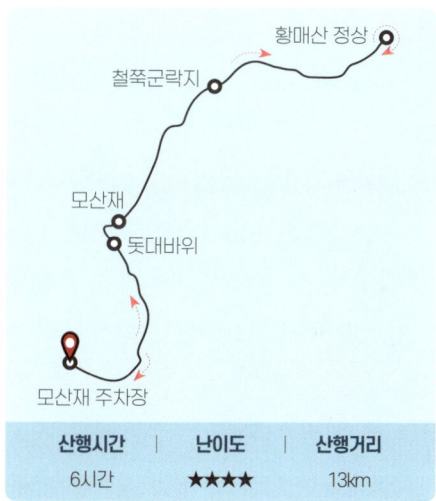

Tip 황매산 철쭉은 체력이 약하거나 거동이 좀 불편하더라도 충분히 즐길 수 있다. 철쭉군락지 가까이 자동차가 올라갈 수 있도록 길이 잘 닦여 있는 까닭이다. 또 오토캠핑장도 잘 조성되어 있다. 사람들이 많은 낮 시간말고 조용하게 황매산을 즐기고 싶다면 오토캠핑장을 활용해 밤에 찾는 것도 좋은 방법이다. 황매산 은하수와 환상적인 일출은 뜻밖의 선물이 될 것이다.

036 | 신비한 돌탑과 벚꽃의 화려한 조화
진안 마이산

전북 진안군 마령면 마이산(687m)은 숫마이봉(동봉)과 암마이봉(서봉)의 모양이 말의 귀처럼 생겼다 하여 마이산이라는 이름이 붙었다. 지질은 백악기 역암이며 산 전체가 거대한 바위라서 나무는 그리 많지 않다. 계절에 따라 부르는 이름이 다른데 봄에는 돛대봉, 여름에는 용각봉, 가을에는 마이봉, 겨울에는 문필봉이라 불린다.

마이산의 돌탑을 사진이나 영상으로 보고 감탄하지 않은 이가 어디 있으랴. 새 봄의 생동감과 생명력이 무르익을 무렵 마이산을 찾는다면 신비한 돌탑과 함께하는 근사한 산행이 되지 않을까 싶다.

봄 기운이 절정으로 치닫는 4월 중순이면 벚꽃은 전국을 꽃구름으로 뒤덮는다. 그런데 마이산은 우리나라에서 벚꽃이 가장 늦게 피는 지역이다. 지대가 높고 일교차가 큰 까닭이다. 서울 윤중로에 꽃이 질 때 마이산 벚꽃은 절정을 향한다. 절정기는 4월 중순에서 하순이다. 그 시기는 매년 조금씩 다르다.

남부주차장에 도착하니 입구부터 벚꽃 대궐이다. 음식점 거리를 거쳐 탑영제를 지나 탑사까지 이어지는 길은 벚꽃이 활짝 만개해서 다들 벚꽃

구경에, 사진찍기에 여념이 없다. 그 표정들이 하나같이 너무 행복하다.

　벚꽃이 흐르는 계류 위로 흩날려 떨어지는 광경도 볼 수 있다. 절로 감탄사가 나올만큼 환상적이다. 마이산 벚나무는 크거나 굵지는 않은 편이고, 탑영제를 끼고 돌아 산사로 향하는 길이 운치가 있다.

　이 길을 걷다 보니 벚꽃의 꽃말이 생각난다. 그것은 '정신의 아름다움'이다. '절세미인', '삶의 덧없음과 아름다움'이라고 말하는 사람들도 있다.

　탑사는 남쪽 사면에 있는 사찰이다. 이곳에 들어서자마자 이갑용 처사가 쌓았다고 하는 80여 기의 돌탑들이 보는 이의 탄성을 자아내게 한다. 돌의 형태는 일자형과 원뿔형이 대부분이다. 크기는 다양하다. 어떤 강풍에도 무너지지 않고 사이사이에 틈이 벌어지지 않도록 작은 돌 여러 개를 끼워 틈새를 메워 견고하게 만들었다는데… 그저 신기할 따름이다.

탑사에서 본격적으로 시작되는 등산 코스는 초반 데크길이 잘 조성되어 있고, 다른 산에 비해 비교적 짧다. 하지만 거리가 짧다고 해서 다른 벚꽃 명산에 비해 아름답지 않은 것은 아니다. 암마이봉으로 오르는 길 전망대에서 벚꽃에 둘러싸인 탑영제를 바라보면, 밑에서 보던 벚꽃과는 또 다른 느낌으로 아름답다.

"아, 마이산 벚꽃이 제일 늦게 핀다 하니, 올해 벚꽃은 여기서 끝이다."

에필로그 사실 마이산은 등산보다는 관광지로 더 유명한 곳이다. 신비로운 모습의 돌탑과 여러 가지 이야기들이 있어 많은 관광객들이 찾는다. 특히 벚꽃이 피는 4월이면 인산인해를 이룬다. 마이산 두 개의 봉우리인 암마이봉과 숫마이봉 중 암마이봉은 자연휴식년제를 마치고 2014년 다시 개방되었고, 숫마이봉은 통제구간으로 남아 있다. 관광 목적으로 마이산을 찾았더라도 조금만 시간을 더 내어 암마이봉까지 다녀온다면 마이산 여행이 더 풍성해질 것이다.

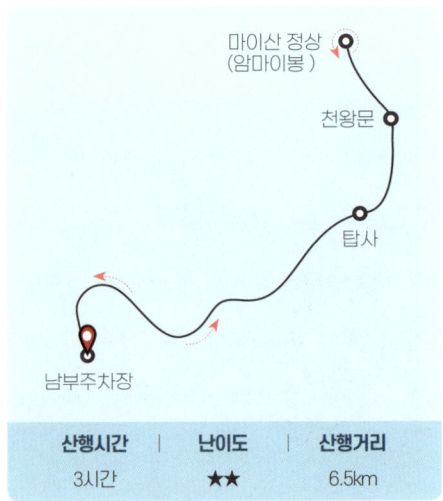

Tip 마치 콘크리트를 부어 만든 듯한 특이한 모양을 하고 있는 마이산의 암마이봉과 숫마이봉에는 폭격을 맞은 듯 움푹 패인 작은 굴들이 있다. 타포니 지형이라 불리는데, 세계 최대 규모이다. 풍화작용은 보통 바위 표면에서 시작되지만 마이산 타포니 지형은 풍화작용이 바위 내부에서 시작해 내부가 팽창되면서 밖에 있는 바위 표면을 밀어내 만들어진 것이다.

산행시간	난이도	산행거리
3시간	★★	6.5km

037 | 해발 1,000m 위의 현란한 참꽃 화원
대구 비슬산

대구시 달성군 유가읍 비슬산(1,084m)은 정상의 바위 모양이 신선이 거문고를 타는 모습을 닮았다 하여 비슬산으로 불린다. 정상에서 바라보는 낙동강의 경치가 아름답고 봄철에는 진달래, 철쭉, 가을에는 억새 군락이 수려한 경관을 이룬다. 산의 규모가 크고 병풍처럼 세워진 암벽이 장관을 이룬다.

진달래의 다른 말은 참꽃이다. 비슬산참꽃문화제의 영향인지 비슬산에서는 참꽃이라고 부르는 것이 더 입에 붙는다.

참꽃은 한국인이 가장 좋아하는 봄꽃이라고 할 수도 있겠다. 찾아오는 봄을 알려주는 꽃 중에 화사하기로는 제일이라고…

비슬산 참꽃을 때에 맞춰 보기 위해 주말 이른 아침부터 서둘렀건만… 이걸 어쩌나! 비슬산 주차장이 아직 멀었는데도 차들이 정체되기 시작한다. 참꽃을 보기 위해 모두 같은 마음이었으리라. 차량 통제 지시에 따라 갓길에 한 줄로 주차한다. 예기치 않게 더 많이 걷게 되었지만 이마저도 마냥 즐겁다.

비슬산휴양림에 도착하니 계곡을 따라 흐르는 시원한 물줄기와 연두빛으로 물든 나무, 산속 공기가 너무나 상쾌하다. 여기서 본격적인 등산로 입구까지는 차가 다니는 아스팔트 길이라 어려운 것 하나도 없이 봄

기운을 가득 느끼며 걷는다.

등산로는 하나다. 대견사까지 흙길과 돌계단으로 꾸준한 오르막길이 계속되지만 그다지 어려운 구간은 아니라 쉬엄쉬엄 올라가기로 한다. 등산 중에는 천연기념물 제435호인 비슬산 암괴류를 만날 수 있다. 이 많은 바위들이 여기에 어떻게 모여졌는지 신기하기만 하다.

대견사 삼층석탑이 멀리 보이면 정상에 거의 다 온 것이다. 신라시대 지어진 대견사는 임진왜란 때 불에 타 소실되어 터만 남아 있다가 2014년 다시 지어졌다. 대견사가 위치한 곳이 1,001m라 하니 하늘에 닿은 절이라는 표현이 이상하지 않다. 이곳에서 보는 경치가 또 시원하다.

  대견사 뒤로 조금만 올라가면 드디어 참꽃의 천상화원이 광활하게 펼쳐진다. 여기저기서 산행객들의 탄성이 터진다. "와아, 너무 예쁘다!", "내 평생 이런 구경은 처음이네…"

  웅장한 암벽과 어우러져 대견봉 정상 일대를 벌겋게 물들인 진달래 군락지는 길게, 아주 길게 이어진다. 남쪽 조화봉에 이르기까지 약 4km 능선이 진달래 나무로 꽉 들어차 있다. 어느 산악인이 말하기를 "철쭉은 황매산~! 진달래는 비슬산~!!"이라더니 그 명성이 부풀려진 것이 아님을 실감한다.

에필로그   예전부터 철쭉은 먹지 못한다 하여 개꽃이라 부르고 진달래는 먹는 꽃이다 하여 참꽃이라 불렀다. 찹쌀가루를 반죽하여 진달래 꽃잎을 붙여서 기름에 지진 떡을 화전(花煎)이라고 한다. 어릴 적에 진달래 화전을 먹어본 적이 있다. 소설가 조정래의 대하소설 '태백산맥'과 이문열의 '그대 다시는 고향에 가지 못하리'에도 진달래를 식용으로 섭취하는 내용이 나온다. 이래저래 진달래는 우리 민족의 꽃이라는 생각이 든다.

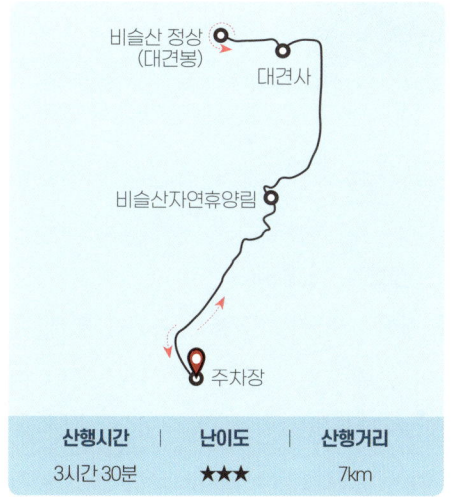

Tip 비슬산은 진달래 명산 중 가장 늦게 핀다. 4월 하순부터 4월 말에 만개하며 5월 초까지 진달래 산행을 할 수 있다. 진달래 군락지까지 가보고 싶으나 체력 때문에 망설여진다면? 포기하지는 말자! 휴양림 입구에서 대견사 근처까지 전기차가 운행되기 때문에 1천m 고지에 흐드러지게 핀 참꽃을 편하게 구경할 수 있다. 물론 주말이면 사람이 워낙 많아 기다리는 수고로움을 감수해야 한다.

038 | 천상의 화원, 야생화의 천국
인제 점봉산 곰배령

강원 인제군 기린면 점봉산(1,424m) 정상에서 남쪽으로 내려가는 능선에 자리한 곰배령은 강원도 최고 오지라는 인제군 기린면과 인제읍 사이에 가로놓인 능선 상의 안부(산의 능선이 말안장 모양으로 움푹 들어간 부분)로 해발 1,164m의 높이다. 봄에는 산나물이 지천으로 피어나고 봄, 여름, 가을에 계절 따라 작은 야생화들이 피어나는 천상의 화원이다.

점봉산은 한반도 식물군의 남방계와 북방계가 만나는 원시림으로 우리나라 식물 서식종의 20%인 850여 종이 자생하고 있어 유네스코로부터 생물권보전지역으로 지정되었다. 또한 산림청에서는 산림유전자원보호구역, 백두대간보호지역으로 지정하여 입산을 엄격하게 통제하고 있다. 이런 이유로 100대 명산에 이름을 올린 점봉산이지만 안타깝게도 일반인은 정상을 밟을 수가 없다.

2009년부터 곰배령 일부 구간을 개방하며 사람들의 아쉬움을 달래 주고 있지만, 그나마도 쉽지 않은 것이 곰배령도 사전에 예약한 사람만 허가증을 받아 정해진 시간에만 입산이 허락된다.

곰배령은 산세의 모습이 마치 곰이 하늘로 배를 드러내고 누운 형상이

라 하여 붙여진 이름이다. 그 이름 만큼이나 곰배령으로 향하는 길은 평탄하다. 경사가 완만하여 산책하는 기분으로 걷는다. 할머니들도 콩자루를 이고 장 보러 넘어 다니던 길이라 하지 않던가.

산행 초입에서 울창한 숲과 계곡을 지나 시원한 바람 속에서 상념에 젖어 터벅터벅 걷다 보니 이내 곰배령에 도착한다. 누구나 2시간 정도면 정상에 오를 수 있고, 대부분이 완만한 길이라 밋밋하다는 볼멘소리도 들을 것 같다.

그 길을 걷다 보면 어여쁘게 피어난 야생화들을 어렵지 않게 만나볼 수 있다. 눈부신 봄 햇살이 온 누리에 흘러넘치고 촌색시처럼 수줍게 피어난 야생화들이 눈을 즐겁게 해준다.

해발 1,100m 고지에 이르니 야생화 향기가 맑은 공기 속에서 번져온다. 5만여 평의 평원에 야생화가 피어난 모습이 은은하다. 노란 꽃잎이 수줍은 듯 고개를 숙인 얼러리꽃! 연한 보라색과 흰색이 조화로운 졸방제비꽃! 참나물과 비슷하지만 독초인 천남성! 줄기에 털이 있다가 꽃이 피면 사라지는 풀솜대! 바위나 돌 틈 사이에서 피어난 물참대! 뿌리가 감자를 닮았다는 노란빛의 감자난초!

어디 봄철 뿐이랴. 여름에는 동자꽃, 노루오줌, 물봉선, 가을에는 쑥부랑이, 용암, 투구 등이 앞다투어 피어나 자태를 뽐낸다.

야생화를 감상하며 쉬엄쉬엄 올라 곰배령에 서면 그 광활함에 넋을 잃는다. 다양한 야생화를 원없이 보고 싶다면 곰배령으로 가라!

에필로그 곰배령이 천상의 화원으로 탈바꿈한 것은 1987년부터 입산을 통제한 까닭이다. 그러다가 2009년부터 다시 개방되었다. 그 덕분에 곰배령이 이렇게 야생화 천국이 될 수 있었을 것이라고 생각한다. 자연이 사람들로 인해 몸살을 앓고 병 드는 일들이 종종 있다. 그런 환경을 볼 때면 마음이 아프다. 더 이상의 훼손을 막고 생태계 회복을 위해서라도 입산을 통제하는 자연휴식년제를 확대할 필요가 있겠다 싶다.

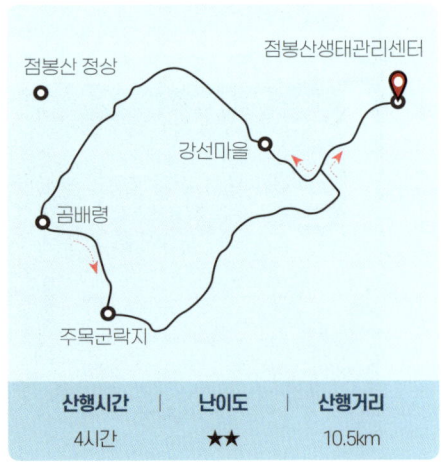

Tip 곰배령은 인터넷으로 미리 예약해야 입산할 수 있는데, 1일에 450명으로 제한하고 있다. 워낙 인기 있는 곳이라 주말은 예약 경쟁이 치열하다. 예약에 실패했어도 방법이 없는 것은 아니다. 곰배령 근처 민박이나 펜션에 숙박을 하게 되면 숙박업소에서 예약을 대행해 줄 수 있다. 지역 숙박업소에 할당되는 몫이 따로 있기 때문이다.

039 | 선운산에서 만난 붉은 동백
고창 선운산

전북 고창군 심원면 선운산(336m)은 그다지 높지는 않으나 '호남의 내금강'이라 불릴 만큼 계곡미가 빼어나고 동백나무숲(천연기념물 제184호)이 장관을 이룬다. 매화, 벚꽃, 진달래꽃도 아름답고 가을에는 단풍이 아름답기 그지없다. 천년 고찰 선운사도 빼놓을 수 없는 명소다. 금동보살좌상, 대웅전 등 문화재가 여럿이다.

그 이름난 선운사 동백나무는 선운사의 대웅전 바로 뒤에 숲을 이루고 있다. 해마다 봄이 되면 동백꽃이 꽃망울을 터트려 꽃 병풍을 펼쳐 놓은 듯 장관이다. 수령 5백 년이 넘는 동백나무들이 빽빽이 들어찬 이 동백꽃 군락은 천연기념물 제184호다. 아마도 3,000그루는 족히 되고도 남을 정도다.

동백나무 잎사귀는 봄 햇살에 반짝이고 나무 전체에 수천 개의 붉은 꽃이 매달려 있다. 이름 모를 새 소리, 물소리가 경내를 감싼다. 정적을 깨는 것은 또 있다. 그것은 동백꽃이 송이째 툭 떨어지는 소리다. 다른 꽃잎들은 한 잎씩 떨어지지만, 동백은 송이째 툭툭 떨어져 낙화를 더욱 슬프게 한다던가. 바람에 뒹구는 그 동백꽃의 꽃잎은 붉디붉다. 붉디붉은 동백꽃이 흐드러진다.

　선운사는 백제 시대에 검단선사가 창건한 천년고찰로 한때 89개 암자에 3천여 명의 승려가 수도하던 큰 사찰이었다. 지금은 금동보살좌상, 관음전 등이 남아 있다.

　선운사에서 한참을 동백에 취해 있다가 선운사를 빠져나와 선운산 정상인 수리봉으로 향하는 길로 접어든다. 석상암까지는 편안한 길로 이어지다가 이곳을 지나면 본격적인 산길이 시작된다.

　오르막 구간이 얼마 되지 않은 것 같은데 이내 능선으로 올라선다. 선운산은 해발 400m가 안되는 낮은 산인데다 산행로가 잘 닦여 있어 초급자들도 산행에 전혀 무리가 없을 듯하다. 등산 중 만난, 100대 명산을 목표로 멀리서 왔다는 아저씨 말이 선운산 등산을 마치고 인근 다른 산을 한군데 더 들를 예정이라고 한다. 그 정도로 편하게 오르는 곳이 선운산이다.

몇 년 전 선운산에 왔을 때 아쉬웠던 점은 각 봉우리마다 표지석이 없다는 것이었다. 이것이 혼자만의 마음은 아니었는지 다시 와본 선운산 정상에는 큼지막한 정상석이 자리하고 있다.

정상을 지나 만나는 포갠바위에서의 경치가 선운산 산행의 하이라이트가 아닌가 한다. 멋진 풍광 앞에서 앞서거니 뒤서거니 함께 오르던 사람들이 서로 사진을 찍어주느라 바쁘다.

하산은 계곡길을 따라 걷는데, 졸졸 흐르는 물소리가 청량하기만 하다. 오래 묵은 마음의 찌꺼기가 그 물에 씻겨 내려가는 것만 같다.

에필로그 선운사 입구에 있는 미당 서정주 시비 앞에 서니 마음이 복잡했다. 서정주를 바라보는 두 개의 시선 때문이다. 한국을 대표하는 순수시인, 그리고 친일행적과 독재정권 찬양... 당대 최고의 지성으로 주옥같은 시를 써서 존경받았던 반면, 문학을 통해 일제에 협력했다는 사실에 비난을 받기도 했다. 예술가의 문학적 업적과 일생은 별개로 보아야 하는가? 아니면 개인과 시대는 분리될 수 없다고 판단해야 하는가?

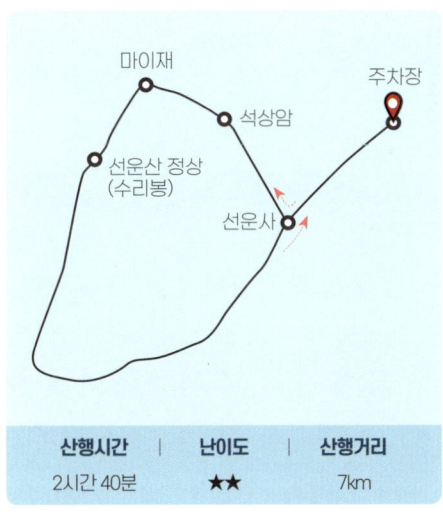

산행시간	난이도	산행거리
2시간 40분	★★	7km

Tip 선운산을 두고 '봄 동백, 가을 꽃무릇'이라고 한다던가... 9월에 선운산을 찾는다면 지천으로 핀 꽃무릇을 볼 수 있다. 석산이라고도 불리는 꽃무릇은 잎이 먼저 나고 잎이 사그라든 후에 꽃이 나서 잎과 만날 수가 없다. 그래서 꽃말은 이루어질 수 없는 사랑이다. 또 이곳 고창까지 왔다면 풍천장어도 놓치지 말자. 풍천은 지명이 아니라 바다와 하천이 만나는 곳을 뜻한다.

040 | 봄 햇살이 흘러넘치는 수도권의 철쭉 명산
남양주 축령산

경기 남양주시 수동면 축령산(887m)은 남양주시와 가평군에 걸쳐 있고 자연휴양림을 중심으로 편백나무숲과 잣나무숲이 울창하다. 그리고 조선시대 남이 장군이 심신을 수련했다는 남이바위 등 기암이 있다. 능선 길은 전망이 좋고 산세는 수려하며 수도권 제일의 철쭉 명산으로 이름 높다.

춥고 매서웠던 겨울을 지나 따스한 기운이 스며들기 시작하면 산은 긴 잠에서 깨어나 기지개를 켠다. 연두빛 새싹이 돋고 꽃을 피울 채비에 분주하다.

5월은 눈부신 신록의 절정과 함께 '계절의 여왕'이라고 칭송받는다. 하지만 신록은 녹음이 되고 녹음은 단풍이 되는 것이 자연의 이치이기에 계절의 여왕 자리를 차지할 수 있는 시간은 그리 길지 않다.

아직은 찬 기운이 남은 3월의 어느 날 봄을 맞을 준비에 한창인 축령산으로 향한다. 산행기점은 축령산자연휴양림이다. 높고 길게 뻗은 잣나무숲 사이로 눈부신 봄 햇살이 흘러넘친다. 독수리의 머리를 닮았다는 수리바위부터 멋진 조망이 조금씩 펼쳐지고, 30여분 더 올라가 만나는 남이바위에서 칼날 같은 바위능선을 타면 축령산 정상이다. 정상에는 돌탑, 국

기대가 나란히 서 있다. 산을 다니다 보면 곳곳에서 다양한 돌탑을 많이 볼 수 있다. 많은 이들의 염원이 담겨 있는 것이다.

정상을 지나 서리산으로 향한다. 축령산과 서리산은 능선 길로 이어진다. 철쭉 군락지는 축령산이 아니라 서리산에 더 가깝다. 그럼에도 축령산 철쭉이라 불리는 것은 서리산(825m)에 비해 축령산(887m)이 더 높아 주봉으로 인식되는 까닭이다.

5월이 되면 축령산과 서리산을 잇는 능선길에서 송이송이 꽃망울을 터뜨리는 붉은 철쭉을 만날 수 있다. 연두빛 신록과 분홍빛 철쭉이 수놓은 천상의 화원이 펼쳐진다고 하는데... 지금은 앙상한 가지만 있는 이 철쭉 동산이 붉게 물들면 얼마나 환상적일까... 이 산중에 만발한 철쭉을 보고

퇴계 이황은 '호사스러운 잔치에 왕림한 기분'이라고 했다던가.

철쭉 중에서도 이렇게 높은 산의 능선이나 정상 부근에서 자라는 철쭉의 종류는 산철쭉이라고 한다. 그러기에 산철쭉은 등산을 좋아하는 사람만 볼 수 있다.

새들은 이른 봄의 꽃들을 좋아한다 / 생각해보면 새들도 일년 내내 꽃을 먹을 수는 없다 / 정호승의 '지는 꽃이 아름답다'라는 시에서 세상과 자연의 이치를 알 수 있다. 사람은 자연과 가까이 살 때 삶의 생명력이 넘치고 윤택해지는 것이다.

에필로그 대표적인 봄꽃인 진달래, 철쭉, 영산홍을 헷갈려 하는 사람들이 많다. 꽃만 봐서는 비슷비슷하게 생겼기 때문이다. 진달래는 꽃이 먼저 피고 그 꽃이 다 지고 난 후에 잎이 난다. 그래서 꽃만 피어 있다면 진달래다. 철쭉과 영산홍은 꽃과 잎이 동시에 나며 꽃에 반점이 많은 공통점이 있지만, 철쭉 수술 개수가 8개 이상인데 반해 영산홍은 5~6개이다. 가장 큰 차이는 진달래는 먹을 수 있지만 철쭉과 영산홍은 먹을 수 없다는 것이다. 깊이 알면 더 잘 보이는 법이다.

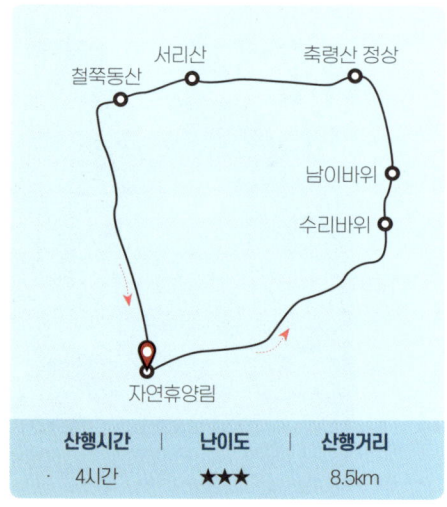

Tip 파릇파릇 새싹이 돋아나는 축령산에서 철쭉 산행을 마치고 인접한 미술관을 찾아가면 더욱 근사한 산행길이 되지 않을까? 모란미술관은 8,500평의 야외조각공원에 국내 유명 조각가들의 작품들이 상설 전시되어 있다. 160평의 실내전시실에서는 수많은 입체 작품들이 방문객을 맞는다. 전시시설 외에도 넓은 야외무대외 충분한 휴식공간이 마련돼 있다.

06

억새로 물든 장관을
보고 싶다면

- 화왕산
- 천관산
- 천성산
- 재약산
- 신불산
- 명성산
- 장안산

041 | 가을 바람에 일렁이는 대평원의 억새
창녕 화왕산

경남 창녕군 창녕읍 화왕산(756m)은 그 옛날 화산 활동이 활발해 불뫼, 큰불뫼로 불리기도 하였고, 봄에는 진달래, 가을에는 억새로 널리 알려져 있다. 높지는 않지만 경관이 수려하고 북쪽 능선은 바위를 깎아지른 듯해서 철옹성 같은 느낌을 준다. 600m 지대에 화왕산성이 있고, 서쪽 사면에서 신라의 전성기를 이끈 진흥왕의 척경비가 발견되었다.

"아픈 기억을 모두 잊게 하는 눈물겹게 아름다운 황금빛 억새밭이다." 누군가 화왕산 억새 평원을 두고 그런 말을 한 적이 있다. 영남알프스의 넓은 억새밭과 더불어 손꼽히는 억새 산행지인 화왕산을 향해 나선다.

자하곡 매표소에서 시작하는 길은 도성암까지는 차가 다니는 편안한 아스팔트 길이다. 갈림길에서 여러 선택지를 두고 잠시 고민에 빠지다가 험한 등산로의 1코스로 올라 완만한 내리막길인 3코스로 내려오는 것으로 방향을 잡는다.

1코스로 접어들어 체육공원을 지나 전망대인 팔각정까지는 조망 없는 가파른 길을 꾸준히 올라야만 한다. 전망대 겸 쉼터인 정자에 오르니 창녕읍내가 한눈에 내려다보인다.

 이윽고 등산로에 암릉이 등장하며 본격적으로 험해지기 시작한다. 커다란 바윗덩이 사이를 계속 지나야만 하는데, 얼마나 힘들고 가파른지 중간중간 쉬었다 가기를 수없이 반복한다. 고갯길은 코가 땅에 닿을 정도로 가파르지만 양손을 이용해 암릉을 타고 넘는 재미도 있다.

 드디어 눈앞에 거대한 화산 분화구의 광활한 분지가 펼쳐진다. 화왕산성을 중심으로 억새가 군락을 이루는 6만여 평의 억새평원이다. 화왕산 억새밭은 산 위의 광활한 대평원에 펼쳐진다.

 가을바람에 몸을 맡긴 화왕산 하얀 억새가 넘실넘실 춤을 춘다. 이곳의 억새는 키도 커서 사람의

키를 훨씬 넘는다. 봉우리와 봉우리 사이 옴팍한 대규모의 분지가 온통 억새꽃의 하얀 솜이불을 두르고 있다.

　바람의 운율에 맞추어 춤추는 가을의 억새는 지친 마음을 어루만져 주는 듯 하다. 복잡한 생각이 사라지는 힐링의 시간을 가져 본다.

　기암절벽으로 둘러싸인 천연의 요새인 화왕산성은 홍의장군 곽재우의 활동 무대였다. 임진왜란 때 바다에 이순신 장군이 있었다면 육지에는 곽재우 장군이 이끄는 의병들이 승리의 주역이었다. 견위수명(見危授命: 나라가 위급할 땐 목숨을 바친다)의 마음으로 용감히 맞서 싸운 수많은 의병들을 생각하니 마음이 숙연해진다.

에필로그　예전에 화왕산에 불 기운이 들어야 풍년이 들고 재앙도 물러간다고 해서 정상의 억새를 불태우는 행사가 있었다. 2009년 행사 도중에 불길이 번져 관람객이 불길에 휩싸이고 절벽에서 떨어지는 등 다수의 사상자가 발생한 뒤 이 행사는 폐지되었다. 사실 엄청나게 큰 억새밭을 태우는 만큼 안전 관리가 철저했다 하더라도 위험천만한 일이다. 이를 반면교사로 삼아 앞으로는 이런 대참사가 다시는 일어나지 않기를 바란다.

Tip　여유가 된다면 화왕산과 인근의 관룡산을 연계 산행하는 것도 좋은 방법이다. 자하곡매표소에서 시작해 화왕산 정상에 오른 뒤 드라마 '허준'의 촬영지를 지나 관룡사 방향으로 하산길을 잡으면 된다. 이때 한 가지 소원을 꼭 들어준다는 용선대와 관룡사에 들를 수 있다. 간절하게 무엇인가를 바라는 이들에게는 이곳을 찾는 것 자체가 작은 위안이 될 것이다.

042 | 다도해가 내려다 보이는 푸른 억새평원
장흥 천관산

전남 장흥군 관산읍 천관산(723m)은 수십 개의 봉우리가 하늘을 찌를 듯이 솟아 있는 것이 천자(天子)의 면류관과 같아 천관산이라고 불렸다고도 하고, 신라 김유신 장군이 사랑한 천관녀가 숨어 살았다는 전설도 있다. 봄에는 진달래와 동백꽃이 붉게 물들고 가을에는 억새로 뒤덮이고 단풍도 들어 관광객도 많이 찾는다.

억새와 갈대는 쌍둥이 취급을 받지만 완전히 다른 식물이다. 갈대는 물가에서만 자라지만 억새는 물기가 없는 뭍에서도 산등성이에서도 잘 자란다. 유심히 살펴보면 억새와 갈대의 생김새가 미묘하게 다른 것도 눈치챌 수 있다. 줄기에 꽃이 수북하게 매달리는 갈대에 비하면, 억새는 수술의 양이 적다. 또 갈대 줄기는 속이 비어 있는 반면, 억새는 줄기 속이 들어차 있다.

그런 억새는 가을의 끝자락에서 산행객들을 불러들여 가을의 낭만을 한껏 즐길 수 있게 해준다.

천관산은 기암괴석의 전시장을 방불케 할 정도로 독특한 풍취를 감상할 수 있을 뿐 아니라 억새 산행지로도 유명하다. 이 산의 정상에 오르면 쪽

빛 바다가 넘실거리는 다도해를 배경으로 억새꽃을 구경할 수 있다.

초가을 더위가 기승을 부리던 어느날 은빛 억새가 아닌 풋사과같이 푸르고 싱싱한 억새를 보고자 길을 나선다.

산행은 탑산사 주차장에서 시작된다. 초반에는 등산로가 완만하게 이어지지만 정상이 가까워오면서 기암괴석이 즐비하고 우뚝우뚝 솟은 암벽이 사람들을 압도한다. 부드러움과 우락부락함이 함께 하는 아름다운 산이다.

산세가 험하지 않아 천천히 구경하며 오르기에는 그만이다. 연대봉에서 환희대에 이르는 5만여 평의 대평원에 피어난 눈 시리게 푸른 억새들도 곧 다른 색으로 옷을 갈아입겠지... 눈을 감고 이 늦가을 억새가 일렁일 모습을 상상해본다.

능선길에는 이름 모를 바위들이 멋진 자태로 도열해 있는데, 다도해를 배경으로 올망졸망한 섬들이 떠 있는 풍광이 한눈에 들어온다.

천관산 정상 뒤로는 봉수대가 있다. 봉수대는 낮에는 연기, 밤에는 불빛으로 신호하여 정보를 중앙으로 전달했던 군사시설이다. 봉수대 위에 서니 그 경치가 정말 입이 다물어지지 않을 정도로 아름답다.

천관산은 이제껏 월출산의 그늘에 가려 빛을 보지 못했다는데, 과연 그랬다. 실제 와보니 아직 오염이 안되어 정결함을 유지하고 있는 것이 특히 마음에 든다.

에필로그 천관산은 최근 국가지정문화재 명승 제119호로 지정되었다. 정상 부근에 분포한 기암괴석 등 화강암 지형 경관, 억새군락 등 식생경관, 정상에서 조망하는 다도해의 경치를 인정받아서다. 국가지정문화재는 국보, 보물, 사적, 명승, 천연기념물, 국가무형문화재, 국가민속문화재로 나뉜다. 역사·문화적으로 가치가 높은 문화 유산들을 지속적으로 보존 관리해야 하는 것은 오늘을 살고 있는 우리의 책무이다. 문화의 힘은 아무리 강조해도 지나치지 않다. 문화는 곧 국력이기 때문이다.

Tip 서울 광화문을 기점으로 위도상 정동쪽에 우리가 잘 아는 정동진이 있다. 경도상으로는 정남쪽에 장흥이 있어 정남진이라고 부른다. 정남진전망대에 서면 에메랄드빛 남해바다와 함께 바다 한가운데의 섬들이 한폭의 그림과 같다. 또한 장흥에서는 물을 테마로 한 행사가 열려 특별한 여름을 보낼 수 있는데, 매년 7월 말에서 8월 초가 되면 조용한 마을 장흥이 한바탕 물축제로 시끌벅적해진다.

043 | 화엄늪에 펼쳐진 눈부신 억새밭
양산 천성산

경남 양산시 하북면 천성산(922m)은 깊은 계곡과 폭포가 많고 경치가 빼어나다. 봄이면 진달래와 철쭉꽃이 만산홍을 이루고, 가을이면 억새가 온 산을 뒤덮는다. 특히 화엄늪과 밀밭늪은 희귀한 꽃과 식물 등 곤충들의 생태가 아직 잘 보존되어 있어 세계 어느 나라에서도 찾아볼 수 없는 생태계의 보고이다.

천성산 화엄벌에는 가을이면 억새가 만발한다. 도심에서 가깝고 호젓한 억새 산행을 즐길 수 있는 곳이라 많은 사람들이 찾고 있다. 정상부는 지뢰제거 작전이 수행될 만큼 군사시설과 관련이 깊다.

억새는 햇빛을 받으면 넘실넘실 춤을 춘다. 보는 방향에 따라 아름다운 은색 물결로 보이기도 하고, 때로는 약간 검게 보이기도 하는 마술을 부린다. 해를 정면으로 보는 역광의 상태일 때 은색 갈대의 모습을 온전히 볼 수 있다. 해를 등지며 억새를 바라보면 금색, 은색은 사라지고 검은 색조를 나타낸다.

또한 억새꽃은 해가 넘어가는 낙조일 때 지는 해를 마주한 채 역광으로 보면 매우 아름답다. 억새가 낙조의 붉은 빛을 머금으며 역광으로 빛나는

모습은 장관을 연출한다.

늦가을 천성산에서 바람에 일렁이는 억새가 보고 싶었으나 차일피일 미뤄지다 보니 결국 눈 서리가 내린 날 찾고 말았다.

산행은 홍룡사에서 시작한다. 절 초입에서 근사한 풍광을 보여주는 것은 홍룡폭포다. 규모는 그리 크지는 않지만 장쾌한 물줄기를 거의 수직으로 쏟아내며 가슴을 시원하게 한다. 주변의 경관과 절묘한 조화를 이룬 그 풍경은 그대로 한 폭의 멋진 동양화다. 역시 우리나라는 금수강산이다. 명산이라는 소리를 듣는 웬만한 산에 가면 저런 멋진 풍광과 만날 수 있으니 말이다.

참나무가 주류를 이루는 능선을

따라 쉬엄쉬엄 한 시간쯤 오르니, 정상 부근의 능선에 신천지가 열리듯이 사방이 탁 트인 드넓은 수만 평의 억새군락지가 눈으로 덮여 있다. 습지 보호구역으로도 지정된 화엄늪이다.

이 화엄늪은 원효대사와 관련이 깊은데, 원효대사가 화엄경 설법을 통해 1,000명의 승려를 교화해 모두 성인으로 만들었다고 해서 산의 이름이 천성산이라 불려진다는 이야기가 있다.

하산하는 길에는 신라시대에 원효대사가 창건한 원효암에 들려 위대한 고승의 가르침을 되새겨 본다. 전국의 산을 두루 다니다 보니 원효대사에 얽힌 이야기와 장소가 상당히 많다.

에필로그 천성산하면 도롱뇽이 먼저 떠오른다. 천성산을 통과하는 KTX 건설이 추진되면서 지율스님과 환경단체에서는 천성산에 서식하는 도롱뇽이 사라진다고 해서 2003년 도롱뇽을 원고로 한 소송을 제기했다. 이른바 천성산 도롱뇽 소송이다. 언론에서도 크게 주목했고 전국민적인 관심을 끌었던 사건이다. 결국 소송에서 패소했고 공사는 그대로 진행되어 원효터널이 뚫렸다. 결과적으로 아직 도롱뇽은 사라지지 않았다고 한다.

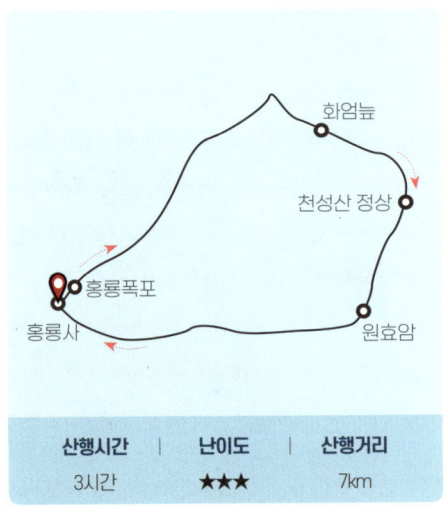

Tip 섬을 제외하고 한반도 본토에서 가장 해가 빨리 뜨는 곳이 천성산 정상이다. 높이가 높고 바닷가에 인접한 까닭이다. 그래서 천성산은 해맞이 산행지로도 각광 받는다. '일출이 가장 빠른 곳'에 대해서는 논란이 있었다. 호미곶이라느니 간절곶이라느니… 한국천문연구원 박한얼 박사가 만들어낸 정확한 공식에 따르면 천성산이 간절곶보다 최대 4분이나 일출 시간이 이르다고 한다.

044 | 그 광활한 넓이가 주는 억새의 감동
밀양 재약산

경남 밀양시 단장면 재약산(1,189m)은 인근 일대의 해발고도 1,000m 이상의 준봉들로 이루어진 영남알프스에 속한다. 이 산의 산세는 부드러운 편이나 정상 일대에는 거대한 암벽을 갖추고 있다. 삼복 더위에 얼음이 어는 얼음골이 있고, 신라 진덕여왕 때 창건하고 서산대사가 임진왜란 때 의병을 모집한 표충사가 유명하다.

영남알프스라… 이름만으로도 설렌다. 영남알프스에는 하늘억새길이라 해서 각 등산로 특색에 맞는 5개의 테마가 있다. 단풍사색길, 달오름길, 억새바람길, 단조성터길, 사자평억새길 등이다. 오늘 배내고개에서 시작해서 죽전마을까지는 단풍사색길과 사자평억새길을 걷게 된다.

산행기점 배내고개는 부산·경남 주민들이 여름철 피서지로 많이 찾는 배내골에서 차로 조금만 더 올라가면 된다. 한여름의 북적북적한 분위기가 아닌 이른 아침에 차분한 분위기의 배내골이 낯설게 느껴진다.

배내고개에서 능동산까지는 약간 오르막길이다. 낙엽 쌓은 등산로를 걸을 때마다 바스락거리는 소리가 난다. 능동산 정상까지 갔다가 다시 한차례 내리막길을 거치면, 이제부터는 계속 넓은 임도를 따라가면 된다.

 조금 길기는 해도 어려움 없이 편안한 길을 유유자적하게 걷다 보면 호랑이 모양을 한 백호바위도 볼 수 있다. 어느 순간 많은 인파를 만나게 된다면 얼음골케이블카 상부 승강장에 이른 것이다. 케이블카로 정상 부근까지 단숨에 오를 수 있으니 인기가 많은 구간이다.

 샘물상회에서 어묵국물로 허기를 달랜 후 천황산으로 발걸음을 재촉한다. 천황산 정상에서 내려다보니 억새가 그야말로 장관이다. 하얀 눈밭 같기도 하고 하얗게 빛나는 메밀밭 같기도 한 억새평원의 장관에 일상의 피로가 싹 가시는 듯하다.

 천황산은 재약산과 천황재를 가운데 두고 사이좋게 서 있다. 재약산 정상 동쪽 아래로 사자평이 펼쳐진다. 사자평은 국내 최대의 고산습지로 그 광활한 넓이가 주는 감동이 압도적이다.

재약산 사자평은 한때 화전민이 밭을 일구어 고랭지 채소를 재배한 적도 있고, 여순반란사건 당시 빨치산의 집결지이기도 했으며, 80여 호의 민가가 있어 고사리학교라는 산동초등학교 분교가 개설되기로 했다.

죽전마을로 하산하는 등산로는 경사가 급한 내리막길이다. 다리가 후들후들 떨린다. 조심 조심하며 한발 한발 내딛는다.

에필로그 재약산은 천황산과 가까워 두 개의 산을 함께 찾는 사람이 많다. 그런데 이 천황이라는 이름 때문에 때때로 논란이 되곤 한다. 일제강점기에 일본이 강제적으로 바꾸었으므로 원래 이름을 돌려주어야 한다는 여론이 그것이다. 산 이름을 변경하려면 국가지명위원회를 통과해야 하는데, 한차례 부결되었다고 한다. 만약 천황산의 이름이 일제와 관련된 것이 사실이라면 충분한 역사적 근거와 문헌을 바탕으로 명분을 내세워 꼭 바로잡기를 바란다.

Tip 영남알프스는 해발 1,000m 이상의 산들이 수려한 산세와 풍광을 자랑하며 유럽의 알프스와 견줄만 하다 해서 이름 붙여졌다. 울주군에서는 가지산, 간월산, 신불산, 영축산, 천황산, 재약산, 고헌산, 운문산, 문복산 등 9개 봉우리를 완등한 사람에게 메달과 함께 영남알프스 완등 인증서를 발급해주는 서비스를 하고 있는데, 이 사업이 인기가 많다. 최근에는 문복산을 빼고 8봉 인증으로 변경되었다.

045 | 그 아름다운 억새 능선의 풍광 속으로
울주 신불산

울산광역시 울주군 상북면 신불산(1,159m)은 영남알프스의 산 가운데 가지산(1,241m)에 이어 두 번째로 높다. 인접한 간월산(1,069m) 영축산(1,081m)과는 연속된 형제봉을 이룬다. 특히 남쪽의 영축산 사이의 약 3km 구간에는 넓고 평탄한 능선이 이어지면서 억새밭이 펼쳐진다. 동북쪽 기슭에는 깊은 계곡이 발달해 있다.

신불산에 닿을 수 있는 길은 난이도별로 다양하게 나뉜다. 사슴농장에서 평탄한 임도를 따라 오르는 방법, 배내고개에서 시작해 간월산을 거쳐 오르는 방법, 신불산자연휴양림을 기점으로 오르는 방법 등 여러 가지다. 또 등억온천에서 시작하는 길도 비교적 쉬운 임도와 칼바위를 지나는 험한 코스로 나누어진다. 체력에 따라, 그날의 컨디션에 따라 충분히 조절이 가능한 곳이 신불산이다.

신불재와 간월재의 억새군락지를 충분히 둘러보기 위해 다소 긴 코스를 선택한다. 신불산자연휴양림에서 출발해서 영축산까지 산길을 꾸준하게 오르다 보면 신라시대에 축조한 단조성터를 만난다. 임진왜란 당시 이 성을 지키던 많은 의병들이 왜군의 기습을 받아 목숨을 잃었다고 한다.

　영축산 정상에 서니 사방으로 막힘이 없는 조망에 가슴이 시원해진다. 앞으로 가야할 신불산이 저 멀리 보인다. 여기서는 까마득하게 보여 언제 도착하려나 싶지만, 막상 걷다 보면 생각보다 남은 거리가 빨리 줄어든다. 억새밭을 지나 편안하게 걷는 길이 지루하지 않기 때문이다.

　신불산과 영축산 사이의 약 3km 구간에 넓고 평탄한 능선이 이어지면서 망망대해처럼 드넓은 억새밭이 펼쳐진다. 하늘에 맞닿은 억새밭이 끝없이 이어지고 그 너머 우람한 산들이 겹겹이 넘실댄다. 햇살과 바

람이 은빛 물결을 일으키며 황홀한 풍광을 연출한다. 가을 낭만의 끝에 선 것 같다. 바람이 불 때마다 잔잔한 물결이 일렁이는 은빛 바다로 변한다.

억새 구경을 위해 나선 이들이 상당히 많다. 신불산 정상에서는 정상석과 사진을 찍기 위해 대기하는 긴 줄이 생긴다. 간월재로 내려서니 사람들이 더 많다. 간월재에는 작은 휴게소가 있는데, 이곳에서 컵라면이나 물, 김치 등을 판매하고 있으니 준비 없이 왔더라도 굶는 일은 없을 듯하다.

잠시 쉬어 가기 위해 전망 좋은 곳에 앉았는데, 파란 하늘과 맞닿은 끝없는 억새의 물결이 지극히 아름답다. 평생 잊을 수 없는 가을 풍경을 하나쯤 간직하고 싶다면 바로 이런 곳이 아닐까 하는 생각이 든다.

에필로그 신불산과 간월산 사이에 있는 간월재에서는 매년 10월 3일 특별한 행사가 열린다. '울주오디세이'라고 이름 붙여진 산상음악회다. 산 정상에서 펼쳐지는 아름다운 선율이 푸른 하늘과 은빛 억새와 어우러져 가을 정취를 물씬 느낄 수 있어 이날에 맞춰 신불산을 찾은 것이 서너 번쯤 된다. 이제는 입소문이 나서 멀리서 오는 사람들도 많다. 또 간월재 아래에 있는 영남알프스복합웰컴센터에서는 울주세계산악영화제도 열린다. 영남알프스를 즐길 수 있는 방법은 산행 외에도 참 다양하다.

Tip 공룡능선은 설악산에만 있는 것이 아니다. 신불산에서도 공룡을 만나볼 수 있다. 물론 규모 면에서 설악산에 비할 바가 아니지만 암릉을 타고 넘는 재미가 있어 많은 사람들이 찾고 있다. 특히 공룡능선의 칼바위는 보는 것만으로도 아찔하다. 위험하다고 판단이 되거나 만약 자신이 없다면 우회로도 있으니 무리해서 진행하지는 말자!

046 | 호수와 단풍도 덤으로 즐기는 억새 명산
포천 명성산

경기 포천군 영북면 명성산(923m)은 울음산이라고도 한다. 고려 태조 왕건에게 쫓기던 궁예가 이 산에서 피살되기 전에 산이 울릴 정도로 피 울음을 토하며 울어서 명성산으로 불린다고 한다. 전체적으로 암릉과 암벽으로 이루어지고 동쪽은 경사가 완만하다. 억새가 무성하게 자라며 기슭에는 국민관광지인 산정호수가 있다.

산속의 우물과 같이 맑은 호수라 해서 '산정(山井)호수'로 불린다는데… 농업용 저수지로 만들어졌으나 호수 주변의 경관이 아름다워 수도권에서 국민 관광지로 불린다. 가을이면 단풍 길로 변하는 산책로는 추억 만들기에 나선 연인들이 많이 찾는 명소다.

수도권의 대표적인 억새 산행지인 명성산은 산정호수에서 산행이 시작되니 호수와 산을 더불어 즐길 수 있다. 아침 일찍 산정호수에 도착해 호수 산책에 나선다. 인적이 드문 고요한 호수는 평온한 기운이 감돈다.

등산로 입구에서 정상으로 오르는 길은 경사가 완만해 큰 힘이 들지 않는다. 울창한 숲이 그늘을 만들고 크고 작은 계곡에서 흘러나오는 장쾌한

물소리에 지루할 틈이 없다. 등룡폭포 앞에서는 잠시 넋을 잃고 그 아름다움에 빠져든다. 맑은 공기 속에서 심호흡하며…

폭포를 지나 8부 능선에 이르면 수만 평에 걸쳐 억새군락지가 나타난다. 억새군락지는 삼각봉 못미처에 있다. 원래 이곳은 울창한 숲이었다고 하는데, 6·25전쟁으로 숲이 소실되어 억새밭으로 변한 것이라고 한다.

명성산은 억새로 유명한 산이지만 봄볕이 따사로운 5월에 찾은 터라 억새군락지는 초록빛으로 꽉 차 있다. 알프스 초원지대를 연상시키기도 하는 것이 저기 어딘가에서 '알프스의 소녀' 하이

디가 뛰어나올 것만 같다.

 은빛 억새가 일렁이는 늦가을에 찾으면 밝은 햇살에 하얀 새의 깃털처럼 보송한 억새꽃들이 더욱 밝게 빛나고, 고요한 바람이 불 때는 은빛 물결이 잔잔하게 퍼져나갈 것이다. 매년 10월 중순이면 명성산 억새축제가 열린다는데, 그때에 맞추어 다시 한번 찾아야겠다는 생각이 든다.

 이 산에 가득 울렸을 궁예의 울음소리, 군사적 요충지로 숱한 전쟁이 벌어져 폐허가 되었던 과거... 명성산이 품고 있는 아픈 사연도 이제는 억새꽃으로 다시 피어나 가을이 되면 많은 사람들에게 추억과 낭만을 안겨 주고 있다.

에필로그 명성산에도 케이블카 설치를 추진한다고 한다. 케이블카로 인한 갈등은 반복된다. 케이블카로 인한 심각한 환경 오염은 부정할 수 없다. 산림훼손과 고지대에 많은 사람들이 탐방하게 되어 발생하는 2차 환경파괴가 그것이다. 다른 한편으로는 관광 활성화를 내세워 케이블카 사업을 반기기도 한다. 많은 산악관광 선진국도 케이블카나 모노레일을 설치해 관광자원으로 활용하고 있다. 아름다운 자연을 최대한 지키면서도 자연과 사람이 공존할 수 있는 현명한 방법을 찾아야 할 것이다.

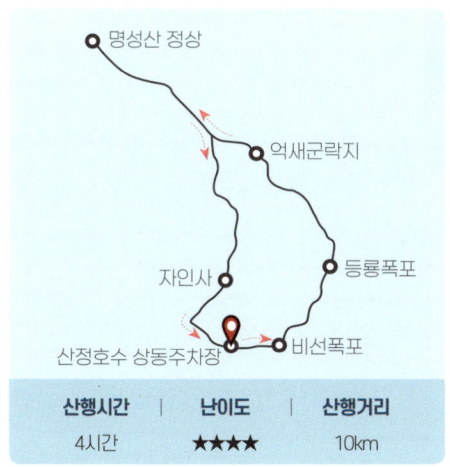

Tip '온천의 도시' 포천. 철원과 이웃한 포천에는 온천개발이 많이 되어 신북온천, 일동유황온천, 한화리조트 온천 등 10여 개 온천이 성업 중이다. 유황온천, 알칼리온천 등으로 온천의 종류도 다양해서 취향에 맞는 온천을 선택할 수도 있다. 산행 후 온천을 마치고, 포천의 대표 먹거리인 이동갈비와 막걸리까지 곁들인다면 그야말로 금상첨화다.

047 | 오지에서 만나는 호젓한 억새밭
장수 장안산

전북 장수군 계남면 장안산(1,237m)은 산세가 중후하면서도 당당하고 규모가 커서 고산다운 풍모를 느끼게 한다. 용소계곡을 비롯한 20여 개의 계곡과 연못, 폭포가 수려한 풍광을 자아낸다. 동쪽 능선에 억새밭이 있어 가을에 관광객들이 많이 찾는다. 계곡에 수량도 많아 언제 찾아도 좋은 산이다. 인근에 국민관광지인 방화동 가족휴양촌이 있다.

장수군은 오지로 불린다. 이곳은 덕유산(1,616m), 성수산(1,059m) 등 5개의 고산이 집중되고 군 전체 면적의 70% 이상이 산악지대로 이루어져 있다. 그 중에서도 또 오지라고 불리는 곳이 장안산 주변 마을들이다.

장안산은 조선의 3대 천재로 불리며 시인, 언론인, 사학자로 활약한 육당 최남선이 12개 명산 중의 하나로 꼽는 등 명산의 반열에 올랐다. 하지만 많이 알려지지 않아 아쉬움이 있다.

또 아주 넓고 장대하지는 않지만 곳곳에 계곡과 소(沼)가 있고, 그와 어울린 숲이 아기자기한 재미를 준다. 특히 가을의 낭만, 억새를 찾아 산골 깊숙이 들어가서 호젓한 산행을 즐길 만한 곳이 바로 장안산이다.

여러 코스가 있지만 억새밭을 보고 싶다면 무룡고개에서 시작하는 것이 좋다. 무룡고개는 해발 고도가 높아 그리 힘들이지 않고도 정상까지 갈 수 있는 장점도 있다. 장안산 정상이 1,200m가 넘지만 무룡고개가 이미 800m가 넘기 때문에 높은 산이라는 것이 실감나지 않는다.

무룡고개에 주차를 하고 편하게 능선을 타고 오르면 느린 걸음으로 걸어도 1시간 30여 분 만에 정상에 도착할 수 있다. 중간에 오르막이 몇 번 있지만 그렇게 가파르지는 않다.

다소 밋밋하게 느껴질 수도 있지만 양옆으로 펼

쳐진 조릿대도 지나고 전망대도 만나며 이런저런 생각에 잠겨 걷다 보면 지리산 산줄기가 잘 보이는 정상 부근의 억새평원에 닿는다. 정상은 사방이 덕유산 등 명산에 에워싸여 있으며, 전망이 특히 뛰어나다.

 산을 오를 때나 내릴 때 스치는 사람이 거의 없다. 아직 억새가 만발할 시기가 아니라서 그럴 수도 있겠다. 수만 평에 걸쳐 흐드러진 이 억새밭에 바람이 불면 온 산에 하얀 억새가 은빛 파도를 그리며 춤을 추겠지… 늦가을에 억새가 장관을 이루면 한적한 이 산길도 시골장터처럼 활기가 돌 것이다. 그 모습이 또한 궁금하다.

에필로그 산행을 하기 전에 그 지역에 관해 검색을 해보곤 한다. 장안산이 있는 장수군을 검색하다 놀랐다. 장수군 인구가 2만여 명 밖에 되지 않았다. OECD 국가 중 매년 제일 낮은 출산율을 기록하는 것은 이제 놀라운 일이 아니다. 게다가 우리나라 전체 인구의 절반 이상이 수도권에 모여 살고 있는 현실에서 지방의 소멸이 심각한 문제가 된 지 오래다. 우리 이웃이, 우리가 사라져 없어진다는 뜻의 소멸이라는 말이 아프게 다가온다. 지방이 무너지면 나라도 제대로 설 수가 없다.

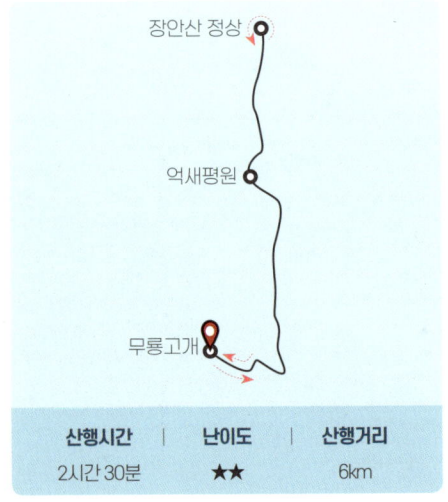

Tip 장수는 무주, 진안과 더불어 대표적인 오지로 유명하다. 이른바 무진장이라 부른다. 이런 오지에서 바쁜 일상과 완벽히 차단되어 차분히 길을 걷고 싶다면 장안산마실길을 추천한다. 연주마을에서 시작해 장안산 계곡과 멋진 풍경을 보면서 걷게 되는데, 2010년이 되어서야 민가에 전기가 공급되었다던 지실가지를 지나 의암주논개생가까지 이어지는 길로 4시간 정도가 소요된다.

07

도심에서 쉽게
만나고 싶다면

- 금정산
- 북한산
- 무등산
- 팔공산
- 도봉산
- 관악산
- 금오산
- 모악산

048 부산 시민들을 보듬는 아버지 같은 산
부산 금정산

부산시 금정구 금정산(801m)은 부산의 진산이다. 도심에서 가까워 많은 시민들의 휴식처가 되고 있다. 숲이 우거지고 계곡의 수량이 풍부하며 기암절벽이 절묘하다. 예로부터 금어(金魚)가 오색 구름을 타고 내려와 그 샘에서 놀았으므로 산 이름을 금정산이라 하고, 산 아래 절을 범어사라고 이름했다 한다.

우리나라 제2의 도시 부산의 한가운데 우뚝 솟은 근엄한 산이다. 바다가 포근하게 부산 사람들을 품어주는 어머니라면, 금정산은 부산 사람들을 보듬어 주는 아버지 같은 존재다.

부산 사람이라면 한번쯤은 금정산에 가보지 않았을까? 학창 시절 소풍이나 수련회를 가기도 하고, 주말이나 휴일이면 산책처럼 가볍게 걷기도 하고, 마음먹고 등산에 나서기도 했을 것이다. 그러다 보니 오르는 길도 다양하고, 산 중턱까지 차로 접근도 가능하다.

금정산은 부산의 정신이자 든든한 기둥이라 할 수 있다. 왜구의 침략에 대비해 쌓은 금정산성은 방어시설로 역사적으로도 중요한 곳이다. 일제 강점기 때 성벽과 시설물들이 파괴되는 수난을 겪었지만, 단계적으로 복

원작업을 추진하여 현재는 예전의 모습을 거의 되찾았다.

  범어사까지는 대중교통으로 쉽게 접근이 가능해서 범어사를 산행기점으로 고당봉까지 오르는 코스가 인기가 많다. 해인사, 통도사와 함께 영남 3대 사찰로 알려져 있는 범어사는 신도와 관광객, 산행하려는 사람들로 항상 북적거린다.

  이곳에서 고당봉까지는 두가지 길이 있다. 범어사를 바라보고 왼쪽 등산로를 이용해 북문을 통해 올라가는 방법도 있지만, 오른쪽 길로 올라 내원암을 거쳐 정상까지 가는 길을 택한다.

  고당봉 옆에는 바위로 된 샘이 하나 있다. 이 샘은 동국여지승람 동래부지 등에도 기록이 남아 있다. '산정에 돌이 있어 높이가 3장(丈) 가량이고, 물이 늘 가득

차 있어 가뭄에도 마르지 않으며 금빛이 찬란하다. 그러므로 금색어가 다섯 색깔의 구름을 타고 하늘에서 내려와 그 샘에서 놀았다.' 이 샘이 금샘이다. 산의 정상 부근 바위 위에 어떻게 해서 물이 있을까? 참 신기하다.

고당봉 정상에서는 부산 시내와 맞은편으로는 김해, 양산까지 한눈에 내려다 보인다. 하산길로 잡은 북문을 지나 동문까지는 금정산성을 따라 걷게 되는데, 원효봉과 망루도 지난다. 이 구간은 왼편으로 시종일관 시원한 조망이 펼쳐져 인기가 많다.

에필로그 금정산은 집에서 가깝기도 하고, 코스도 다양해 100대 명산 중 가장 많이 오른 산이다. 근처에서 약속이 있을 때면 서너 시간 일찍 가서 들렀다 가기도 할 정도로 부담 없이 찾는다. 그 많은 기억 중에 새해 첫날 해맞이를 하던 때가 가장 인상적이었다. 이른 새벽 인적이 드물어 무섭진 않을까 하는 생각이 무색하게 많은 사람들과 함께 올랐다. 산행 중에 바라본 어둠에 잠긴 도심의 불빛과 고당봉 바로 아래서 탄성과 함께 맞이하는 일출은 두고두고 잊혀지지 않을 소중한 추억이다.

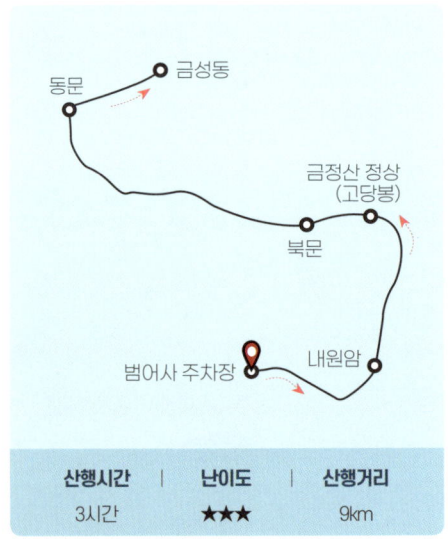

> **Tip** 금정산의 모든 능선을 아우르는 금정산성은 길이가 19km에 달하고 우리나라에서 가장 큰 규모의 산성이다. 금정산을 제대로 느끼고 싶다면 동 서 남 북 네 개의 성문을 지나는 사대문 종주를 추천한다. 물론 시간이 많이 걸리고 그만큼 힘들겠지만 낙동강 물길과 부산 시내를 한눈에 내려다볼 수 있다. 특히 동문 아래 산성마을은 오리불고기와 산성막걸리로 유명하니 산행 후 마무리로 좋겠다.

049 | 천만 서울 시민의 영원한 허파
서울 북한산

서울 강북구 북한산(836m)은 백두산, 지리산, 금강산, 묘향산과 함께 대한민국 오악(五嶽)에 포함되는 명산이다. 백운대, 인수봉, 만경대 등 3개 봉우리가 삼각형으로 놓여 삼각산으로도 불렸다. 특히 만경대는 주변 경관이 좋다. 태조 이성계가 많은 자문을 구했던 무학대사가 조선의 도읍지를 서울로 정할 때 여기서 내려다보고 결정을 내렸다.

서울 등 수도권에서 언제든지 마음만 먹으면 전철을 타고 가서 찾을 수 있는 산, 바로 북한산이다. 도심 한가운데서 산을 즐길 수 있고 산행코스도 다양해 늘 많은 등산객들로 붐빈다.

북한산처럼 한 나라의 수도 안에 자연 국립공원이 있는 경우는 드물다. 태조 이성계는 도읍지를 선정하기 전에 두 곳을 놓고 고민을 거듭했다고 한다. 서울이냐, 충남 공주의 계룡산 기슭이냐... 결국 북한산을 끼고 한강이 흐르는 서울이 낫다고 결정을 내렸다. 서울처럼 한강 같은 큰 강이 흐르고 북한산 같은 명산이 자리 잡은 수도는 세계 어느 곳에서도 찾아보기 힘들 것이다.

백운대탐방지원센터에 도착하니 산행을 준비하는 많은 사람들로 북적

인다. 미리 코스를 찾아보고 오지 않아도 앞서 가는 등산객들의 뒤만 따라가도 정상으로 갈 수 있을 듯하다.

북한산은 어느 산과 비교해도 뒤지지 않을 다양한 풍광을 품고 있다. 곳곳에 위치한 웅장한 암봉과 기암들이 화려함을 뽐내며 조망 또한 일품이다. 백운대에 오르면 서울 시내와 근교가 한눈에 들어오고 도봉산, 관악산은 물론 맑은 날에는 강화도 등 서해의 섬도 보인다.

백운대 정상으로 가는 길은 허공에 떠 있는 커다란 바위를 걷는 기분이다. 위험해 보이기도 하지만 설치되어 있는 안전구조물을 잘 잡고 조심해서 움직이면 된다. 그래도 사람들이 몰릴 때는 안전에 더 유의해야 할 것 같다.

백운대 너럭바위에 앉으니 웅장한 암릉 능선과 서울 시내가 한눈에 보인다. 방향을 돌려 바라본 인수봉에는 전문 산악인들이 로프에 의지해 암벽 등반을 하는 중이다. 인수봉은 뛰어난 클라이밍 코스로 전문 산악인들의 학교 같은 곳이다. 국내의 유명 산악인들은 바로 여기서 훈련을 받고 세계적인 산악인으로 발돋움했다.

수도권에 위치한 국립공원답게 북한산에 올라갈 때, 내려갈 때 할 것 없이 정말 사람들이 많다. 인구가 많은 대도시임을 다시 한번 느낀다. 첩첩산중 깊은 산에 다닐 때와는 그 느낌이 무척이나 다르다.

에필로그 북한산이 가장 많은 사람들이 찾는 산으로 기네스북에 이름을 올렸다는 것은 거꾸로 생각하면 안타까운 일이다. 인구 천만에 가까운 서울의 많은 사람들이 접근성이 좋은 북한산으로 몰리고 있으니, 그 인파에 산은 고통을 받을 수 밖에 없다. 사람들에게 여유와 휴식과 건강까지 선물해주는 이 산을 오래오래 보존하기 위해서는 기본적인 에티켓은 꼭 지켜야겠다는 생각이 든다. 탐방로는 정해진 곳만 이용하고 흡연은 절대 불가하고 쓰레기는 꼭 가져오도록 하자!

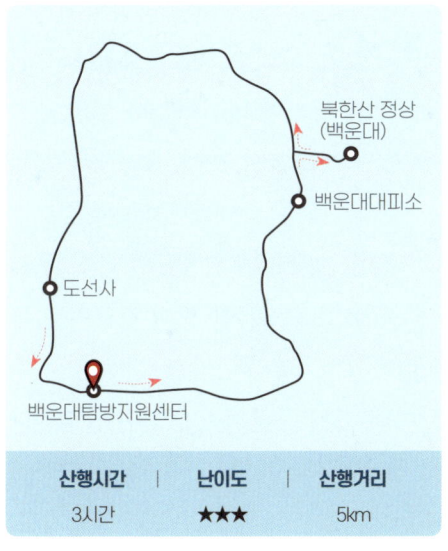

Tip 북한산성, 우이동, 정릉, 불광동, 구기동 등 북한산 분소나 탐방안내소가 있는 산행기점만 해도 10곳이 넘는다. 거기다가 산기슭 주택가로 이어지는 산길 등을 합하면 북한산 산행코스는 그야말로 수십 개다. 난이도나 취향에 따라 코스를 선택할 수 있다. 만약 산행이 부담스럽다면 저지대 수평 산책로인 북한산 둘레길을 걸어도 좋겠다. 전체 길이 71.5km의 둘레길로 북한산의 역사와 생태를 체험해볼 수 있다.

050 광주의 역사를 가슴으로 품다
광주 무등산

광주 북구 무등산(1,187m)은 산세가 웅장한 광주의 진산이다. 경사가 완만한 흙산이며 중턱에는 커다란 조약돌들이 약 2km에 걸쳐 깔려 있다. 정상 가까이에는 원기둥 모양의 주상절리대(용암이 냉각응고함에 따라 부피가 수축하여 생기는 다각형 기둥 모양)가 있어 경치가 빼어나다. 1972년 도립공원으로 지정되었고, 2013년 국립공원으로 승격되었다.

무등산은 어머니의 품과 같이 포근하고 아름다운 산이라는 의미에서 어머니산으로 불리기도 한다. 시내 어디서나 무등산이 바라다 보이기에 더 가깝게 느껴지기도 한다. 금남로에서도 크게 보이고, 멀리 광산구나 서구 등지에서도 한눈에 보이고...

대표적인 산행 기점으로 꼽히는 증심사까지는 시내버스도 많고 광주지하철 1호선 증심사 입구역을 통해 환승하면 이내 도착할 수 있어 대중교통을 통한 접근성도 훌륭한 편이다.

도심 한가운데 있는 국립공원으로 여러 가지 등산길이 있지만 증심사나 원효사 출발이 인기가 많다. 호젓하게 원효사 옛길을 걷고 싶은 마음에 무등산 원효사 입구에서 산행을 시작한다.

　전날 함박눈이 내린 덕분에 온통 눈밭이다. 겨울 동화 속으로 들어가는 기분이다. 등산로와 나무는 하얀 옷을 뒤집어쓰고 있어 원래 무슨 색깔이었는지 가늠이 되지 않는다. 등산로는 완만하고 위험한 구간도 거의 없어 정말이지 마을 뒷산처럼 기분 좋게 오른다. 포근하고 후덕한 어머니의 느낌이라더니 그 말이 딱 맞다.

　고도가 높아질수록 눈꽃은 수려한 장관을 이룬다. 나무 가지마다 새하얀 눈꽃이 피어 아름답기 그지없다.

　드디어 무등산 정상 부근에 서석대가 압도적인 자태로 눈앞에 나타난다. 서석대에는 화산암의 멋진 '주상절리'가 발달되어 있다. 높이 약 30m, 너비 1~2m의 돌기둥 200여 개가... 주상절리는

용암이 분출되어 낮은 곳으로 흐르면서 급히 냉각되고 수축되면서 생성된다고 한다.

참 신기하다. 제주도에서나 보던 주상절리를 해발 1천m가 넘는 산꼭대기에서 만나게 되다니. 이어 도착한 입석대에도 엄청난 주상절리가 압도적인 자태를 나타낸다. 그리스 파르테논 신전을 연상케 한다.

장불재에서 중봉까지 이어지는 능선길에 세찬 칼바람이 불어 얼굴이 얼어붙을 지경이지만, 새하얀 눈으로 덮인 아름다운 경치에 반해 감탄사만 내뱉다가 떨어지지 않는 발길을 애써 되돌려 하산한다.

에필로그 무등산은 국가지질공원과 유네스코 세계지질공원 인증을 모두 받았다. 국가지질공원은 지구과학적으로 중요하고 경관이 뛰어난 곳으로 환경부장관이 인증하는데, 우리나라에 총 13곳이 있다. 또 우리나라의 유네스코 세계지질공원은 제주도, 청송, 무등산권, 한탄강 등 4곳이다. 가치가 있는 곳을 발굴하고 체계적으로 관리하는 것은 아름다운 자연을 보전하기 위한 첫걸음이다. 지자체에서는 더 적극적으로 우리의 문화유산, 자연유산을 지키는 데 앞장서야 할 것이다.

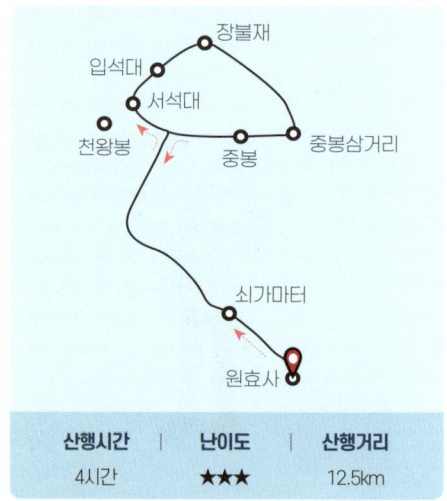

Tip 2013년 우리나라 21번째 국립공원으로 지정된 무등산은 정상만큼은 쉽사리 내어주지 않았다. 1966년 공군 방공포대가 주둔하면서 출입이 통제된 이유에서다. 간헐적으로 정상을 개방하는 행사가 열리기도 했으나, 때에 맞춰 오지 못한 이들은 늘 아쉬워하며 발걸음을 돌려야 했다. 하지만 오는 2023년 9월부터는 상시 개방한다 하니, 무등산 정상을 언제 가더라도 밟을 수 있다.

051 | 한달음에 달려갈 수 있는 명산
대구 팔공산

팔공산(1,193m)은 대구시 중심부에서 약 20km 떨어진 지점에 솟은 대구의 진산이다. 주봉인 비로봉을 중심으로 동서로 20km에 걸쳐 능선이 이어진다. 이곳의 갓바위는 입시철 등 해마다 수많은 사람들이 소망을 기원하기로 유명하다. 그리고 신라의 불교 사상과 화랑 정신이 깃든 역사 유적이 많이 남아 있다.

대구의 명산 팔공산은 무엇보다 접근성이 좋다. 대구역 등 대구 시내에서 시내버스 등 교통편이 편리하다. 접근성이 떨어지면 아무리 명산이라도 대부분의 산행객들이 산행을 일단 주저하게 되는 것이 당연하다.

팔공산 산행은 동화사에서 시작한다. 마침 이날이 부처님 오신 날이라 동화사 일대가 분주하다. 동화사에서 염불암까지 확 트인 길은 마음을 편안하게 할 뿐만 아니라 팔공산 계곡의 수려함이 산세와 더불어 일품이다.

등산로에 오르다 보니 근처에 케이블카가 운행되고 있다. 팔공산케이블카는 산중턱 정도까지만 올라간다. 그래도 산행이 힘든 이들에게는 팔공산을 느낄 수 있는 좋은 기회를 제공하리라.

끊임 없이 오르막길이 이어지지만 이른 아침 깊은 산속의 공기는 더없이 상쾌하기만 하다. 주능선에 올라서니 일부 능선이 바위로 이루어져 스릴 넘치면서도 조망이 뛰어나다.

두 시간여만에 도착한 비로봉 근처는 각종 통신 시설과 철탑으로 어지럽다. 팔공산의 전체적인 경관을 해친다는 느낌이다.

오히려 비로봉에서 가까운 동봉에서 바라보는 경치가 훨씬 훌륭하다. 동봉에 서서 산 아래를 내려다보는데 연두빛과 녹색이 조화를 이룬

5월의 신록에 어지러운 생각들이 정리되는 기분이다. 과연 대구시민들의 사랑을 받는 산이라 할만하다.

팔공산의 그 유명한 갓바위는 관봉의 정상 부근에 있어 다른 코스를 이용해야 한다. 관봉은 팔공산을 이루는 봉우리 중 하나다. 머리에 쓴 갓의 봉우리의 모양이 대학의 학사모와 비슷하여 입시철마다 합격을 기원하는 행렬이 북새통을 이룬다.

팔공산은 사시사철 언제 찾아도 좋다. 봄에는 철쭉과 진달래, 여름에는 우거진 푸른 숲, 가을에는 오색의 단풍, 겨울에는 눈부시게 아름다운 설화로 그 아름다움을 곱게 꾸미며 등산객들을 맞는다.

에필로그 우리나라에는 22개의 국립공원이 있다. 국립공원으로 지정되면 체계적으로 보호받고 생태계를 보전할 수 있다는 장점이 있지만, 개인의 재산권 침해 문제로 반대의 목소리도 크다. 서울의 북한산, 광주 무등산은 국립공원으로 이미 지정되었고 팔공산 역시 오랜 진통 끝에 곧 승격을 앞두고 있다고 한다. 국립공원으로 지정되면 관리의 주체가 지방자치단체에서 국립공원관리공단으로 바뀌고 관리예산과 인력도 확충된다.

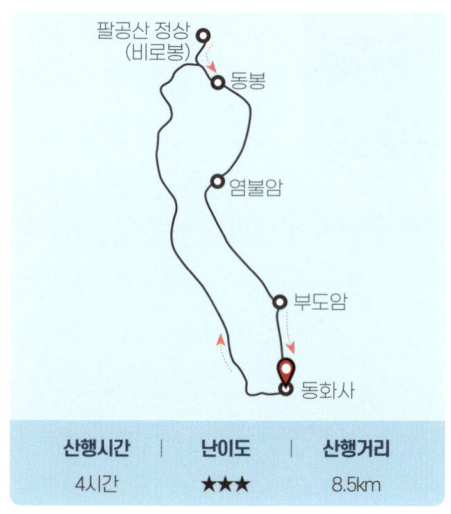

산행시간	난이도	산행거리
4시간	★★★	8.5km

Tip 엄밀히 말하면 팔공산은 대구시와 경북에 걸쳐져 있다. 정상인 비로봉은 경북 군위군에 위치한다. 하지만 2023년 7월부터는 달라질 예정이다. 군위군이 대구시로 편입되기 때문이다. 군위군은 작은 소도시지만 삼국유사의 고장으로 알려져 있다. 또 제2석굴암(아미타여래삼존석굴)과 돌담이 예쁜 한밤마을, 화본역도 함께 둘러본다면 팔공산 산행이 더 풍성해질 것이다.

052 | 특별시민의 친구 같은 명산
서울 도봉산

서울 도봉구 도봉산(739m)은 북한산과 함께 북한산국립공원에 포함된다. 주봉은 자운봉이고 자운봉, 만장봉, 선인봉 등이 금강산을 보는 듯한 자태로 장관을 이룬다. 계곡도 아름다워 망월사계곡 송추계곡 등에 탐방객들이 많이 몰린다. 선인봉은 북한산의 인수봉과 함께 암벽 등반 코스가 개발되어 한국 산악인의 요람으로 통한다.

서울 시내에서 편리하게 전철을 타고 찾아가는 산, 도봉산이다. 대도시 외곽에 이렇듯 웅장한 산세를 가진 나라는 세계적으로도 흔치 않다.

산행 기점인 도봉 탐방지원센터 입구에 있는 북한산국립공원이라는 표지석에서 이곳이 북한산과 함께 관리되는 곳임을 알 수 있다. 입구까지는 음식점들이 즐비하고, 등산복과 등산용품을 판매하는 매장들도 유독 많다. 준비 없이 와서 이곳에서 장비를 마련해도 되겠다는 생각이 든다.

무더운 날이지만 올라가는 내내 우거진 숲이 그늘을 만들어 주어 한결 수월하다. 숲길을 지나 돌길과 나무계단도 만나며 부지런히 고도를 높인다.

　마당바위를 향해 오르면서 주변 경관을 바라본다. 우람한 기암괴석과 뾰족한 암봉들이 장관을 이룬다. 사방으로 뻗은 계곡을 따라 짙은 수풀이 연이어진다. 마당바위는 중간 휴식처 역할을 한다. 올라가고 내려가다 이 바위에 앉아 있는 등산객들 사이에 끼어 휴식을 취하고 다시 발걸음을 재촉한다.

　마당바위부터 정상 구간은 어지간히 경사가 있다. 막바지에 큰 바위를 크게 둘러서 오르면 이윽고 신선대 정상에 도착한다.

　이곳에 서니 저 멀리 북한산 백운대와 인수봉, 만경대가 손에 잡힐 듯 가깝게 보인다. 한편으로는 서울 시내가 한눈에

서울 도봉산

내려다보인다.

　도봉산의 최고봉은 자운봉이지만, 위험해서 일반인들은 오를 수가 없다. 사실상 우리가 설 수 있는 곳은 신선대 정상이다.

　신선대 정상에서는 선인봉의 웅장하고 우람한 자태도 시원스레 바라다보인다. 클라이머들이 로프에 몸을 의지해 암벽을 타고 있다.

　도봉산은 세계적인 산악인 엄홍길을 키운 산이기도 하다. 그는 도봉산 기슭에서 유년 시절을 보냈고, 도봉산은 놀이터나 마찬가지였다. 청년기에는 여기서 암벽 등반을 배우며 히말라야를 향한 뜨거운 도전 정신을 길렀다고 한다.

에필로그 도봉산 입구에 있는 엄홍길 기념관에 들리니 영화 '히말라야'가 떠올랐다. 인간의 접근을 쉽게 허락하지 않는, 신들이 머무는 장소라고 하는 해발 8,000m의 히말라야에서 생을 마감한 후배 대원의 시신을 수습하기 위해 떠나는 엄홍길 대장과 휴먼 원정대의 실화를 그린 영화다. 많은 사람들이 감동을 받았고 흥행에도 성공했던 작품이다. 영화 속의 대사 한 줄이 계속해서 내게 깊은 울림을 주었다. '산쟁이들은 정복이란 말을 안쓴다. 우리는 신이 허락해 주셔서 잠깐 머물다 내려가는 것이다.'

Tip 도봉산은 오래 전부터 많은 사람들이 오르내린 산이다. 그렇기 때문에 암릉과 계곡 곳곳에 수도 없이 길이 나 있다. 코스를 분명히 정하고 이정표를 확인하고 올라야지, 까딱하다간 엉뚱한 곳으로 가기 쉽다. 서울에서 출발하여 경기도로 하산하거나 의정부에서 출발했는데 길을 잘못 들어 양주로 내려온 뒤 황당해 하는 등산객들도 있다.

053 | 우리나라 최고의 상아탑을 끌어안은 산
서울 관악산

서울 관악구 관악산(632m)은 서울 분지를 이중으로 둘러싼 자연의 방벽으로 한강을 감싸 안고 우뚝 서 있어 방어하기 좋다. 그래서 옛 서울의 요새지를 이루었다. 서울의 남쪽 경계를 이루고 그 줄기는 서울에서 과천 청계산을 거쳐 수원의 광교산까지 이른다. 산정에는 기상청의 기상 레이더 시설이 있다. 1973년 영등포구에서 관악구로 분구할 때 이 산에서 이름을 따왔다.

서울 도심에 위치한 관악산은 북한산이나 도봉산처럼 접근성이 좋다. 산행 코스도 다양하고 많은 사람들이 즐겨 찾아 명산이라 하기에 부족함이 없는 곳이 바로 관악산이다.

자동차를 타고 캠퍼스 안으로 들어와 등산로 입구까지 올라가는데, 등산을 시작하는 건설종합연구소는 이미 산 중턱이다. 왠지 시간을 벌었다는 생각과 오늘 산행은 운동량이 많지 않겠다는 두 가지 생각이 교차한다.

산행 초반에 잘 다져진 등산로를 따라 여유롭게 산행을 즐긴다. 자운암 능선길은 암릉을 타고 넘어야 하는 구간이다. 때로는 기어서, 때로는 안전장치를 잡고 바위를 지난다. 바위 타는 묘미도 있지만 헉헉 숨이 차오른다. 수도 서울의 요새 같은 역할을 했던 산답게 악산은 악산이다. 화악

산, 운악산, 송악산, 감악산 등과 함께 경기 5악 중의 하나라더니 딱 맞는 말이다.

서울 시내가 한눈에 내려다 보이는 관악산 정상석은 이제껏 보았던 그 어떤 것보다 거대하다. 정상석과 함께 사진을 찍어 이 순간을 기억하려는 사람들로 정상 인근이 부산스럽다.

한편으로 시선이 쏠리는 곳이 연주대다. 정말이지 깎아지른 듯한 바위 절벽 위에 앉아 있다. 지붕에 기와를 얹은 이 기도처는 멋스럽기만

한데, 기도하는 이들로 항상 붐빈다.

관악산 연주대의 내력에는 두 가지 이야기가 전해진다. 태조가 조선을 건국한 뒤 고려의 충신들이 개성을 바라보며 망해버린 왕조를 연모했다고도 하고, 조선 태종의 두 아들 양녕대군과 효령대군이 왕위 계승에서 멀어져 방랑하다가 이곳에서 미련과 동경의 심정을 담아 왕궁을 바라봤다고도 한다.

하산길에는 의상대사가 창건했다고 하는 연주암에 들린다. 연주암은 불자들에게 나한기도도량으로 유명하다. 나한은 최고의 깨달음을 얻은 사람을 의미한다.

에필로그 관악산은 서울대학교를 품고 있다. '누군가 조국의 미래를 묻거든 고개를 들어 관악을 보게 하라'라는 다소 낯간지러운 구호가 공식적인 것은 아니지만, 서울대학교의 슬로건처럼 사용될 정도로 자부심도 크다. 대학 진학을 앞둔 중고등학생들과 부모들에게 동기 부여를 위한 캠퍼스 투어가 유행하던 때가 있었다. 여기서 항상 빠지지 않는 곳도 서울대학교다. 이처럼 모두가 선망하는 최고의 지성, 이 서울대학교가 국민들을 실망시키지 않고 기대에 부응하는 최고의 학교로 남아 있기를 바란다.

산행시간	난이도	산행거리
2시간 30분	★★★	4.5km

Tip 관악산은 어디서 산행을 시작하느냐에 따라 여러 스타일의 산행을 즐길 수 있다. 초보자에게는 서울대 기점 코스가 좋다. 비교적 거리가 짧고 등산로도 잘 나 있는 까닭이다. 자운암 능선 코스는 호젓하지만 다이나믹한 암릉길이다. 사당 능선은 긴 암릉 산행 코스로 시원한 산세를 계속 보며 오를 수 있다.

054 구미 금오산
오랜 세월, 풍성한 이야기가 끝이 없네

경북 구미시 남통동 금오산(976m)은 정상은 비교적 평탄하나 산세가 높고 기이하며, 고려시대에 자연 암벽을 이용해 축성된 길이 2km의 금오산성이 있어 임진왜란때 왜적을 방어하는 요새지로 이용되었다. 좁고 긴 계곡 입구에는 금오산 저수지가 자리하고, 정상의 암벽에는 신라 시대에 새겨진 4m 높이의 금오산 마애여래입상이 있다.

1970년 우리나라 최초의 도립공원으로 지정된 금오산은 구미 시내에서 금방 닿을 수 있을 정도로 접근성이 좋다. 특히 구미역(기차역)도 가까워 여유가 있는 사람들은 등산로 입구까지 걸어서도 갈 수 있다.

금오산도립공원에는 금오랜드를 비롯한 유원지, 관광시설, 맛집들이 즐비하고 케이블카와 금오산 올레길도 있어 많은 사람들이 찾아 여유를 즐긴다.

보통 금오산 등산도 이곳에서 출발한다. 산행을 시작하면서 산세를 휘둘러본다. 화려하지는 않으나 산세가 가파르고 정상 일대는 거대한 암릉으로 이루어져 제법 뛰어난 암릉미가 엿보인다. 어느 순간부터 오르막길의 연속이다. 길은 점점 더 험해진다. 밧줄을 잡고 오르는 구간도 나타난

다. 그런데도 암릉 사이로 들어가서 장애물을 돌파하듯이 하나하나 오르는 재미가 쏠쏠하다.

케이블카가 닿는 중턱에는 대혜폭포를 지난다. 명금폭포라고도 불리는 이 폭포는 높이 27m로 시원한 물줄기를 쏟아낸다.

구미에서 태어난 박정희 전 대통령은 이곳 대혜폭포에서 자연보호의 중요성을 인식하고 자연보호운동을 구상했다고 한다. 이곳이 우리나라 자연보호운동의 발상지인 셈이다.

정상 부근에서 눈길을 붙들어 매는 것은 암벽에 절묘하게 새겨넣은 마애여래입상이다. 깊은 계곡, 높은 산의 큰 바위면에 암각된 마애불은 언제나 소박한 아름다움을 전해준다. 천년의 세월에 의해 적당히 마멸된 선과 볼륨, 그러면서도 주위의 풍치와 어울리는 그 자태는 세월을 초월하여 장중하다.

정상인 현월봉은 달이 매달린 봉우리란 뜻이다. 정상에 서니 바로 아래 구미 시가지가 펼쳐지고, 구미 공단이 내려다보인다. 시원하게 터지는 조망에 올라오면서 힘들었던 것도 다 잊어버리게 된다.

정상 아래 기암절벽에 자리 잡은 약사암은 그야말로 천하절경이다. 약사암에서 출렁다리로 연결되어 있는 범종각의 모습까지 절묘하게 어우러져 그림이 따로 없다. 깎아지른 듯한 절벽에 어떻게 이런 사찰을 만들었을까.

에필로그 '오백 년 도읍지를 필마(匹馬)로 돌아드니/산천은 의구(依舊)하되 인걸(人傑)은 간데없다/어즈버 태평연월(太平烟月)이 꿈이런가 하노라' 고려말 학자 야은 길재가 망국의 한을 노래한 회고가다. 금오산 입구에 있는 채미정은 고려에서 조선으로 왕조가 교체될 때 두 임금을 섬길 수 없다며 관직을 고사하고 금오산 아래에서 은거한 야은 길재의 충절을 기리기 위해 건립된 곳이다. 정치적 혼란기에 고려의 지식인들은 어지러운 나라를 바로 세우기 위해 해결책을 찾고자 했다. 다만 서로 방법이 달랐을 뿐이다. 또다른 큰 인물 정도전과 정몽주가 대립했던 것처럼…

Tip 금오산 아래 금오지를 한 바퀴 도는 금오산 올레길은 구미 시민들의 산책길로 사랑받고 있다. 꽃길, 숲길, 데크길 등이 다양하게 조성되어 있으며 40분 정도 소요된다. 길을 따라 걸으면 저수지와 금오산자락을 한눈에 담을 수 있고, 예쁜 조명들이 많아 야간에 걸어도 좋다. 특히 별 모양의 조형물은 포토존으로 인기가 많아 많은 사람들이 이곳에서 순간을 기억하려고 연신 셔터를 누른다.

055 | 어머니 품처럼 포근한 시민들의 휴식처
전주 모악산

전주시 남쪽에 솟은 모악산(793.5m)은 호남평야의 중심지에 우뚝 솟아 산세가 수려하다. 산 정상에 어머니가 아이를 안고 있는 형태의 바위가 있어 모악이라고 이름 붙였다 한다. 정상에 올라서면 전주 시내가 한눈에 들어오고 남쪽으로는 내장산, 서쪽으로는 변산반도가 보인다. 또한 모악산 금산사 주변의 벚꽃은 화려하기로 유명하다.

전주와 완주 사이에 걸쳐 있는 모악산은 시내에서 접근성이 좋아 많은 시민들의 사랑을 받고 있다. 이름 그대로 어머니처럼 따뜻하고 너른 품으로 사람들을 맞는다. 능선은 소등처럼 부드러우며 기복도 심하지 않다.

산행 출발점인 모악산관광단지에서 바라보니 저 멀리 희미하게 방송송신탑이 보인다. 저곳이 정상이다.

시작부터 포근한 흙길에 발걸음이 가볍다. 산세가 부드러워 편안한 산길이 이어진다. 사실 아침부터 컨디션이 좋지 않아 중간에 포기를 할까, 갈등하지만 걸을수록 체기가 가라앉는 듯하다. 산의 좋은 기운이 몸 상태를 원래대로 돌려놓는 것인가 보다.

정상에 가까워질수록 고도를 급격히 높이는 구간이 몇차례 나타난다.

주말이라서 많은 사람들이 찾아 곳곳에 정체 구간도 생긴다. 무제봉에 이르니 방송송신탑이 위풍당당하게 모습을 드러낸다. 산 정상부에 있는 저런 탑들은 언제 봐도 참 어색하기만 하다.

정상에서는 망망대해처럼 드넓게 펼쳐지는 김제평야와 만경강이 한눈에 들어온다. 여기서 김제 방향으로 하산하면 금산사에 들를 수 있다.

국보 제62호 미륵전 등 많은 문화재가 있는 금산사는 4월이면 흐드러지게 핀 벚꽃으로도 유명하다. 개화한 벚꽃이 만개해 눈처럼 휘날리는 모습이 장관이라고 한다. 벚꽃이 절정을 이룬 곳은 금산주차장에서 금산사로 이어지는 1km에 달하는 구간이다.

금산사는 다음으로 기약하고 출발지인 모악산관광단지로 되돌아갈 준비를 한다. 하산길 내내 계곡이 시원하게 흐른다. 여기저기서 많은 사람들이 맑은 하늘아래 휴식을 취하고 있다. 근심과 걱정이 없는 듯한 평온한 얼굴에 빛이 난다. 산은 그렇게 사람들을 편안하게 만든다.

도심 가운데 이런 산들은 큰 선물이다. 서울 북한산, 부산 금정산, 대구 팔공산, 광주 무등산 등… 언제든 부담없이 찾을 수 있는 가까운 곳에 산이 있다는 것은 그 곳에 살고 있는 사람들에게는 축복임이 분명하다.

에필로그 모악산 아래 전주시와 완주군은 생활권을 공유해 여러 차례 같은 행정구역으로 통합하자는 논의가 있었으나 번번히 무산되었다. 지역주민들의 반대 여론이 거셌기 때문이다. 경북-대구, 경남-부산-울산 등에서도 수도권 집중과 지방 소멸에 대응하기 위한 방법으로 행정통합이 거론되고 있다. 지역이 경쟁력을 가지고 지속 가능한 발전을 할 수 있도록 최적의 방법을 모색하되 민감한 사안인 만큼 득과 실을 명확하고 투명하게 따져 신중하게 접근해야 할 것이다.

산행시간	난이도	산행거리
3시간 30분	★★★	7km

Tip 모악산에 왔다면 전주한옥마을을 같이 둘러보는 것도 좋겠다. 700여 채의 한옥이 군락을 이룬 우리나라 최대 규모의 한옥촌에는 경기전, 오목대, 전주향교, 전동성당 등 볼거리도 많고 대여한 한복을 입고 멋을 낼 수도 있다. 무엇보다 전주비빔밥, 콩나물국밥, 전통술 모주, 전주초코파이를 비롯한 각종 길거리 음식들로 지루할 틈이 없다.

100가지 보물을 품은 100대 명산

08

역사가 깃든
인문산행을 하고 싶다면

- 경주남산
- 마니산
- 덕숭산
- 주흘산
- 감악산
- 계룡산

056 | 천년의 도읍지, 경주의 노천박물관
경주 남산

경북 경주시 배동 남산(468m)은 그 줄기가 신라시대에 수도 서라벌을 지키는 요새로서 성벽 구실을 훌륭히 했다. 당시의 절터를 비롯해 석불, 석탑 등 불교 유적이 수도 없이 발굴되었다. 신라 최초의 궁궐터인 창림사 유적, 물에 술잔을 띄우고 시를 읊으며 놀이를 하였다는 포석정도 이곳에 있어 신라 문화의 집결체 같은 곳이다.

2000년 유네스코 세계유산으로 등재된 경주역사유적지구는 유적 성격에 따라 불교미술의 보고인 남산지구, 천년왕조의 궁궐터 월성지구, 고분군 분포지역 대릉원지구, 신라 불교의 정수 황룡사지구, 방어시설의 핵심 산성지구까지 모두 5개 지구로 구분된다.

그 중 남산지구는 노천박물관이라고 할 정도로 미륵곡석불좌상, 배리석불입상, 칠불암마애석불 등 수많은 불교유적이 산재해 있다. 해발 500m가 안되는 작은 봉우리들로 이어진 남산은 보물찾기를 하듯 신라의 찬란한 문화유적을 둘러보면서 가볍게 산행하기에 참 좋다.

남산 자락에 있는 삼릉탐방지원센터는 산행출발점으로 많이 이용된다. 울창한 소나무가 군락지를 이룬 삼릉숲을 지나면서부터 본격적인 등산로

가 이어지는데, 국립공원답게 이정표도 잘 설치되어 있다.

 상선암을 직전에 두고 잠시 가파른 오르막길도 있지만 전체적으로는 완만한 흙길이다. 능선에 도달하면 만날 수 있는 바둑바위에 서니 산 아래 마을이 한눈에 내려다 보인다. 오히려 정상인 금오봉은 조망이 없다.

 정상으로 가는 길에 높이 6m의 삼릉계곡마애석가여래좌상이 멀리 보인다. 저 높은 곳에 어떻게 조각을 했을까 싶다. 남산에는 절터나 석탑도 많지만 단연 눈에 띄는 것은 석불이다. 특히 칠불암 내 암벽에 조각한 마애불상의 인자한 미소 앞에서는 숙연한 마음이 절로 생기는 듯하다. 과연 불국토라는 말이 실감나는 곳이 남산이다.

정상인 금오봉을 지나 용장골 방향으로 하산길을 잡는다. 지금은 터만 남았지만, 이곳 용장사에서 매월당 김시습이 한국 최초의 소설 금오신화를 썼다. 금오는 남산의 주봉우리인 금오봉을 의미한다. '나의문화유산답사기'의 저자 유홍준 교수의 설명에 따르면 용장사 삼층석탑이 우리나라에서 가장 높은 탑이다. 신라탑은 기단이 2단인데, 이 탑은 상층기단만 있고 하층 기단이 없다. 남산의 바위 전체를 기단으로 삼은 까닭이다.

용장골에서 등산을 마무리하고 돌아가는 길에 포석정에 들른다. 한때는 화려했을 망국의 현장에 지금은 쓸쓸함만이 감돈다.

에필로그 경주를 신라천년의 고도(古都)라고 한다. 고도란 과거 우리 민족의 정치·문화 중심지로 역사상 중요한 의미가 있는 지역을 의미하며 문화재청에서 지정한다. 현재는 경주, 공주, 부여, 익산 4곳이지만 2022년 「고도 보존 및 육성에 관한 특별법」이 개정되어 특정 시기의 수도나 역사적 가치가 큰 지역을 추가로 지정할 수 있게 되었다. 가야문화권의 중심이자 금관가야의 수도였던 김해도 충분히 자격이 된다. 이 기회에 고도로 지정받아 역사문화도시로 확실히 각인되었으면 한다.

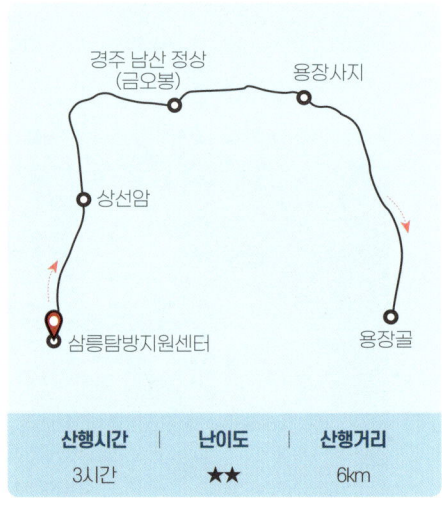

Tip 경주남산에는 왕릉, 불상, 탑, 석등 등 귀한 문화유적들이 여러 곳에 흩어져 있다. 유적들을 찾아보고 싶으나 시작이 막막하다면 전문가의 안내를 받고 설명까지 들을 수 있는 방법이 있다. 경주남산연구소 홈페이지에서 무료답사 신청을 하면 다양한 코스를 선택하여 남산을 둘러볼 수 있기 때문이다. 주말과 공휴일에 운영하고 있으니 이용하면 더 깊이 있는 문화탐방이 될 듯싶다.

057 | 단군이 홍익인간을 설파하던 민족의 성지
강화 마니산

인천시 강화군 화도면 마니산(472m)은 단군 왕검이 하늘에 제사를 지내기 위해 마련했다는 참성단이 있고 강화도에서 가장 높다. 여기서 해마다 개천절이면 제례를 올리고 전국체육대회의 성화가 채화된다. 문화유적지가 많고 산세가 험하지 않아 연중 많은 등산객과 관광객이 찾는다.

마니산은 원래 우두머리산이라는 뜻의 마리산(摩利山) 또는 이를 한자로 쓴 두악산(頭嶽山)이라고 불리었다. 백두산과 한라산의 중간에 있다는 설, 혹은 전국 산 중에서 가장 기가 세다라는 이야기들이 마니산을 더 신비하고 특별하게 만든다.

바다의 섬인 듯, 산인 듯 아기자기한 이 산은 산세가 험하지 않을 뿐더러 시원하게 펼쳐지는 서해 바다를 볼 수 있어 많은 사람들이 찾고 있다.

매표소를 들머리로 잡으면 계단로와 단군로 2개의 코스를 선택할 수 있는데, 계단로로 올라 단군로 방향으로 내려오는 것으로 정하고 출발한다. 계속 이어지는 계단길을 거쳐 능선에 오르니 바다가 시원시원하게 펼쳐진다. 저 아래로 눈부시게 반짝거리는 개펄과 소금기 머금은 바닷바람이 끊임없이 불어온다.

그 바람 속에서 많은 전란에 휩쓸렸던 역사를 되돌아본다. 강화도는 역대 임금들의 피난처이고 천연의 요새였다. 수도에서 가깝고 바다를 건너야 하는 까닭이었다. 특히 고려시대에는 원나라의 침입으로 도읍을 강화로 옮겨 40년 가까이 저항하지 않았던가… 그래서 강화읍 강화대로의 고려 궁지에는 석조여래입상, 5층 석탑 등 유적지가 즐비하다. 또한 국보급 고려청자도 여기서 많이 발굴되었다.

정상과 참성단에 이르는 가파른 계단길은 끝없이 하늘로 향하고 있는 듯한 착각을 불러일으키며 동시에 경외심을 갖게 만든다. 지금으로부터 4,300여 년 전 단군은 '사람을 이롭게 한다'는 홍익인간(弘益人間)의 이념을 설파하

기 위해 풍백, 우사, 운사를 거느리고 여기서 제사를 지냈다.

지금도 매년 전국체전 성화를 이곳에서 채화하고 있다. 정상에서 북동쪽에는 단군의 세 아들이 쌓았다는 삼랑성이 있다. 그 안에 고려시대의 사찰 전등사가 자리한다. 강화도의 성 대부분이 토성인 데 비해 삼랑성은 견고한 석성이라는 점이 특이하다. 성 주위는 약 2km에 이른다.

하산길인 단군로는 계단로에 비해 한결 수월하다. 전국 제1의 생기처라고 하더니 이 산에서 좋은 기를 많이 받아서인가... 몸과 마음이 더 튼튼해진 것처럼 느껴지는 것은 단지 기분탓이려나...

에필로그 곰과 호랑이 중 곰이 마늘과 쑥을 먹고 백일을 버텨 인간이 되었다. 이렇게 인간이 된 웅녀와 하늘의 사이에서 태어난 단군이 나라를 세우고 우리민족의 조상이 되었다...라는 것이 우리가 알고 있는 단군신화다. 신화는 있는 그대로가 아니라 해석을 해야 한다. 환웅이 바람·비·구름을 거느리고 하늘에서 내려왔다는 것은 북쪽에서 내려온 새로운 세력을 의미하고, 웅녀 이야기도 이주한 집단이 곰을 숭배하는 토착세력과 동맹을 맺은 것이라 해석하는 것이 맞다.

산행시간	난이도	산행거리
2시간 30분	★★	6km

Tip 강화도에는 고인돌이 즐비한데 그중에서도 첫 손에 꼽히는 것이 강화군 하점면 부근리의 고인돌이다. 고인돌은 청동기시대의 무덤 양식이다. 보통 길이 710cm, 높이 260cm, 넓이 550cm의 커다란 돌을 사용했다. 강화 고인돌은 북방식 양식으로 그 기기묘묘함으로 혀를 내두르게 한다. 유네스코 세계문화유산위원회에서 세계문화유산으로 등록하였다.

058 | 수덕사를 품은 절절한 사연들이 깃든 산
예산 덕숭산

충남 예산군 덕산면 덕숭산(495m)은 수덕산으로도 불린다. 해발 고도는 낮지만 아름다운 계곡과 천태만상의 기암괴석이 많아 '호서의 금강산'이라 불려왔다. 수덕사 대웅전(국보 제49호)과 수덕사 대웅전 옆에서 정혜사까지 이어진 1,080개의 돌계단을 오르는 산책코스가 이름나 있다.

덕숭산은 나지막한 바위산이다. 대부분의 산세는 바위로 이루어져 있으며 등산로는 오밀조밀하고 아기자기한 바위길이다.

산행 들머리인 수덕사는 선원과 강원을 모두 갖추고 있는 총림이다. 그만큼 사찰 규모도 크고 역사가 깊다. 수덕사를 한바퀴 둘러보며 충청도 일대에서 덕숭산만큼 우리의 문화유산과 명승고적을 즐길 만한 곳은 없겠구나...라는 생각이 든다.

특히 수덕사 대웅전은 국보 제49호로 우리나라에 현존하는 목조건축물 중 건축시기가 명확한 것으로는 가장 오래된 건축물이다. 건립 연대는 1308년으로 고려 충렬왕 34년 때이다. 안동 봉정사 극락전(국보 제15호)과 영주 부석사 무량수전(국보 제18호)이 수덕사 대웅전보다 앞서 건립되었다지만, 연대가 기록에 남아 있지 않아 추측만 할 뿐이다.

 수덕사를 뒤로 하고 등산로에 들어서면 바로 1,080 돌계단이 시작된다. 산길이 정비가 잘 되어 있어 편안하게 주변을 구경하며 오른다. 쉬엄쉬엄 가다 보면 사면석불과 향운각 같은 석상도 만나고, 만공스님을 기리기 위한 만공탑도 지나게 된다.

 아침부터 날리던 눈발이 그치지 않고 계속 쌓여 가지만, 바람이 없어 생각보다는 춥지도 않고 오히려 예기치 않은 눈산행에 마음이 즐겁다. 아쉬운 점이 있다면 눈이 내려 정상에서는 탁 트인 경치를 즐길 수가 없다는 것이다. 뿌연 안개 속처럼 아무것도 보이지가 않는다.

 하산은 올라왔던 길을 그대로 다시 내려간다. 수덕사 가까운 곳

에 견성암이 위치해 있다. 견성암은 파란만장한 삶을 살다 간 당대의 여걸 일엽스님이 기거하던 곳이다. 일엽 스님은 여성운동가이자 시인 겸 수필가였다. 일본 유학을 했고, 최초의 한국 여성 서양화가였던 나혜석과 함께 신여성의 대표주자였으며, 만공스님을 만나 출가해 수덕사에서 입적했다.

수덕사 아래 수덕여관은 동양화가 고암 이응노과 깊은 인연이 있다. 한국전쟁이 발발하자 그는 이 여관을 구입하고 피난처로 삼아 작품활동을 했다. 이후 동백림사건에 연루되어 옥고를 치른 후 수덕여관에서 몸을 추스르며 바위에 새긴 암각화가 아직도 남아 있다.

에필로그 수덕여관 앞에 앉아서 이곳에서 고단한 삶을 살았을 나혜석을 떠올려 보았다. 나혜석은 당시 남성 중심 사회에 반기를 들며 여성 인권 신장에 앞장섰던 선구자다. 영국 시사주간지 이코노미스트에서는 매년 여성의 환경을 평가하는 유리천장지수를 발표한다. OECD 주요 국가를 대상으로 하는 이 평가에서 우리나라는 수년째 최하위를 기록하고 있다. 여전히 남녀소득 격차가 크고, 노동시장에서도 소외되고 있으며, 사회적 권한이 작음을 시사하는 이 결과는 저출산 문제와 무관하지 않다.

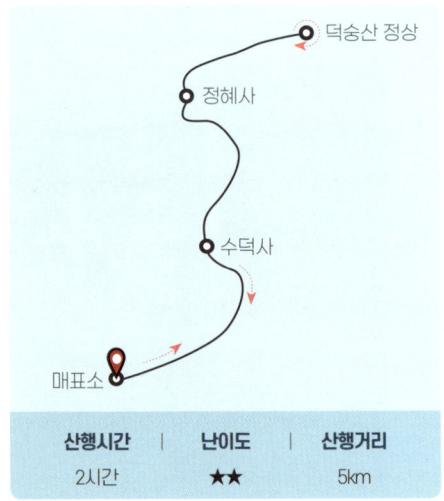

Tip 최근 조용하던 예산이 들썩거리고 있다. 이른바 백종원시장으로 불리는 예산시장 때문이다. 하루 찾는 사람이 그리 많지 않던 예산시장에 예산군과 백종원이 의기투합해 추진한 지역시장살리기프로젝트로 놀라운 변화가 일어났다. 리모델링과 메뉴개발 등으로 완전히 탈바꿈한 예산시장이 입소문을 타면서 전국에서 많은 사람들이 관광지처럼 이 곳을 찾고 있다.

059 역사의 숨결이 남아 있는 사연 많은 산
문경 주흘산

경북 문경시 문경읍 주흘산(1,106m)은 문경새재 등 역사 유적지가 여러 곳이고, 북쪽과 동쪽은 깎아지른 듯한 암벽으로 이어져 경치가 매우 아름답다. 산기슭에는 천년고찰 혜국사가 자리하고 주흘산과 조령산 가운데에 난 계곡을 따라서는 문경관문이 세워져 있다.

100대 명산 중 주흘산, 희양산, 대야산, 황장산 4개의 산이 문경에 있다. 그 만큼 산이 깊고 절경인 곳이 많다는 의미일 것이다. 특히 문경새재를 품고 있는 주흘산은 역사적으로도 중요한 곳이다.

'나는 새도 넘어가기 힘든 고개'라는 문경새재. 조선의 선비들이 오직 과거시험에 목숨을 걸던 시대에 한양으로 향하던 그 많은 이들에게 또 얼마나 다양한 사연이 있었을까...

문경새재의 험준함은 예로부터 이름나 군사적으로 중요한 거점이었다. 삼국시대 때는 신라 초기 고구려 장수왕의 남진을 막는 국경선이었고, 임진왜란과 신립 장군의 이야기가 깃든 곳이기도 하다.

임진왜란 당시 파죽지세로 진군하던 왜군과 일전을 앞둔 신립 장군이 이곳에서의 전투를 배제하고 탄금대전투를 택했고 크게 패하고 말았다.

이 오판 때문에 신립 장군에게는 불명예스러운 평가가 따른다.

고려말에는 공민왕이 홍건적의 난을 피해 문경새재에 피난 와서 주흘산 중턱 혜국사에 머무르기도 했다.

역사 유적지를 들러보는 산행은 흥미진진하다. 우리 민족의 삶도 고스란히 느낄 수 있고 역사의 교훈도 얻게 되니 말이다. 문경새재는 역사의 애환과 수많은 사연을 지니고 있다. 많은 전투가 벌어졌고 사람들이 생업과 과거시험을 위해 수도 없이 드나들던 이 곳에 지금은 관광객이 넘쳐나고 있으니 참 아이러니하다.

1,106m의 주흘산의 산세는 압도적이다. 제 1관문에서 출발해 조망 없는 꾸준한 오르막길을 오

르려니 힘이 들기도 하지만, 워낙 숲도 깊고 물이 많은 곳이라 산행 중 여궁폭포 같은 볼거리가 있어 쉬었다 가기 좋다.

정상에 도달하기 직전엔 긴 계단이 나오는데 무척이나 힘든 구간이다. 과연 험준한 산이라는 것이 실감난다.

출발지로 돌아가는 길에 특이한 비석이 눈길을 끈다. '산불됴심'이라고 적힌 이 비석은 조선후기 것으로 추정된다고 한다. 그 시절에도 산불예방은 중요했나보다.

에필로그 조선시대 영남지역 선비들이 과거시험을 보러 한양에 가려면 추풍령이나 죽령 혹은 문경새재를 넘어야만 했는데, 유독 문경새재를 고집했다고 한다. 죽령은 죽죽 미끄러지기 때문이고, 추풍령은 추풍낙엽처럼 떨어진다고 해서다. 문경의 옛 지명인 문희(聞喜)의 뜻처럼 '기쁜 소식을 듣는다'해서 문경새재를 넘는 이가 많았다. 그 옛날에도 시험에 관한 징크스가 있었다는 것이 신기하다. 지금도 중요한 시험을 치르기 전에는 미역국이나 죽을 먹지 않고 머리 감는 것도 금기사항인 것을 보면, 사람 사는 세상은 동서고금을 막론하고 다 비슷하다.

Tip 주흘산 정상까지 산행은 3개의 관문 어디서든 시작할 수 있지만, 제 1관문으로 정상까지 올라 제 2관문으로 내려오는 것이 일반적이다. 굳이 등산이 목적이 아니라면 산을 오르지 않고 제 1관문에서 출발해 제 3관문까지 평지길을 걷는 것도 좋다. 문경새재 안에는 사극을 촬영하는 오픈세트장도 있어 이 곳에 들러서 영화나 드라마의 한 장면을 찾아보는 것도 또 다른 재미다.

060 | 숱한 전란을 이겨낸 전략적 요충지
파주 감악산

경기 파주시 적성면 감악산(675m)은 예로부터 바위 사이에서 검은 빛과 푸른 빛이 동시에 흘러 나온다 해서 감악(紺岳), 즉 감색바위라 하였다. 맑은날 정상에서는 개성의 송악산이 한눈에 들어온다. 폭포, 계곡, 암벽 등을 고루 갖추고 있다. 이 산 일대는 광활한 평야지대로 삼국시대부터 전략적 요충지였다. 임꺽정이 활약하던 곳이기도 하다.

서울 근교에서 역사 유적지도 많고 호젓하게 산행을 즐길 수 있는 곳이 감악산이다. 산 이름에 설악산이나 월악산처럼 큰산 '악'(岳) 자가 들어 있기에 진땀깨나 흘릴 것으로 예상해 긴장했지만 그렇게 힘든 구간은 없다. 난이도가 높지 않아 초보자들도 쉽게 오를 수 있겠다.

출발점인 범륜사에서 시작한 산행은 여느 산과 마찬가지로 평탄한 구간도 있고 숨이 턱까지 차오르는 가파른 구간도 지난다. 심호흡을 하면서 땀을 식히기도 하면서 걷다 보면 이내 정상이 눈 앞이다.

정상에 오르니 임진강이 발 아래 물결치고 그 너머 민통선까지 시야에 들어온다. 동서남북으로 막힘이 없는 벌판이 펼쳐진다.

정상에는 정상석 말고 또 다른 비석이 하나 서 있다. 감악산비라고 하는

데, 이 비석은 글자들이 오랜 세월 닳아 없어져 거의 알아볼 수가 없다. 북한산 순수비와 형태가 비슷해 진흥왕 순수비라고 보는 설, 진평왕의 순수비라는 설 등 여러 의견들이 있지만 명확히 밝혀진 것은 없다.

감악산은 예로부터 군사적 요충지이기도 했다. 고구려와 백제, 신라의 세력 다툼, 신라와 당나라의 전투, 한국전쟁 등 수많은 전란을 이겨내야 했다.

신라가 당나라군을 몰아내고 삼국을 통일할 당시 설인귀라는 당나라 장수가 있었다. 설인귀가 감악산 인근에서 태어났다는 설화가 전해지고, 그를 산신으로 모시는 풍습도 이 일대에서 전승되었

다고 한다.

그런가 하면 감악산은 한국전쟁 때 고랑포 전투를 치열하게 치른 격전지였다. 현재도 휴전선과 가까워 군사적 요충지라 주변에 군부대도 주둔한다. 이 때문에 1980년대까지만 해도 등산이 금지되었다.

산 서쪽 자락에는 범륜사와 운계폭포가 자리잡고, 임꺽정이 관군의 추격을 피해 숨어 있었다는 임꺽정굴과 임꺽정봉이 있다. 이처럼 감악산은 알면 알수록 숨은 역사들이 산재해 있다.

에필로그 날이 좋으면 감악산에서 저 멀리 북한 땅이 보인다. 우리 민족의 최대 비극인 6·25전쟁도 벌써 70년이 넘었다. 지척에 고향을 두고도 마음에만 품고 평생을 그리워했을 실향민도 그 숫자가 점점 줄어들고 있다. 생존자 보다 돌아가신 분들이 더 많아지고 있기 때문이다. 실향민들의 얼마 남지 않은 시간과 그들의 고통을 헤아려 이산가족 상봉과 자유로운 고향 방문의 길을 열어야 한다. 조금이나마 그들의 아픔이 치유되고, 이 땅에도 영원한 평화가 찾아올 그 날을 손꼽아 기다린다.

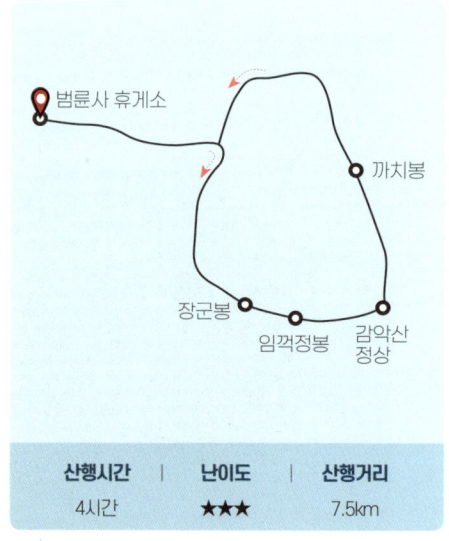

Tip 역사와 인문학에 관심이 많다면 감악산 산행 후 헤이리예술마을 근처에 있는 국립민속박물관 파주관을 방문하는 것은 추천한다. 이 곳은 국립민속박물관이 소장한 민속유물을 보관하고 활용하기 위한 개방형 수장고다. 관람자와의 거리를 좁힌 친화적 박물관 형태로 일반인들도 가까이서 접할 수 있으며, 어린이 체험실과 연못도 있어 가족 단위 방문객들도 많이 찾고 있다. 단 사전예약은 필수다.

061 | 영험한 기운이 가득한 명산
공주 계룡산

충남 공주시 반포면 계룡산(847m)은 전체 능선의 모양이 마치 닭벼슬을 쓴 용의 형상을 닮아서 계룡산이라 불렸다. 풍수지리상으로도 한국의 4대 명산으로 꼽혀 조선시대에는 이 산 기슭에 새로이 도읍지를 건설하려 했다. 산세가 웅장하고 경관이 뛰어나 지리산에 이어 두 번째로 국립공원으로 지정되었다. 계곡도 수려하게 발달돼 있다.

유달리 계룡산은 신령스럽고 영험한 산으로 여겨진다. 정감록에 의하면 이곳에 성인이 나타나 세상을 연다고 하였고, 오래전부터 각종 신흥종교와 무속신앙이 성황을 이루었다.

조선시대 계룡산은 조선왕조의 창업에서 몰락까지 역사적 사건이 일어나 온갖 전설의 중심이 되는 산이다. 계룡산 일대 신도안은 조선 초 도읍지 후보였다. 조선 태조 이성계는 두 곳을 놓고 고심에 고심을 거듭한 끝에 신도안 대신 한양을 새 도읍지로 확정했다.

계룡산에는 동서남북으로 동학사(동쪽), 갑사(서쪽), 신원사(남쪽), 지금은 폐사가 되었지만 구룡사(북쪽) 네 개의 절이 있다.

산행기점인 동학사에서 올려다보니 산 전체가 아늑하다. 이제껏 내린

눈이 녹아 길이 질퍽거리고 잔뜩 흐린 날씨에 안개까지 거들고 있지만, 명산답게 좋은 기운이 느껴진다. 기분 좋게 출발을 한다.

산행코스는 동학사에서 출발해서 바로 관음봉까지 오른 다음 삼불봉을 거쳐 남매탑 방향으로 내려오는 것으로 정한다. 계룡산은 산세가 그리 험하지 않아 등산로를 따라 걸으며 초중급자도 무난하게 탐방할 수 있다.

날이 좋지 않아서인지 국립공원이라는 말이 무색하게 오르는 이가 하나도 없어 조용하고 또 고요하다. 계곡 물 떨어지는 소리, 바람 소리만 간간이 들린다. 크게 힘들지 않게 관음봉에 오르지만 역시 전망은 안개에 쌓여 아무것도 보이지 않는다.

하산길도 마찬가지다. 삼불봉까지 이어지는 암릉인 자연성능이 계룡산 등산의 백미라고 하는데, 온통 뿌옇기만 하다. 아쉬움이 크지만 사람이 자연을 이길 수야 있나... 다음을 기약하는 수 밖에...

4월 초순이면 동학사까지 벚나무가 화려무쌍한 꽃을 피워 등산객들을 반긴다고 한다. 벚꽃 잎들이 흩날리며 꽃비가 내리고 이 일대를 꽃가루로 하얗게 덮는다는데. 언제고 봄에 다시 한 번 꼭 찾아야겠다. 그 때는 꼭 산과 바위가 어우러진 위풍당당한 계룡산의 진짜 모습을 만나리라...

에필로그 조선 중기 이후 널리 퍼진 예언서인 정감록에는 조선왕조가 망한 뒤 정도령이라는 영웅이 나타나 새왕조를 세우고 계룡산으로 도읍을 옮긴다는 내용이 포함되어 있다. 피폐해진 삶의 터전과 궁핍한 생활, 기득권세력에 대한 반감이 쌓여 조정을 원망하던 백성들에게 큰 인기였다. 절망스러운 현실에서 민중들은 새로운 세상이 열리기를 바라며 희망을 얻었던 것이다. 지금도 다르지 않다. 대중은 부조리와 불의를 그냥 두고 보지 않는다. 정치인들은 이를 깊이 새겨야 한다.

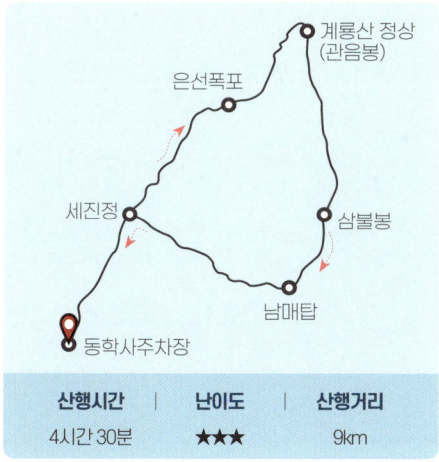

Tip 계룡산 자락을 품은 공주시는 백제의 왕도였다. 백제 제25대 무령왕과 왕비의 능인 무령왕릉이 금성동에 자리한다. 백제는 31대 의자왕 시기에 멸망했는데, 백제 왕릉 중 발굴된 것은 무령왕릉이 유일하다. 백제시대 산성인 공산성은 무령왕릉에서 가까운 거리에 있다. 백제의 역사와 문화를 탐방할 때 빼놓을 수 없는 유적지들이다.

100가지 보물을 품은 100대 명산

09

보다 험준함을
즐기고 싶다면

- 가리왕산
- 가야산
- 가지산
- 운문산
- 치악산
- 월악산
- 화악산
- 운악산
- 백운산(광양)

062 | 첩첩산중의 원시림을 찾아 떠난다
정선 가리왕산

강원 정선군 정선읍 가리왕산(1,561m)은 전국에서 9번째로 높은 산이다. 첩첩산중에 꼭꼭 숨은 산답게 원시림으로 울창한 숲을 이루어 초중급자가 오르기에는 만만치 않다. 하지만 계곡이 아름답기 그지없다. 능선에는 주목, 잣나무, 단풍나무, 갈참나무 등이 군락을 이루고 산약초가 많이 자생한다.

우리나라 사람의 이름이 대부분 두 음절이듯 산 이름도 그렇다. 100대 명산 중 세 음절로 된 산은 민주지산과 가리왕산 두 개다. 옛날 맥국의 갈왕이 피난하여 머물렀다 해서 갈왕산으로 불리던 것이 가리왕산으로 바뀌었다는 것이 독특한 이름을 가지게 된 유래라고 한다.

강원도 정선은 첩첩산중, 오지라는 말이 자동으로 연상될 정도로 산도, 계곡도 깊은 곳이다. 갈왕이 몇 년 동안 숨어 살았다는 것이 충분히 납득이 갈 정도로 가리왕산은 크고 또 깊다.

산행 출발은 장구목이에서 한다. 장구목이골은 가리왕산 북쪽으로 뻗어내린 원시계곡이다. 이 계곡은 서로 이어질 듯 좁아지는데, 이 모습이 장구의 목과 비슷하다고 해서 장구목이라고 불리고 있다.

 장구목이골은 수량이 풍부하고 습해서 이끼로 뒤덮인 이끼계곡이다. 녹색 이끼가 바위를 덮고 있어 신비로운 분위기를 연출한다. 가을철이라 비가 많이 오지 않는데도 이 정도로 물이 많은데, 여름이 찾으면 계곡이 장관이겠다는 생각이 든다.

 높이가 1,500m가 넘는 산이다 보니 정상에 이르기 위해서는 어느 정도 각오를 해야 한다. 산세가 넓고 웅장하며 꾸준하게 가파른 등산로를 올라야 하기에 더 그렇다.

 원래 산을 오르며 인내심을 배우고 자연스럽게 마음을 내려놓는 연습을 하게 된다. 그렇게 생각하며 좁혀지지 않는 거리에도 조바심을 내지 않으려 노력한다. 산이 험준하기도 하지만 숲이 우거져서 그것을 헤치고 오르기가 더 힘든 것 같다. 하지만 아름드리 원시림과 깊은 계곡의 자연미가 탁월하다.

드디어 1,561m 거봉에 오른다. 정상은 뾰족하지 않고 완만하다. 주변의 수많은 산과 봉우리들이 파도치는 모습을 보며 이 험한 산의 정상에 섰음에 가슴이 벅차다. 정상에서는 저 멀리 중봉이 보이는데, 올림픽에 대비한 경기장 건설로 중봉 일대는 이미 민둥산이 되어 있다.

가리왕산자연휴양림으로 하산하는데 임도가 보인다. MTB(산악자전거) 동호인들이 지나가며 인사를 한다. 이곳의 임도는 80여 km에 걸쳐 개설되어 산악자전거를 즐기기에 최적지란다.

에필로그 2018년에 열린 평창동계올림픽 준비가 한창이던 때에 가리왕산을 찾았다. 가리왕산 중봉은 스키 활강 경기장 건설 때문에 논란이 컸던 곳이다. 단 한 번의 경기를 위해 500년 된 원시림이 훼손된다는 이유에서다. 가리왕산 정상에서 공사 중인 중봉 방향을 바라보니 마음이 착잡해졌다. 경기 후에 해체를 하고 산림을 복구·복원하겠다는 계획이었다고는 하나 과연 아주 오랜 시간 이어온 울창한 숲의 복원이 완벽하게 이루어질지 걱정이 앞섰다.

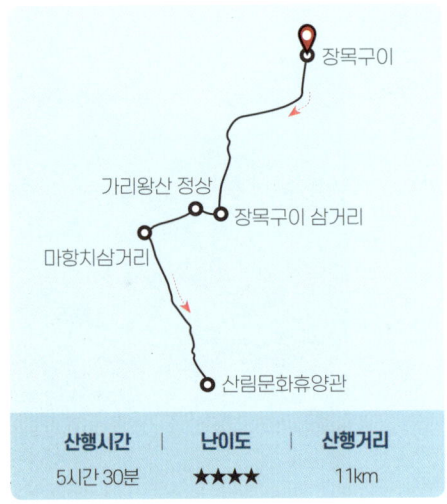

Tip 강원도 정선은 일제강점기에 금이 많이 채굴되는 곳으로도 이름이 났다. 화암동굴은 그 시대에 금을 채광하던 곳이었다. 약 1.8km에 걸쳐 금을 캐내기 위해 땅을 파들어가던 갱도, 갱도와 갱도를 연결하는 365개의 계단 등으로 이루어져 있다. 금맥의 발견에서 금광석 채취까지의 전 과정을 재현해 놓았고, 금광석의 생산에서 쓰임새까지 전 과정을 미니어처로 전시해 놓았다.

산행시간	난이도	산행거리
5시간 30분	★★★★	11km

063 | 험하지만 아름다운 이름, 만물상
합천 가야산

경남 합천군 가야면 가야산(1,430m)은 옛날 가야국이 있던 이 지역에서 가장 높고 깊은 산이었기에 붙여진 이름이다. 우리나라 12대 명산의 하나로서 예로부터 조선 8경에 속했다. 산세가 부드러운 구간도 있지만 만물상 코스는 가파르고 험하다. 수려한 경관으로 국립공원으로 지정됐으며 산중에 해인사를 비롯한 사찰, 고적들이 많다.

가야산 산행을 위한 출발지는 크게 두 군데다. 합천 해인사를 들머리로 잡을 수도 있고, 성주 백운동에서 출발할 수도 있다. 산을 좀 탄다고 하는 사람들은 백운동을 많이 선호한다. 이곳에서 시작하면 해인사 입장료를 아낄 수도 있고 무엇보다 환상적인 만물상코스를 즐길 수 있기 때문이다.

만물상코스는 다양한 모양의 바위들이 만가지 형상을 이루어 만물상이라 부른다. 오랫동안 일반인의 출입이 통제되었으나 2010년에 그 문을 열었다. 인기가 많은 구간이라 지금은 사전 예약을 해야만 오를 수 있다.

이 코스에 발을 내딛는 순간 느낌이 온다. '오늘 산행은 상당히 어렵겠구나...' 전체적으로 산세가 험하고 거칠다. 아주 급한 경사의 계단을 올라

야 하고 바위와 바위 사이로 수차례 오름과 내림을 반복해야 한다. 함께 등산하는 이들의 곡소리가 여기저기서 들린다.

발걸음이 자꾸 늦어지는 이유가 체력적으로 힘들어서이기도 하지만, 한편으로는 경치가 기가 막히기 때문이다. 보고 또 봐도 감탄이 절로 터진다. 이곳의 바위는 날카로운 모양이 아니라 동글동글해서 더 정감이 간다.

상아덤을 지나 서성재에 도착한다. 거친 숨을 내쉬며 휴식을 취하고 나서 다시 오르막길에 나서는데… 그야말로 산 너머 산이고 또 산이다. 만물상 코스에 버금가는 지옥의 계단길이 이어진다. 어떤 칠계단은 경사가 거의 수직이라 난간을 꽉 붙잡고 올라서야 한다. 남아 있는 모든 체력이 소진되는 기분이다. 온몸이 땀으로 흠뻑 젖은 것은 말할 것도 없다.

아, 드디어 정상이 보이기 시작한다. 심장이 뛴다. 끝이 없을 것 같은 계단을 오르고 또 올라 칠불봉을 만난다. 여기서 200m 더 가면 정상인 상왕봉이다. 상왕봉의 또 다른 이름은 우두봉이다. 정상에 도착하자마자 다리에 힘이 풀려 털썩 주저 앉아 한참을 그렇게 앉아 있는데 산뜻한 바람이 뺨을 간지럽힌다. 여기까지 오느라 고생 많았다고 말해주는 것 같다. 힘든 산행에 대한 보답으로 꿈같은 전망이 펼쳐진다.

정상에서 해인사 방향으로도 하산할 수 있는데, 이 방향이 힘은 덜 든다. 우리나라 삼보사찰 중 하나인 해인사를 둘러볼 수도 있다.

에필로그 만물상코스 상아덤에 있는 가야산의 전설을 전하는 간판 앞에서 고개가 갸웃해졌다. 가야산 정견모주에 관한 이야기인데, '가야산신 정견모주의 큰 아들 뇌질주일은 대가야의 왕이 되었고, 작은 아들인 뇌질청예는 금관가야의 시조 김수로왕이 되었다'라고 안내하고 있었다. 우리가 익히 알고 있는 구지봉의 가야건국신화와는 전혀 다른 내용이다. 하나의 나라에 두 개의 건국신화는 그 역사성을 더 떨어뜨릴 뿐이다.

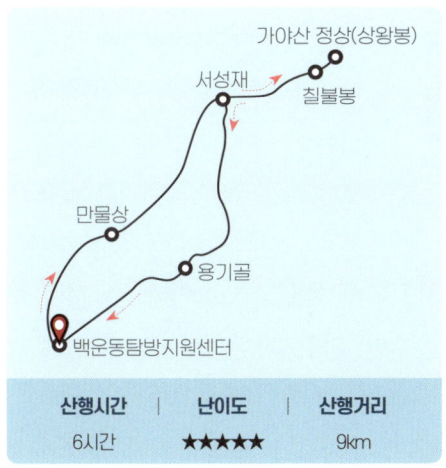

Tip 가야산은 경남 합천군과 거창군, 경북 성주군에 걸쳐 있는 산이다. 주봉은 합천군 소재의 상왕봉(1,430m)이지만, 상왕봉 지척에 있는 성주군에 속한 칠불봉(1,433m)이 더 높다. 성주군에서 요청하여 국토지리정보원 GPS 측량기로 실측한 결과 칠불봉이 더 높게 나왔다고 한다. 산의 정상이 가지는 상징성을 무시할 수 없기 때문에 이런 논란도 생긴다.

064 | 영남알프스 최고봉, 맏형 가지산
울주 가지산

울산시 울주군 상북면 가지산(1,241m)은 영남 알프스 중에서도 최고봉이다. 영남 알프스는 영남 동부에 위치한 해발 1천m 이상의 산악군이 유럽의 알프스처럼 아름다워서 붙여진 이름이다. 가지산, 운문산, 천황산, 재약산, 신불산, 영축산이 주요 봉우리다. 가지산 정상 부근에는 사방이 탁트여 가을이면 곳곳이 억새밭으로 장관을 이룬다.

영남 알프스의 최고봉 가지산과 그 옆에 나란히 위치한 운문산을 연계 산행하기로 한다. 두 개의 고봉을 연달아 올라야 해서 부담도 되지만 한편으로 한번 도전해보고 싶은 마음도 크다.

산행 시간이 꽤 길어질 것임을 예상해 이른 아침부터 서두른다. 가을하늘이 너무 쾌청해서 기분이 더 좋아진다. 이 마음으로는 두 개의 산은 거뜬하게 오를 수 있을 것 같다.

석남터널에서 시작한 등산로는 처음부터 계단의 연속이다. 쉼 없이 돌계단, 나무계단을 오른다. 바위나 돌계단, 자갈길이 많아서 발이 쉽게 피로해진다. 그렇게 걸으며 옆을 보니 식남사가 저 아래 보인다.

석남사는 비구니 수도처로 유명하다. 산책로가 잘 조성되어 있어 사색

하며 걷기에 참 좋은 곳이다. 또 석남사를 따라 흐르는 계곡에는 물도 풍부해 여름철이면 피서를 즐기려는 사람들로 붐비고, 가을이면 특히 단풍이 곱게 물들어서 많은 이들이 사랑하는 곳이다.

경치 구경을 하며 한참을 오르는데 시간이 지날수록 날씨가 심상치 않다. 조금 전까지만 해도 맑았었는데 갑자기 구름이 몰려와 주변을 덮는다. 설마 비가 오려고 하나... 마음이 조급해진다.

가지산 정상에 도착하니 바람이 몰아치고 기온이 뚝 떨어진다. 다른 사람들도 당황하기는 마찬가지인지 여기저기 바람을 피해 몸을 웅크리고 있다. 급히 옷을 꺼내 입는다. 이럴 때를 대비해 여름이라도 바람막이나 여분의 옷을 배낭에 넣어 다니는 것이 좋다. 산에서의 급변하는 날씨는 그야말로 예측을 할 수 없기 때문이다.

　잔뜩 구름 낀 날씨 덕에 조망은 기대하기 힘들다. 날씨가 맑아졌으면 좋으련만.. 기다려도 하늘이 열릴 것 같지 않다. 아쉽지만 운문산으로 가는 방향을 확인하고 발걸음을 옮긴다.

　이후 한동안 편안한 능선길이 이어진다. 아직 단풍이 들지는 않았지만 간간이 피어 있는 억새가 반겨준다. 그렇게 한참을 걷고 있으니 다시 파란 하늘이 모습을 드러낸다. 구름에 가려 보여주지 않던 장엄한 영남알프스 산군이 이제야 한눈에 들어온다.

에필로그 　가지산과 운문산에 오른 시기는 100대 명산 탐방을 시작하고 중반부에 접어들었을 즈음이다. 등산에 대한 자신감이 넘치던 때라 두 개의 산을 올라 보겠다고 계획했다. 산 하나를 완전히 내려와 다시 올라야 하므로 힘들 것이라고 예상했고 걱정도 되었지만, 출발 전 각오를 단단히 하고 스스로를 믿어보기로 했다. 일단 산에 올라가면 내려오는 방법은 내 판단과 의지에 기대 두 발로 내려오는 것 말고는 선택지가 없다. 믿을 것은 오직 나 자신뿐이다.

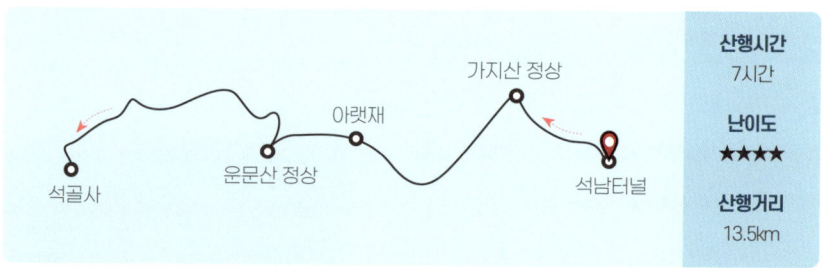

Tip 가지산과 운문산과 연계 산행을 할 때 가장 큰 걸림돌은 차량이다. 대중교통 이용이 쉽지 않은 까닭이다. 출발지와 도착지가 반대 방향이라 자동차를 이용해 왔다면 차량 회수가 꽤 까다롭다. 방법이 없는 것은 아니다. 석골사에 주차를 하고 택시를 불러 석남터널까지 이동하면 된다. 일반콜택시는 잘 잡히지 않고 이 구간만 전문적으로 운행하는 택시가 있다.

065 | 영남알프스 큰 산 사이의 최대 난코스
밀양 운문산

경남 밀양시 산내면 운문산(1,188m)은 영남알프스를 이루는 7개 산 가운데 하나다. 가지산(1,241m)과 함께 영남알프스를 대표한다. 산세가 험준하고 얼음골로 불리는 동학, 해바위 등 천태만상의 기암이 계곡과 더불어 절경을 이룬다. 북쪽 기슭에는 신라시대에 창건된 운문사가 있고, 남쪽에는 석골사 등 크고 작은 절과 암자가 자리한다.

가지산을 지나 이제 운문산으로 향한다. 한동안 편안하게 이어지던 능선길은 어느 순간 급한 내리막길로 변신한다. 가지산과 운문산은 능선으로 이어져 있지 않다. 가지산과 운문산의 갈림길인 아랫재까지 쭉 내려가서 다시 시작해야 한다.

아랫재로 내려가는 길은 험하고 가파르다. 길을 잘못 들어 다른 방향으로 가는 것이 아닌가 하는 의심이 들 정도다. 하염없이 내려가기만 하니 걱정이 된다. 내려간다는 것은 곧 다시 그만큼 올라가야 한다는 것을 의미하기 때문이다.

불안한 마음만큼 몸이 반응을 한다. 급경사에 무릎이 아파 온다. 급하게 서두르지 않고 중간중간 쉬었다 가기로 한다. 상태가 많이 안 좋으면 아랫재에서 상양마을 방향으로 바로 하산할 수도 있기 때문에 크게 걱정하

지 않는다. 물론 운문산은 다음을 기약해야겠지만... 산에서는 욕심을 내면 안된다. 체력과 상황에 맞게 조절해야 하는 것은 기본이다.

다행히 시간이 지날수록 무릎이 괜찮아진다. 운문산 정상까지도 거친 산길을 꾸준히 올라야만 하는데, 평소 같으면 대수롭지 않았을 오르막길이 어찌나 길게만 느껴지는지...

드디어 운문산 정상에 선다. 저 멀리 좀 전에 만나고 온 가지산이 보인다. 걸을 땐 몰랐는데 거리가 꽤 떨어져 있다. 저 곳에서 내 두발로 여기까지 왔단 말이지... 왠지 더 뿌듯하다. 노력하지 않으면 이런 절경을 보지 못할 것이다.

석골사로 내려가는 길 또한 만만치가 않다. 너덜길과 돌길의 반복이다. 계곡길을 따라 내려오는데 등산로인지 아닌지 헷갈릴 때가 많다. 앞서 간 이들이 나무에 매달아 놓은 리본에 의존해서 방향을 잡는다. 길이 헤맬 때 산에서 만나는 이런 리본들은 얼마나 위안이 되는지 모른다.

저 앞에 석골사가 보인다. 7시간에 걸친 산행이 마무리 되려고 한다. 아침에 시작할 때의 공기와 한낮이 된 지금의 공기는 또 다르다. 이렇게 자연은 시시각각으로 변하고 새로운 감상을 준다. 그것이 자연이다.

참고로 산행 중에 화장실이 없다. 간단한 음식을 판매하는 산장이 있지만 이곳에도 화장실은 없다. 산행 중에 난감한 상황이 생길 수도 있겠다는 생각이 든다.

에필로그 영남알프스에서는 백패킹을 하는 사람들을 더러 만난다. 본인 몸의 반만한 배낭을 메고 산을 오르는 이들이 정말 대단해 보인다. 오래 머물면서 산을 온전히 느끼고자 하는 마음이야 충분히 이해하지만 주의했으면 좋겠다 싶은 장면들도 있었다. 산에서의 취사는 절대 해서는 안 되는 행동이다. 데크 한켠에서 버너를 사용해 식사를 준비하는 것을 볼 때면 아찔하다. 산을 사랑하는 만큼 아끼는 마음을 가졌으면 좋겠다.

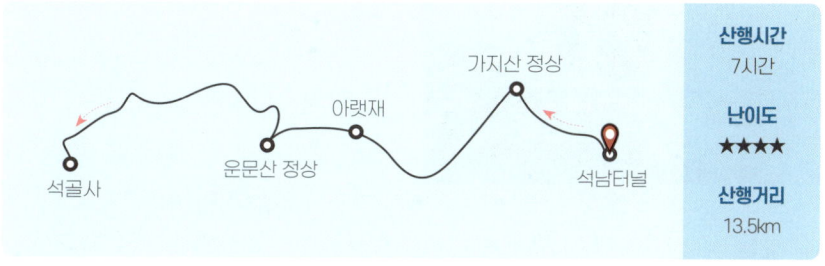

Tip 운문산 아래의 밀양은 얼음골로 유명하다. 얼음골은 천연기념물 제244호로 3~4월부터 얼음이 맺히기 시작해 7월 말~8월 초에 가장 많은 얼음이 생긴다. 가을로 접어들면서 얼음이 녹기 시작하고 날씨가 서늘해지면 얼음이 다 녹아 바위틈에서 따듯한 공기가 나온다. 이런 결빙현상이 계절과 정반대라 신기하면서도 신비롭다.

066 | 치가 떨리고 악에 받쳐서 치악산이라던가
원주 치악산

강원 원주시 소초면 치악산(1,282m)은 주봉인 비로봉을 중심으로 매화산, 천지봉, 향로봉, 남대봉 등으로 산맥이라고 불러도 될 정도로 긴 능선으로 이어지고 봉우리들은 거대하고도 웅장하다. 뿐만 아니라 깊은 계곡과 폭포가 어우러져 풍광이 아름답다. 하늘을 뒤덮는 활엽수들이 들어찬 구간도 많고 산성과 사찰, 사적지들이 즐비하다.

치악산은 사계절이 아름답다고들 한다. 봄의 진달래와 철쭉으로, 여름의 차디찬 계류로, 가을의 곱게 물든 단풍으로, 겨울에는 소복히 쌓인 눈으로…

그런 치악산을 두고 하는 또 다른 표현이 있다. 치가 떨리고 악에 받친다 해서 치악산이라 한다는데, 아마도 치악산의 '사다리병창코스' 때문에 그런 험한 말이 붙었으리라. 물론 이 산의 다른 코스들도 만만치 않다. 산행 경험이 많은 산 친구들도 치악산은 까다로운 산으로 여긴다.

출발지인 황골탐방지원센터에서 입석사까지는 지루한 아스팔트길로 경사가 심해 초반부터 힘을 빼놓는다. 이곳을 지나 황골탐방로로 접어들면 본격적인 산행이 시작된다.

 황골삼거리를 만나기 전까지는 가파른 오르막길이 이어진다. 크게 위험한 구간은 아니지만 쉬지 않고 고도를 높여야 해서 체력 안배를 잘해야겠다는 생각이 든다. 하지만 삼거리부터는 능선이라 한결 편안한 길이다. 힘든 산행 중에 만나는 이런 길들은 크리스마스 선물처럼 반갑다.

 정상에 도착하니 정상석보다 돌탑이 먼저 눈에 들어온다. 오래전 누군가가 쌓은 것이라는데 지금은 치악산의 상징처럼 되었다. 세 개의 돌탑 중 하나는 떨어져 있다. 이 돌탑 옆으로 내려서면 구룡사로 가는 길이다. 즉 사다리병창코스를 만나게 된다.

 바위 모양이 사다리를 곤두세운 것 같다고 하여 사다리병창이라고 부른다는데, 병창은 영서지방

사투리로 벼랑, 또는 절벽을 뜻한다. '사다리로 이어지는 절벽길'이란 의미다. 역시 듣던 대로 험하고 또 험하다. 아직 겨울이 채 가시지 않아 미끄러운 바닥이 험함을 더해주고 있다.

 길이 얼마나 가파른지 내려가는 것도 힘들지만 반대편에서 올라오는 길 또한 만만치 않겠다 싶다. 힘겹게 힘겹게 오르는 사람들의 이미 영혼을 저 멀리 보낸 듯한 표정이 모든 것을 말해주고 있다.

 사다리병창을 통과해 세렴폭포를 만나면서 힘든 구간은 끝난다. 구룡폭포까지 완만한 산길을 걸으며 지금까지의 고단함을 달래본다.

에필로그   치악산하면 떠오르는 아찔한 기억이 하나 있다. 어려운 하산길을 조심해서 걷는 와중에 휴대폰을 꺼낸 것이 화근이 되었다. 손에서 미끄러지면서 휴대폰이 툭 떨어지는 것이 아닌가. 하필이면 가파른 비탈면 방향으로 데굴데굴 굴러서 한참 아래로 떨어졌다. 그 와중에도 다른 것보다 '정상에서 찍은 사진이 저 안에 들어 있는데… 다시 올라갈 수는 없는데…' 이런 걱정을 했다. 다행히 눈 속에 파묻힌 것을 극적으로 발견해서 정상을 두 번 밟을 일은 없었다.

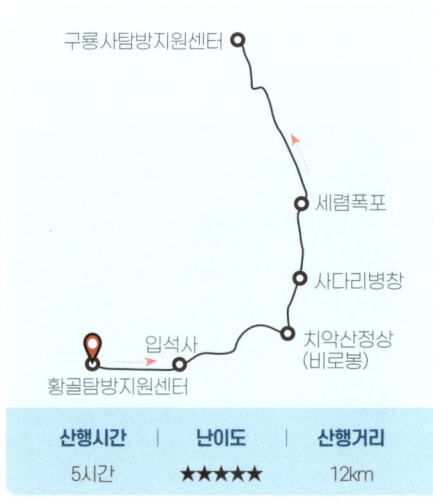

Tip   치악산이나 월악산 등 '악'자가 들어가는 산은 바위가 많으니 목이 긴 등산화를 신는 게 좋다. 그런 등산화는 발목 전체를 감싸서 발목 보호에는 효과적이다. 등산화 끈은 아래는 조금 여유 있게, 발목에 가까운 윗부분은 꽉 조여 매는 게 바위산을 오르는 데 좋다. 휴식 중에 등산화를 벗고 발을 식혀주면 걸음걸이가 한결 가뿐해진다. 등산은 장비도 중요하다.

067 | 험준하기 이를 데 없는 신령스러운 산
제천 월악산

충북 제천시 덕산면 월악산(1,097m)은 달이 뜨면 영봉에 걸린다하여 월악이라는 이름이 붙었다. 정상인 영봉은 암벽 높이만도 150m나 되며 이 영봉을 중심으로 깎아지른 듯한 산줄기가 길게 뻗어 있다. 맑은 물과 넓은 암반의 용하계곡과 송계계곡은 천하절경을 이룬다. 1984년 월악산과 주변 일대가 국립공원으로 지정되었다.

월악산의 영봉은 높이 150m, 둘레 4km의 거대한 암봉으로 신령스러운 기운이 넘친다. 또 이곳에서 내다보이는 충주호와 주변 산군의 경치가 최고라고 들어왔던 터라 월악산 산행이 더욱 기대된다.

출발 전 기상상황을 확인한 결과, 잔뜩 흐린 날씨가 예상된다. 많은 양은 아니지만 눈도 내릴 것으로 보여 내심 걱정스럽다. 눈 내리는 흐린 날씨에는 조망권이 좋지 못하기 때문이다.

동창교탐방지원센터에 도착해 산행준비를 하고 한참을 걸을 때까지 만난 사람이 한명도 없다. 등산로의 정비 상태도 다른 국립공원의 산길과는 사뭇 다르다. 아무래도 이쪽 방향은 선호도가 낮은 모양이다.

시작은 완만하나 점차 가팔라진다. 정비가 안 된 곳들도 많은데다 눈까

지 쌓여 있어 희미해진 등산로를 조심스럽게 오른다. 송계삼거리까지는 볼거리도 없어 실망감이 드는 가운데, 걷는데만 집중하기로 한다.

약간 실망감에 힘이 빠질 무렵 하얀 눈꽃 천국을 만난다. 조금 전의 그 마음이 무안해질 정도로 아름다운 모습이다. 자연은 언제나 그 자리에 있는데 변덕스러운 것은 사람의 마음일 뿐이다.

영봉으로 가기 위해서는 긴 철계단을 밟고 계속 올라야만 한다. 날리는 눈발을 맞으며 출발한 지 세 시간 만에 드디어 월악산 정상에 발을 내딛는다. 그 길이 얼마나 힘든지 도착하자마다 털썩 주저앉는다.

평소 같으면 이곳이 월악산

최고의 전망대였을 것이다. 하지만 예상했던 대로 날씨가 잔뜩 흐려 경치 조망은 힘든 상황이다. 그래도 무사히 영봉에 올랐다는 것만으로도 마음에 위로가 된다.

하산은 마의태자와 덕주공주의 전설이 서려 있는 덕주사로 향한다. 하산길 역시 만만치 않다. 엉금엉금 바위사이를 지나고 엄청나게 긴 계단길을 내려간다. 그야말로 '악'소리가 절로 나온다.

산행 종료 후 아침에 차를 세워둔 동창교탐방지원센터까지 2km를 걸어가야 한다. 영험한 기운의 산을 벗어나 아스팔트길로 접어드니 한바탕 꿈을 꾸다 깬 것만 같다.

에필로그 산양은 천연기념물이자 멸종위기 야생동물 1급이다. 환경 변화로 개체수가 점점 감소하여 사라질 위기에 처해 이곳 월악산에서 산양 복원사업이 시작되었다. 수년전 산양 20여 마리를 방사한 후 현재 100여 마리 이상이 서식하는 것으로 파악되었다고 한다. 이동 반경도 넓어서 속리산과 소백산에서도 발견되고 있다고 하니 반가운 일이다. 앞으로도 멸종 위기의 동식물에 대한 적극적인 관리 대책이 있어야 할 것이다. 그것이 정부의 역할이다.

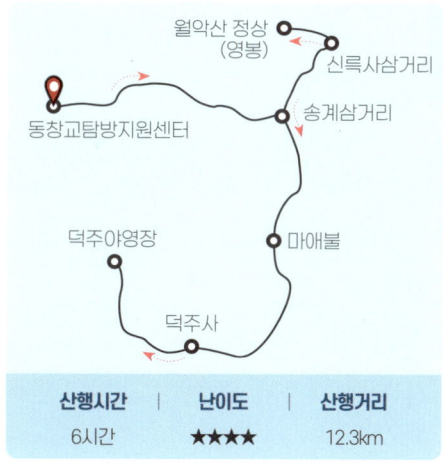

Tip 힘겨운 월악산 산행 후에는 인접한 수안보온천에서 온천욕을 하며 피로를 씻어내면 너무 좋을 것이다. 왕의 온천으로 알려져 있는 수안보는 우리나라 최초의 천연온천수다. 수온 53℃, 산도 8.3의 약알칼리성 온천으로 인체에 이로운 광물질이 많다. 조선왕조실록, 동국여지승람 등 여러 사서에 수안보 온천에 대한 구체적인 기록이 남아 있다.

068 | 경기 5악 중 으뜸, 경기도 최고봉
가평 화악산

경기 가평군 북면 화악산(1,468m)은 '경기 5악' 중에 으뜸으로 친다. 화악산 정상에는 군부대가 주둔해 출입이 금지되고, 중봉의 정상까지만 산행이 허용된다. 산세가 중후하고 험하며 산 중턱에는 잣나무숲이 울창하다. 주능선에 오르면 춘천호를 굽어볼 수 있다. 화악산을 중심으로 동쪽에 매봉, 서쪽에 중봉이 있으며, 이 3개 봉우리를 삼형제봉이라 부른다.

경기도에서 가장 높은 산인 화악산은 높고도 깊은 산이다. 우뚝 솟은 산세와 더불어 사방으로 뻗은 능선, 골짜기가 웅장하고도 험준하다. 계곡마다 폭포와 소(沼)가 수없이 이어져 수려한 계곡미를 자랑한다.

출발지인 왕소나무집에서 출발하면 이내 계곡을 만난다. 계속해서 계곡길을 따라가다 보면 천도교기도원이 보인다. 동학농민운동 당시 동학교도들은 화악산에서 화전을 일구었다. 천도교는 1860년 최제우에 의해 창도된 동학을 모태로 하고 있다.

천도교기도원을 지나면 잣나무 숲길이 이어진다. 피톤치드가 가득한 숲에서 산의 좋은 기운을 받는다. 점차 편한 계곡과 숲길에서 멀어지면서 등산로는 가파르고 험해진다.

 중봉을 1.5km 정도 남은 지점부터는 급경사로 많이 힘든 구간이라 가다 쉬다를 계속해서 반복한다. 어느 순간이 되면 실운현 방향에서 올라오는 도로를 만난다. 첩첩산중에 이런 도로를 만나다니... 뭔가 이질감이 느껴진다.

 군사도로를 따라 걸으니 저 멀리 각종 시설물들이 보인다. 화악산 정상(1,468m)에는 군사시설이 있어 일반인들은 정상을 밟을 수가 없다. 그래서 중봉(1,446m)이 정상을 대신해 아쉬움을 달래주고 있다.

 이 화악산에 얼마나 많은 국군 장병들이 국방의 의무를 다

하고 있을까... 아들 같고, 조카 같은 어린 친구들이 이 깊고 높은 산에서 생활하고 있을 것을 생각하니 안쓰럽기도 하고 기특하기도 하다.

오랜 산행 끝에 도착한 중봉 정상의 조망은 환상적이다. 파란 하늘과 푸른 산들이 어우러진 모습에 감탄사를 연발한다.

화악산은 지리적으로 한반도의 중앙에 위치한다고 한다. 전남 여수에서 중강진을 잇는 국토자오선(동경 127도 30분)과 위도 38도선을 교차시키면 만나는 지점이라고 말하고 있다.

하산은 군사도로를 따라 화악터널로 한다. 5km의 도로를 따가운 햇빛을 막아주는 그늘도 없이 하염없이 내려만 가려니, 힘은 들었어도 울창한 숲길의 오르막길이 그리워진다.

에필로그 화악산은 6·25전쟁의 격전지로 그 당시 화악산 고지를 차지하기 위해 치열한 전투가 벌어졌다. 그런 이유 때문인지 정상부근에 군부대가 있다. 화악산을 38선이 가르고 있다는 것도 의미심장하다. 우리나라 산은 헤아리기 어려운 정도로 숱한 역사적 사실을 간직하고 있다. 산을 오르며 그 산속에 숨어 있는 서사를 따라가 보는 것도 큰 의미가 있겠다. 우리는 역사를 잊어서는 안된다. 역사를 잊어버린 민족에게 미래 없다.

Tip 화악산 근처에서 캠핑을 한다면 자라섬을 찾을 만하다. 자라섬은 유명한 남이섬 가까이에 있다. 동도, 서도, 중도, 남도 등 4개 섬으로 이뤄진 자라섬에는 레저 및 생태공원 시설도 들어서고 오토캠핑장도 인기다. 조망이 좋은 북한강변에 텐트를 치고 낭만적인 캠핑을 즐길 수 있어서다. 자라섬에는 또 자연생태테마파크인 이화원이 조성되어 있다.

069 | 암봉들이 구름을 뚫을 듯 솟았다
포천 운악산

경기 포천시 화현면 운악산(934m)은 웅장하며 전체적으로 바위로 이루어져 있다. '운악산(雲岳山)'이란 이름은 망경대를 중심으로 높이 솟구친 암봉들이 구름을 뚫을 듯하다 하여 붙여진 이름이다. 경기도 5대 악산 중에서 산수가 가장 수려하다고 알려져 있으며, 남동쪽의 산 중턱에는 천년고찰 현등사가 있다.

날쌘돌이처럼 날렵하게! 암릉이 발달한 산을 눈앞에 두고 이런 생각을 안가져 본 산꾼이 어디 있으랴. 그러나 산은 정복의 대상이 아니라 즐거움의 대상이어야 한다. 산은 늘 우리에게 겸손과 자만심을 일깨워주는 스승과도 같다.

현등사를 출발해 경기도의 대표적인 악산(岳山) 운악산을 오르다 보니 역시 만만치가 않다. 숨이 턱까지 차오르고 온몸으로 구슬땀이 흐른다. 얼마 지나지 않아 가파른 산길에 설치된 철사다리가 나타나고 동아줄을 잡아당기며 바윗길을 오르는 구간도 이어진다.

우직한 소처럼 천천히 걸어서 천리를 간다는 뜻의 우보천리(牛步千里). 그런 생각을 하며 난코스를 스스로 즐기고 짜릿함을 맛본다. 눈썹바위, 병

풍바위, 미륵바위, 바윗길 사이를 아슬아슬하게 돌파하며 쾌감을 느낀다.

늦봄을 지나 초여름에 접어드는 계절을 맞아 무성해진 활엽수들은 하늘을 가릴 정도다. 이 울창한 산림과 깨끗한 계곡물을 보노라면 서울 근교

라기에는 너무나 자연 그대로라는 생각도 든다.

정상에 도착하니 다른 느낌의 두 개의 정상석이 보인다. 자세히 보니 한 개는 포천에서, 다른 한 개는 가평에서 설치한 것이다. 지척의 거리에 정상석 두 개가 마치 싸우기라도 한 듯 등지고 서 있다.

하산은 남근바위 쪽으로 진행한다. 가까이에서 본 남근바위는 그 생김이 그럴싸하다.

남근석은 단순히 득남을 비는 것만이 아니라, 음양의 이치를 따져 지세의 기운을 움직이고 인간을 보호하는 방법이었다고 한다.

이어 만나는 코끼리바위도 바위 옆모습이 코끼리의 길게 늘어진 코를 빼다 박았다. 운악산은 전반적으로 바위구간이 많아 암릉 산행을 선호하는 사람에게 적극 추천하고 싶다. 다만 눈이나 비가 왔을 때는 위험할 수 있어 특별히 조심해야겠다.

하산길에 신라시대에 창건된 고즈넉한 고찰 현등사에서 3층석탑, 보광전 등을 돌아보고 무폭포를 지나며 산행을 마친다.

에필로그 운악산에도 출렁다리가 곧 개통한다는 소식을 들었다. 산과 강 호수 등 경치가 좋은 곳이면 어느 지자체 할 것 없이 출렁다리 경쟁에 뛰어들고 있다. 누가 누가 더 높게 더 길게 만드느냐를 시합이라도 하는 모양새다. 설치에도 만만치 않은 예산이 투입되고 있다. 혈세낭비라는 비판도 잇따른다. 무엇보다 가장 큰 문제는 안전이다. 관광객 유치도 좋고 지역명소의 관광자원화도 좋지만, 철저한 안전사고 예방대책이 우선되어야 할 것이다.

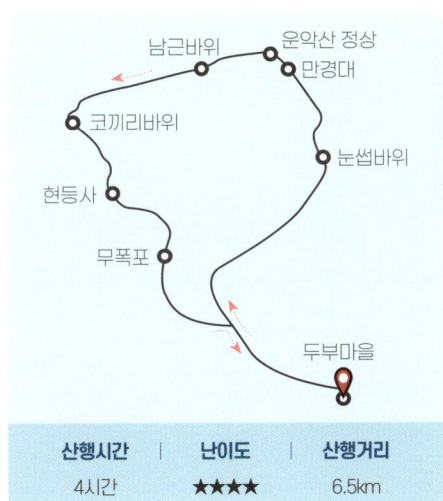

Tip 운악산에 인접한 복합문화예술공간인 포천아트밸리는 폐쇄된 채석장으로 1990년대까지 아무도 찾지 않고 흉물스럽게 방치되었던 곳이었다. 하지만 지금은 많은 사람들이 방문하는, 자연과 예술이 함께하는 명소로 완전히 탈바꿈했다. 밤하늘의 별을 감상할 수 있는 천문과학관, 조각공원, 천주호수, 모노레일이 들어서 연인들의 데이트코스로도 큰 인기다.

070 | 흰 구름 모자를 쓰고 있는 산
광양 백운산

전남 광양시 옥룡면 백운산(1,222m)은 전남에서 지리산 다음으로 높고 1천m 이상 되는 봉우리들을 거느리는 큰 산이다. 여름에는 구름이 걸려 있고 겨울에는 눈이 녹지 않아 백운산으로 불렸다고 한다. 고로쇠 백운란 등 900여 종의 식물들이 자라는 식물자원의 보고다. 봄철이면 건강에 좋다는 고로쇠나무의 수액이 생산되어 큰 인기다.

봄꽃들이 앞다투어 피어나기 시작하는 봄이 되면 마음이 설렌다. 여기저기서 꽃망울을 터뜨리는 모습을 보고 있노라면 누가 일러주지 않아도 어찌 알아서 때가 되면 저리 피고 지는지… 자연의 이치가 참 오묘하다는 생각이 든다.

순우리말 이름도 예쁜 진틀마을에서 산행을 시작한다. 병암산장을 기점으로 본격적인 산길이라고 보면 된다. 처음 등산로는 순탄한 편이다. 이따금 하늘이 보이지 않을 만큼 울창한 원시림이 나타나 눈을 즐겁게 한다. 오르막 구간이 있어 힘들기도 하지만 쉬엄쉬엄 오르면 된다. 초봄이라 이제 막 새순이 올라오기 시작한 나무들은 아직까지는 앙상하지만, 머지 않아 하늘을 가릴 듯 숲을 이루게 될 것이다. 워낙 나무도 큰 데다 계곡도 있어 여름산행지

로도 좋은 선택이 될 것 같다.

지리산이 빨치산의 본거지로 많이 알려져 있지만 이 곳 백운산도 빨치산의 거점이 있던 곳이다. 민가가 가까워 식량을 구하기 쉬웠고, 깊은 산과 섬진강에서 피어오르는 안개는 그들의 몸을 숨겨 주었을 것이다.

조정래의 대하소설 '태백산맥'에는 광양에 관련된 내용이 여러 군데 나온다. 새로 부임한 광양경찰서장은 빨치산에게 피살 당할까 봐 공포에 질린다. 그러다가 광양이라는 데는 경찰복을 입고는 한시도 마음 놓고 살 수가 없는 땅이라고 독백을 하는 장면도 나온다.

정상을 향해 고도를 높일수록 경사가 가팔라져서 숨이 가쁘지만 '한걸음 한걸음'의 힘은 무섭다.

끝날 듯 끝날 듯 끝나지 않은 계단을 지나 힘든 순간들을 두 발로 꾹꾹 누르다 보면 어느새 정상이다. 정상에 서면 지금까지의 고단함을 보상이라도 하는 것처럼 멋진 전망과 경치가 펼쳐진다.

그런데 왜 백운산일까? 전국에 걸쳐 하고 많은 것이 백운산이다. 100대 명산에도 백운산이 3개나 포함되어 있다. 누구 말대로 흰 구름이 떠 있을 가능성이 높기 때문에 그렇게 이름됐을 수도 있겠다. 구름이 많이 낀 날은 백운산 정상에서 구름의 바다를 즐길 수 있다고 한다. 하얀 구름의 운집을 보려면 광양 백운산으로 가야 한다.

에필로그 광양이라면 광양제철을 먼저 떠올릴 사람들이 많다. 하지만 광양은 다른 것으로도 유명하다. 제일 먼저 봄을 알린다는 매화가 흐드러지게 피는 매화마을이 광양에 있다. 해마다 3월초가 되면 온 산이 매화로 뒤덮여 장관을 이룬다. 또 섬진강을 낀 벚꽃길은 환상적인 드라이브 코스이다. 또 백운산 가까운 곳, 옥룡사지에 아련하게 핀 동백도 빼놓을 수 없다. 어떤 지역을 떠올릴 때 연상되는 그 무엇이 있다는 것은 그 지역의 큰 경쟁력이다. 특색 있는 자원을 개발해 많은 사람들이 기억하고 찾을 수 있게 하는 것도 지자체가 해야 할 일이다.

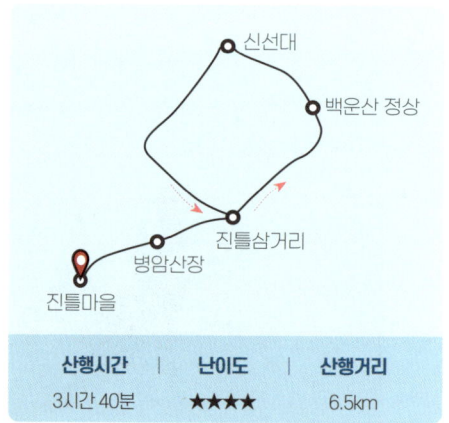

Tip 광양에 가서 광양불고기를 맛보지 않으면 섭섭하다. 광양불고기는 얇게 썬 소고기를 먹기 전에 조미하여 참숯에 구워 먹는 음식으로 열전도율이 빠른 구리 석쇠에 구워내 고기가 빨리 익고 육즙이 속에 그대로 차 있다. 광양을 찾았다면 광양불고기 특화 거리로 가서 남도의 맛을 즐기는 것을 빼먹지 말자!

10

계곡이 아름다운 산이 궁금하다면

- 유명산
- 대야산
- 공작산
- 강천산
- 내연산
- 응봉산
- 주왕산
- 백운산
- 운장산

071 | 아름다운 계곡에서 탁족(濯足)의 즐거움을
가평 유명산

경기 가평군 설악면 유명산(862m)은 얼핏 험해 보이나 능선이 완만해서 연인이나 가족을 동반한 산행지로도 적합하다. 용문산(1,157m)과 이웃해 있고 약 5km에 이르는 계곡을 거느리고 있으며 나무도 울창하다. 삼림욕장을 비롯하여 체력단련장, 캠프장 등을 갖춘 자연휴양림이 있어 사시사철 등산객들이 많이 찾는다.

유명산에 흐르는 계곡물은 참 맑고 깨끗하다. 크고 작은 소(沼)들이 연이어 있으며 그 규모는 작지만 소금강이라 할 만큼 아름다운 경관을 자랑한다. 또 아름다운 계곡이 있어 수도권 가까운 곳에서 계곡 산행을 즐길 수 있다.

유명산자연휴양림에서 산행을 시작하면 유명계곡을 거치거나 곧장 정상으로 향하는 갈림길을 만난다. 정상까지는 1.6km 느슨한 오르막길이다. 잣나무가 하늘 높은 줄 모르고 쭉쭉 뻗어있는 숲길을 걷다 보니 능선 위로 비치는 태양빛이 선명해 진다. 곧이어 급경사 등산로가 산행객들을 맞이한다.

정상에 올라 산 아래로 보이는 넓은 세상을 향해 두 팔을 번쩍 들어 기운을 뻗어내 본다. 큰 꿈과 기개를 채워나가는 호연지기(浩然之氣)가 차곡

차곡 쌓이고 있음을 느낀다. 여기서 삶의 용기를 얻는다.

하산길은 유명계곡길로 잡고 내려간다. 완만하게 펼쳐진 너른 바위지대가 수시로 나타나는데, 마당소를 지나는 계곡길은 하늘이 보이지 않는 짙은 숲길로 한여름에도 시원한 그늘을 만들어 준다. 울창한 숲과 절벽으로 둘러싸인 계곡은 설악산의 한 골짜기를 떼어다 옮겨둔 것처럼 수려하기 짝이 없다.

계속해서 용소로 향한다. 산행객들이 얼음처럼 시원한 물에 발을 담그고 땀을 식히고 있다. 자연스럽게 그 산행객들 사이에 끼어들어 탁족(濯足)을 즐긴다. 한여름 타는 듯하던 더위도 말끔히 씻겨 내려가는 것 같다.

탁족은 전통적으로 선비들의 피

서법이다. 특히 발바닥은 온몸의 신경이 집중되어 있으므로 발만 물에 담가도 온몸이 시원해진다. 또한 흐르는 물은 몸의 기가 흐르는 길을 자극해 주므로 건강에도 좋다. 선비들은 산간 계곡에서 탁족을 함으로써 몸과 마음을 깨끗하게 씻기도 하였다는데…

　유명산은 능선이 부드럽고 완만하고 수량이 풍부하다. 울창한 숲의 맑은 계곡물에 발을 담그고 흐르는 물소리를 들으며 힐링의 시간을 가질 수 있는 곳이 바로 유.명.산.이다.

에필로그　숲을 찾는 사람들이 점점 많아지고 있다. 일상에서의 고단함을 씻고 마음의 안정을 위해 자연으로 들어가는 것이다. 쉴 휴(休)자를 보면 인간이 나무에 기대어 있다. 사람과 숲은 떼려야 뗄 수 없는 관계임을 보여준다. 산림청에 따르면 코로나19로 인한 여행 트렌드 변화로 산림 휴양 수요가 급증하여 2022년 기준 1,500만명이 자연휴양림을 찾았다고 한다. 전국에 170여개의 국·공립·사립 자연휴양림이 있지만 이용하기는 쉽지 않다. 산림복지 분야에 더 투자하고 국가적인 관심을 쏟는다면 국민들의 삶의 질은 한 단계 높아지며 숲은 보호될 것이다.

산행시간	난이도	산행거리
3시간 20분	★★★	6.8km

Tip　유명산자연휴양림은 국내 최초의 국립자연휴양림이다. 숲속의 집을 이용하려면 휴양림 예약사이트 숲나들e를 이용하면 된다. 주말·성수기 경쟁률은 100:1 정도로 치열하다. 주말과 성수기에는 예약자에 한해서 추첨제도 실시하고 있다. 또한 유명산자연휴양림에서 가까운 어비계곡도 피서지로 그만이다. 짙은 나무 그늘, 발이 시리도록 차가운 물줄기가 더위를 말끔히 씻어준다.

072 | 무더위 날리는 용추폭포의 장쾌함
문경 대야산

경북 문경시 가은읍 대야산(931m)은 속리산국립공원에 속해 있으며 기암괴석이 두드러지고 계곡이 아름답다. 충청도 지역에서 비경 중 으뜸으로 꼽히는 용추폭포와 바위, 계곡에 달빛이 비친다는 월영대를 품고 있어 특히 여름 피서철에 각광 받는다. 정상 부근은 경사가 심하고 등산로도 험하다.

대야산 이름의 유래는 여러 가지다. 큰아버지산이라는 설, 정상이 대야를 엎어놓은 모습과 비슷하다는 설, 홍수가 났을 때 봉우리가 대야만큼 남아 이름 붙여졌다는 이야기도 있다.

백두대간이 통과하는 대야산의 용추계곡은 용이 계곡을 박차고 하늘로 오르면서 패인 곳이라 한다. 문경팔경 중 으뜸으로 여름철 산행과 계곡트레킹, 가파른 산세의 짜릿함을 동시에 즐길 수 있는 다이나믹한 산행지다.

무더위 속에서 산행 들머리인 주차장을 출발해 작은 고개를 하나 넘어서면 용추계곡으로 이어지는 등산로가 나온다. 초입부터 우거진 숲과 널찍한 바위, 그 위를 흐르는 맑은 계류가 마음을 시원하게 사로잡는다. 역시 계곡이 아름다운 산이다.

용추계곡 최고의 명소는 용추폭포다. 용추폭포는 오랫 동안 물이 흘러

내려 하트모양으로 깊게 파인 소(沼)가 환상적이다. 자연이 만들어낸 아름다운 풍경이 아무리 봐도 신기할 뿐이다.

용추폭포에서 조금만 더 가면 월영대가 나온다. 월영대는 넓은 암반지대로 다래골과 피아골의 합수지점이며 맑은 계곡물 위에 거울처럼 달빛이 아름답게 비친다. 월영은 달그림자란 뜻이다. 도저히 그냥 지나칠 수 없어 쨍쨍한 햇볕 아래 조심스레 발을 담그고 잠시 경치를 즐긴다.

계곡을 벗어나 본격적인 등산로에 접어든다. 밀재까지는 편안한 길이 이어지지만, 이곳에서 정상까지는 고도를 한꺼번에 상승시켜야 한다. 가파른 길이 계속 이어진다는 의미이다. 좋은 점도 있다. 암릉구간을 지나며 재밌는 모양의 바위 구경도 원없이 하고, 위로 올라갈수록 시야가 열리면서 확실한 조망권이 보장된다.

정상에서 한껏 여유를 즐기고 피아골 방향으로 하산을 한다. 아... 그 어느 산보다도 경사가 심하고 등산로가 너무 험하다. 급경사 내리막길을 밧줄에 의지해 조심조심 내려간다.

피아골을 벗어나 다시 월영대를 만나면 대야산을 시계방향으로 한바퀴 도는 산행의 막바지에 이른다. 아침엔 사람들이 없었는데, 오후가 되니 더위를 피해 많은 사람들이 계곡으로 모여든다.

에필로그 대야산 인근 문경새재에는 또 다른 용추폭포가 있다. 이곳에서 인기 드라마 '왕건' 중 궁예의 최후가 촬영됐다. 궁예는 드라마로 인해 유행이 되기도 했던 관심법을 앞세워 나쁜 마음을 가지고 있는 신하들을 알아볼 수 있다 하였고, 그로 인해 무고한 사람들이 희생되었다. 결국 폭정을 일삼은 끝에 백성에게 외면 받아 죽음을 맞았다. 정치란 그런 것이다. 권력의 맛에 취해 초심을 잃는다면 사람들은 등을 돌리게 되고, 초라한 뒷모습을 남기며 역사에 불명예스럽게 기록될 수밖에 없다.

Tip 아름다운 계곡을 따라 걷고 싶다면 선유동천 나들이길을 추천한다. 선유동은 신선이 노닐 정도로 아름다운 경관을 가진 곳을 말한다. 대야산 월영대에서 독립운동가 운강 이강년선생 기념관까지 계곡을 따라 이어지는 8.4km의 숲길을 걸으며 아름다운 선유구곡에서 용추계곡의 시원한 물소리를 듣고 최치원, 이황 등 옛 현인들의 발자취도 느껴볼 수 있다.

073 | 아름다움의 절정, 수타계곡을 만나다
홍천 공작산

강원 홍천군 동면 공작산(887m)은 공작새와 같이 아름답다고 하여 붙여진 이름이다. 암봉과 노송이 기기묘묘하게 어우러지고 높이에 비해 산세가 아기자기하다. 그리고 이 산의 가장 큰 아름다움은 정상 부분의 암봉미와 조망에 있다. 봄에는 철쭉, 가을에는 단풍이 등산객들을 매료 시키고 수타계곡은 수량이 풍부하고 절경이어서 피서지로 이름나 있다.

공작산은 높이는 1,000m가 안되지만 품이 넓은 산이다. 그 산세는 공작이 화려한 두 날개를 펼친 형태다. 그 날개의 품에 청정한 수타계곡이 흐르며 큰 스님 원효대사가 창건한 천년 고찰 수타사가 고즈넉하게 안겨 있다.

가을날의 새롭고 멋진 풍경을 기대하고 새벽별과 함께 산행에 나서본다. 공작산을 한 바퀴 돌아서 하산하는 긴 코스가 있지만, 오늘은 공작산에서 꼭 걸어야 하는 수타산 산소(O_2)길을 먼저 탐방하고, 정상까지 가장 빠른 길인 공작현 코스를 이용하는 것으로 계획을 잡는다.

수타사에서 노천리에 이르는 8km의 수타계곡에도 가을이 내려앉았다. 완만하고 부드러운 흙길, 새소리와 물소리... 큰 바위라고는 찾아보기 힘

들고 걷기에 무난하다. 편안한 길이 내내 이어진다. 예쁜색 나뭇잎을 입은 나무들이 아름다움을 뽐내며 멀리서 온 나를 반겨주는 것 같다.

천년고찰 수타사는 가을숲의 풍경과 문화재가 잘 어우려져 편안한 마음을 안겨준다. 수타사 산소길은 수타사계곡의 맑은물과 그야말로 녹음이 짙은 숲을 만날 수 있는 최고의 숲길로 이름도 이쁘다. 그런데 이 산소(O_2)길의 산소가 무덤을 연상케 하기도 한다.

수타계곡을 한바퀴 두르고 차로 공작현 등산로입구로 이동해 본격적인 산행을 시작한다. 전형적인 육산으로 크게

힘들이지 않고 올라갈 수 있다. 힘든 구간이 없으니 마음에도 여유가 생긴다. 깊은 산속 숲길에서 깊어가는 가을을 만끽하며 사색에 빠져 천천히… 천천히… 걷는다.

정상까지는 조망이 거의 없다시피 한데 정상에 도착하면 달라진다. 확 트인 경치가 멋지다. 동홍천 방향으로 가리산, 정상석 뒤로는 용문산, 더 멀리는 오대산까지 멋진 풍경의 산그리메가 펼쳐진다.

수타계곡을 품은 공작산과 산행하면서 만난 공작산은 다른 얼굴을 하고 있다. 각도에 따라 수시로 달라지는 것이 또한 산이다.

에필로그 수타사 방향으로 가다 보면 정성스럽게 쌓아 올린 수많은 돌탑이 눈에 들어온다. 마음과 정성을 모아 쌓은 돌탑에는 저마다의 염원들이 들어 있을 것이다. 티베트에서 돌탑은 불교의식 중 행운을 불러오기 위한 방법으로, 노르웨이에서는 등대의 발명전 경로를 알려주는 수단으로 돌탑을 사용했다고 한다. 한편으로 환경 운동가들은 인위적인 돌탑 쌓기는 생태계를 파괴하는 행위라고 말하기도 한다. 산과 저수지가 태양광으로 덮혀 생태계가 위협받고 풍력발전단지를 조성하며 산림이 훼손되는 것에 비하면 돌탑은 애교스럽지 않은가?

Tip 오롯이 자연만을 느낄 수 있는 공작산 아래 미약골 테마공원이 있다. 원시림의 자연생태계 보존으로 깨끗한 자연환경과 홍천강의 발원지 용천수가 흐르는 미약골, 삼정승과 육판서가 나올 땅의 형세를 지니고 있다 하니 좋은 기운도 받을 수 있겠다. 단풍 절경이 펼쳐질 때는 한 폭의 그림과 마음의 싱그러움을 가득 담아낼 수 있을 것이다.

074 | 단단한 암반 위로 맑은 물이 샘솟는다
순창 강천산

전북 순창군 팔덕면 강천산(583m)은 왕자봉과 선녀봉, 연대봉 등 3개의 봉우리가 병풍을 둘러치듯이 들러서 있다. 작은 협곡도 곳곳에 보이고 사방이 모두 바위산으로 빼어난 아름다움을 간직한다. 11월 초순 절정을 이루는 단풍도 아름답고 특히 여름에는 시원한 계곡이 더위를 식혀 준다.

순창의 가을은 곱디고운 고추장 빛깔로 붉게 물들고 또 한 번 새빨간 단풍으로 붉게 물든다. 강천산은 평탄한 산책로를 따라 가을 정취에 흠뻑 빠질 수 있는 가족 여행지로 최고로 뽑을 수 있다. 산 벚꽃, 푸른계곡, 단풍, 설경으로 사계절 내내 절경을 이루는 '호남의 소금강'으로 불린다.

입구부터 강천산에서 흘러내리는 청정 계곡길이 시작된다. 6월초 여름 더위는 아랑곳 하지 않고 푸르름의 절정인 시원한 숲길을 이룬 계곡길을 기분 좋게 걷는다.

산책로 길로 들어서자 이내 병풍폭포가 눈길을 끈다. 폭포가 지나면 맨발 산책로 시작 지점이자 정상으로 들어서는 산행 들머리가 시작된다. 강천산길은 장애인, 고령자, 노약자 등 누구나 자연을 만끽할 수 있도록 베리어프리존이 잘 조성되어 있다. 자연을 마음껏 누릴 수 있는 만큼 아끼고

잘 보존해야 할 의무도 있음을 알아야 한다.

깃대봉까지는 약간의 오르막 구간이 있지만 힘든 구간은 아니다. 깃대봉부터는 능선길로 정상까지 푸르름이 이어진다. 강천산의 여름을 알리는 신록들의 잔치가 시작되었나 보다.

구장군폭포 방향으로 여유롭게 하산한다. 아홉 명의 장수가 폭포 아래서 거북바위를 기리며 도원결의하고 전장에 나가 승리를 거둔 뒤로 폭포 이름을 구장군폭포라 부르게 됐다. 드디어 현수교(구름다리)가 모습을 드러낸다.

강천사계곡을 가로지르는 높이 50m, 길이 78m, 폭 1m의 구름다리다. 최고의 조망을 선사하는 강천산의 명물이라지만 현기증에 가까울 정도로 아찔한 고도감이 느껴진다. 그 아찔한 고도감은 짜릿함이 되기도 하면서 더위를 한순간에 날려버린다. 현수교 아래로 내려다보는 협곡과 용머리폭포의 풍경이 수려하기 그지 없다.

　강천사계곡이 펼쳐진다. 골짜기마다 단단한 암반 위로 맑은물이 흐른다 하여 강천산이라 불렀다던가… 계곡이 깊고 물이 깨끗하고 대부분 숲 그늘에 가려 시원하기 이를 데 없어 여름 산행지로 안성맞춤이다.

에필로그　순창은 우리나라의 대표적인 장수마을이다. 천혜의 자연환경과 생활 속 발효과학이 숨어있는 건강한 음식문화가 장수의 비결이라 한다. 의학 발달로 인간의 기대수명은 점점 높아지고 있다. 중요한 것은 건강하게 오래 사는 것이다. 이는 누구나 바라지만 뜻대로 되지 않는 경우가 많다. 건강을 유지하면서 장수하는 방법은 여러 가지가 있겠다. 음식 조절을 하는 것, 잠을 푹 자는 것, 술·담배를 줄이는 것, 스트레스를 최소화하는 것 등등… 규칙적인 운동 또한 빼놓을 수가 없다. 등산은 운동 효과가 상당할 뿐 아니라 일상의 피로도 풀 수 있는 최고의 활동이다.

산행시간	난이도	산행거리
4시간	★★★	9km

Tip　볼거리와 먹거리를 두루 갖춘 곳이 순창이지만 순창하면 제일 먼저 떠오른 것이 고추장이다. 맵지 않으면서 알큰한 맛이 빼어나다. 고추장 제조 장인들이 모여 순창고추장의 명성을 이어가고 있는 순창고추장민속마을에 들려 그 뛰어난 장맛을 보고, 맞은편에 있는 세계유일의 장저장고인 발효테마파크도 함께 둘러보는 것도 좋겠다.

075 | 자연이 빚어낸 작품, 십이폭포를 따라
포항 내연산

경북 포항시 송라면 내연산(710m)은 그리 높지 않지만 해안 가까이에 솟아올라 내륙의 엇비슷한 높이의 산보다는 훨씬 더 높고 우뚝해 보인다. 주능선은 완만하고 청하골은 기암절벽으로 이루어진 계곡미가 빼어나다. 그런데다 12개의 폭포를 품고 있어 영남의 금강산이라 불린다. 603년에 창건한 신라의 고찰 보경사가 있다.

무주 구천동에 버금가는 계곡미(溪谷美)의 진수를 보여준다고나 할까? 내연산은 그런 곳이다. 폭포가 절경인 계곡이 연이어진다. 가까운 곳에 해수욕장이 많아 산과 바다가 어우러져 여름 산행에 더없이 좋다.

무더위가 기승을 부리는 한여름 산행의 필수 요건은 계곡산행을 하되 오전 중 산행을 끝내는 것이다. 산행 후 계곡에서 무더위에 지친 몸과 마음을 시원하게 적셔내는 기분을 즐겨볼 수 있다.

보경사에서 산행을 시작해 갈림길까지는 여유롭게 평탄한 계곡길을 걷는다. 본격적인 산행은 문수봉 오르는 갈림길부터다 문수암삼거리부터 문수봉까지 오르막이 이어진다.

날이 더워 오르막이 더 힘들어지며 시작부터 한 여름을 생생하게 체험

한다. 밤새 꽁꽁 얼린 이온음료가 큰 위로가 된다. 다행히 문수봉에서 내연산 정상인 삼지봉 까지는 능선구간이라 편안한 숲길을 걸으며 정상에 도달한다. 덥고 습한 여름철에 안전하게 산행하는 비결은 체력 안배와 수분 보충에 달려 있다.

하산은 계곡길로 단숨에 내려와 계곡물에 발부터 담그고 가열된 몸을 식혀본다. 이제부터 본격적으로 계곡을 따라 내려간다. 내연산의 계곡에서는 자연스럽게 형성된 침식지형의 다양한 모습의 폭포와 용소들을 만날 수 있다.

제일 먼저 내연산 12폭포 중에 가장 인기 있는 연산폭포에

닿는다. 폭포 주변의 기암은 전국 어느 산에서도 보기 힘든 절경이고, 30여 m의 절벽 위에서 힘찬 물줄기가 암벽을 타고 쏟아 내린다. 청하골 최고의 절경이 바로 눈앞에 펼쳐지고 있다. 자연의 신비롭고 아름다운 자연을 대할 때면 우리 인간이 아무리 애를 써도 자연이 빚어낸 작품에는 도달하지 못할 것이라는 생각이 든다.

내연산 폭포는 조선시대 여러 문인들이 시와 글, 그림으로 묘사하기도 했다. 진경산수화의 대가인 겸재 정선도 이곳 폭포를 화폭에 담았다.

에필로그 내연산에 가면 계곡 물빛이 여느 계곡 물색깔과는 다르다는 것을 금새 알아챌 수 있다. 갈색을 띄는데, 마치 김해장군차(가락국 수로왕과 혼인한 인도의 허황옥이 혼례 시 가져온 봉차에서 시작되어 가야문화권에 전파된 우리나라 최초의 전통차)를 우려낸 것 같다. 원인은 낙엽과 토양이다. 활엽수 낙엽에는 탄닌 성분(갈색 색소)를 가지고 있어 오랜 세월동안 떨어진 낙엽이 켜켜이 쌓이고 썩어서 토양이 되니 자연스레 물빛은 황갈색을 띄는 것이다. 활엽수가 많은 내연산, 응봉산 계곡의 물빛을 떠올려 보면 자연스럽게 고개가 끄덕여진다.

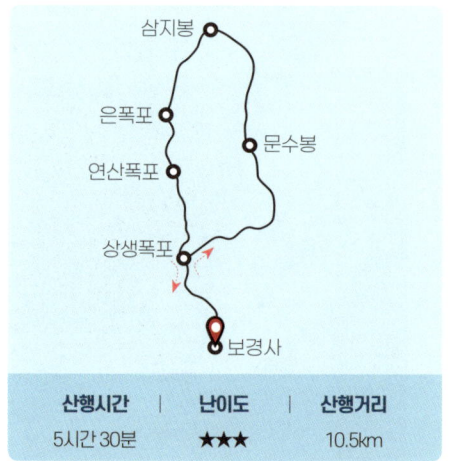

Tip 바다에 맞닿은 포항은 볼거리, 먹거리가 풍부하고 각종 드라마와 영화 촬영지가 많다. 그 중 꼭 가봐야 할 명소 3곳을 추천한다. 먼저 호랑이모양의 한반도 꼬리에 해당한다는 호미곶이다. 또 한반도 지도 최동단이자 드라마 '동백꽃 필 무렵' 촬영지 구룡포다. 마지막으로 미식의 나라 이탈리아 셰프들도 찾는다는 동해안 최대 규모 죽도시장이다.

076 | 깊은 오지 속에 꽁꽁 숨은 계곡
삼척 응봉산

강원 삼척시 가곡면 응봉산(999m)은 동해를 굽어보는 산의 모습이 매를 닮아서 매봉이라고도 불렀다. 동쪽의 온정골에 천연 노천온천으로 유명한 덕구온천이 있고, 서쪽 용소골에는 여러 개의 폭포와 소(沼)가 원시림과 함께 비경을 이룬다. 그리고 바위 틈에서 기기묘묘하게 자란 적송이 수려한 경관을 연출한다.

응봉산 용소골 덕풍계곡은 산을 좀 탄다하는 사람들 사이에는 아주 유명한 곳이다. 그만큼 용소골 계곡의 아름다움이 우리나라에서 몇 손가락 안에 든다는 뜻이겠다. 오지에 명산과 이름난 계곡이 있으니 그 아니 아름다울까…

일기예보에 불볕더위를 접하고 평소보다 더 일찍 새벽공기를 맞는다. 포항~속초~고성을 잇는 7번 국도를 달리는 기분이 상쾌하다. 국도의 왼편은 푸른 산자락, 오른편은 동해의 푸른 물결로 동해안 관광명소들이 줄줄이 이어진다. 7번 국도 바닷길은 언제 달려도 설렌다.

덕구온천에 도착해 그 뒷길을 산행 들머리로 잡는다. 빽빽이 들어선 소나무 숲길을 따라 오르니 가슴이 맑은 공기로 채워지는 듯하다. 정상까지

 그다지 힘든 구간은 없다. 천천히 진행한다면 초보자들도 산행하기에 까다롭지 않은 코스다.
 정상에의 전망은 탁 트여 푸른 동해를 한 눈에 조망할 수 있다. 하산은 선택지가 2개가 있는데, 온정골 원탕 방향과 용소골 덕풍계곡 코스다. 마음 같아서는 덕풍계곡으로 향하고 싶지만 그 쪽으로 가면 차량을 회수할 수가 없다.

 용소골은 우리나라 최후의 오지란 별명이 붙을 만큼 원시자연의 비경을 고스란히 품고 있다. 조만간 덕풍계곡을 다시 찾기로 다짐하고, 아쉬움을 삼키며 온정골 원탕 방향으로 떨어지지 않는

발걸음을 옮긴다.

  하산길 초입에는 급경사 돌길이라 힘든 구간들도 있지만 그것도 잠시 덕구계곡에 다다른다. 덕구온천이 솟아 흘러내리는 탓으로 계곡에 들어서면 따뜻한 기운을 느낄 수 있다. 세계유명교량인 영국 포스교를 비롯해 12개의 교량을 덕구계곡에 옮겨 놓았다.

  이어 43°C의 온천수가 하루 300톤씩 자연용출 되고 있는 온천 발원지 원탕에 도착한다. 응봉산이 사람들로부터 사랑받는 이유는 울창한 금강송 소나무숲과 산행으로 지친 피로를 깔끔하게 날릴 수 있는 덕구온천 때문 아닐까? 온천물에 발을 담그니 샘솟는 용출수처럼 에너지가 솟는다.

에필로그   응봉산 산행 때 다짐했던 대로 다음 해 여름에 덕풍계곡으로 떠났다. 예상했던 것 보다 훨씬 만족도가 높은 계곡 트레킹이었다. 응봉산의 계곡미에 흠뻑 빠지고 나니 요산요수(樂山樂水)라는 말이 떠올랐다. 산과 물을 좋아하고 자연을 즐기는 모습을 가리키는 표현이다. 공자님 말씀에 '어진 사람은 산을 좋아하고 슬기로운 사람을 물을 좋아한다'라는 말이 있다. 그럼 산도 좋아하고 물도 좋아하는 나는 어질고도 슬기로운 사람이라고 해야 하나?

Tip 용소골 덕풍계곡은 우리나라 최고의 트레킹 코스로 꼽히고 있다. 원시림 속에 꼭꼭 숨어 있는, 자연의 아름다움을 그대로 간직한 명품 계곡길을 걸어 보자. 제2용소까지만 다녀와도 충분히 계곡 트레킹을 즐길 수 있다. 시기는 여름철이 가장 적합하지만, 비가 올 때는 계곡 특성상 물이 순식간에 불어나 위험하기 때문에 날씨를 먼저 체크해야만 한다.

077 | 신선이 있었다면 여기에 살았을 것
청송 주왕산

경북 청송군 주왕산면 주왕산(721m)은 암벽으로 둘러싸인 산들이 병풍처럼 이어진다. 주왕계곡의 자연경관이 빼어나며 높진 않지만 바위산으로 웅장하면서도 다부진 산세를 지니고 있다. 우리나라에서 두 번째로 유네스코 세계지질공원으로 인증되었다. 신라문무왕(672년)에 창건한 전통고찰 대전사가 있다.

주왕산 기암절벽은 수차례 화산폭발에 겹겹이 쌓여 지금 같은 웅장하고 수려한 경관을 이루게 되었다. 국립공원으로 계곡이나 단풍의 아름다움에 있어서는 그 어느 산에 뒤처지지 않는다는데…

12월 첫째주 계절은 겨울 속으로 들어가고 있지만 행여 첫눈이라도 볼 수 있을까 하는 기대로 주왕산으로 향한다.

흔히 주왕산 하면 떠오르는 랜드마크가 있다. 바로 맞배지붕 건물인 대전사 대웅전 뒤로 보이는 주왕산의 모습이다. 한 폭의 동양화를 이루고 있는 최고의 장면을 그냥 지나칠 수 없다.

대전사에서 정상인 주봉까지는 완만한 흙길과 목계단이 이어져 큰 힘 들이지 않고 정상에 도착한다. 정상에는 정상석 외엔 나무숲으로 가려져

전망이 잘 보이지 않는다. 쓸쓸함이 감돈다. 이곳에 올 때 까지 사람을 보지 못한 탓도 있을까…

주봉에서 후리메기 삼거리까지는 계속 내리막으로 계곡길에 접어들면서 주왕산의 진가가 드러난다. 사실 주왕산은 산행보다는 폭포를 따라 오르는 계곡코스에 산책 삼아 오는 사람들이 대부분이다. 아니나 다를까 용연폭포 즈음에 도달하니 관광객이 많아진다.

대전사-용추폭포-용연폭포 계곡길은 '무장애길'탐방로로 누구나 쉽게 호젓한 계곡길에서 웅장하고 수려한 절경을 감상 할 수 있다.

계곡가에 '배흘림기둥'(가운데 부분이 둥글게 튀어나와 마치 배가 부른 듯이 보이는 기둥)을 닮은 거대한 주상형 암봉들이 지축을 떠받치듯 서 있어서 산행객을 압도한다. 수량은 풍부하고 계곡미에 있어서도 엄지손가락을 치켜세우지 않을 수 없다.

계곡을 따라 난 길을 걸어 들어가면 깎아 세운 듯한 낭떠러지가 나타나는데, 마치 잘린 무를 길 한쪽 켠에 하늘을 찌를 듯이 세워둔 모양이다.

주왕산에는 특이한 사연이 전해져 내려온다. 삼국시대에 당나라의 주도가 스스로 주왕이라 칭하고 반란을 일으켰다. 그 주왕이 신라로 도망 와서 숨은 곳이라 해서 주왕산이라고 한다.

에필로그 비단에 수를 놓은 것처럼 아름다워서 우리 국토를 금수강산이라고 부른다. 주왕산을 걸으며 우리나라가 금수강산임을 실감했다. 아마도 신선이 있었다면 '이런 곳에서 살았겠구나'하는 생각도 들었다. 뉴스에서 산불 소식을 접할 때마다 마음이 아프다. 저 울창한 숲과 푸른 나무들을 다시 가꾸려면 얼마나 많은 시간과 노력이 들어야 할까... 우리는 아름다운 우리의 산을 잘 보존해서 다음 세대들에게 그대로 물려줘야만 한다. 한순간 부주의로 후손들에게 갚지 못할 빚을 지지 말자!!

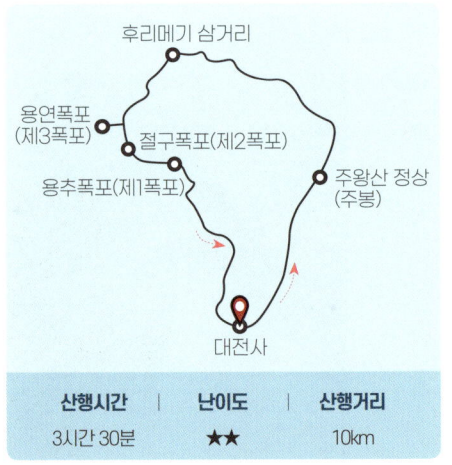

Tip 국립공원을 스탬프 투어하고 메달, 패치, 완주증을 받아보자. 국립공원은 자연환경, 풍광, 문화적 가치, 학술적 가치 등에서 매우 중요한 지역을 국가가 지정하여 관리하는 자연공원이다. 우리나라는 1967년 지리산을 국립공원으로 최초 지정 했다. 전국 22개 국립공원 생태탐방원, 탐방지원센터에서 스탬프를 찍고, 인증을 받을 수 있다.

078 | 자연이 만든 워터파크, 백운계곡
포천 백운산

경기 포천시 이동면 백운산(903m)은 광덕산(1,046m) 국망봉(1,168m) 박달봉(800m) 등에 둘러싸여 있고 산세가 우람하다. 서쪽의 백운동 계곡은 깨끗한 암반 위로 폭포와 담소가 연이어져 예로부터 영평 8경의 하나로 꼽히며 여름철 피서지로 많이 이용된다. 흰 구름이 늘 끼어 있어 백운산으로 불렸다고 전해진다.

백운산(白雲山)은 '흰 구름이 끼어 있는 아름다운 산' 흰구름산으로 불리고 있는데 우리나라 산 이름 중에는 '백운산'이름을 가진 산이 아주 많다.

포천 백운산은 수려한 백운계곡으로 더욱 유명하다. 기암괴석과 깊은 계곡에서 흐르는 옥수가 어우러져 사계절 모두 독특한 비경을 뽐내고 있다.

경기도와 강원도의 경계를 이루고 있는 광덕고개를 산행의 들머리로 잡는다. 광덕고개에서 백운산 정상길은 한북정맥(백두대간에서 갈라져 동쪽은 한강유역 서쪽은 임진강유역으로 강을 기준으로 한 분수산맥) 구간을 지날 수 있다. 약간의 오르막 철계단으로 시작되어 사방이 숲길에 쌓인 작은 봉우리를 오르락 내리락 하고, 1차 쉼터를 지나 만나 능선길을 오르막 내리막 걷다 보면 어렵지 않

게 정상에 도착한다.

　숲으로 둘러싸여 조망은 볼 수 없는 아쉬움을 뒤로 하고 백운계곡 방향으로 하산한다. 하산길은 늘 마음이 가볍다. 그래서 그런지 기억도 가물가물한 동요도 생각나고 봄꽃이 만연할 때면 끝까지 외우지도 못하지만 시도 한 수 읊어본다. 자연에서만 얻을 수 있는 이 여유로움에 마음이 즐거워진다.

　하산길에 만난 봉래굴은 양사언의 호 '봉래'에서 따온 이름이고 '태산이 높다하되 하늘 아래 뫼이로다~' 이 유명한 시조를 쓴 분이다. 흥룡사 가까이 오니 물소리가 시원하게 들려오면서 백운계곡이

나타난다.

화강암 계곡 특유의 둥근 바위가 개울 안에 그득하고 맑은 계곡물이 곳곳에 소(沼)를 이룬다. 물가까지 이어진 낭떠러지가 운치를 더한다. 폭포처럼 내려꽂히는 급류가 암반을 타고 흘러내리는 풍광을 보면 풍덩 뛰어들어 물놀이를 즐기고 싶다. 이 계곡은 장장 10km에 걸쳐 펼쳐진다.

포천 백운산은 산행보다 백운계곡이 더 유명하다. 수도권에서 가까운데다 시원한 물놀이도 즐길 수 있어 여름철에는 더위를 피해 많은 사람들이 이 계곡으로 몰려 든다.

에필로그 나 역시 여름철이면 계곡을 찾아 시원한 물에 발도 담그고 책도 보며 여유를 즐기는 것을 좋아한다. 하지만 눈살을 찌푸리게 하는 것이 있다. 계곡을 끼고 있는 음식점 등에서 설치한 평상과 바가지요금이다. 사람들이 울며겨자먹기식으로 일명 평상 자릿세를 내야만 하는 것이 현실이다. 이런 불법영업은 여름철마다 반복되고 있다. 무엇보다 상인들의 의식 변화와 실천이 중요하겠지만, 행정에서도 보다 강력한 조치가 필요할 것이다. 깨끗한 계곡과 자연은 모두가 함께 누릴 수 있어야 한다.

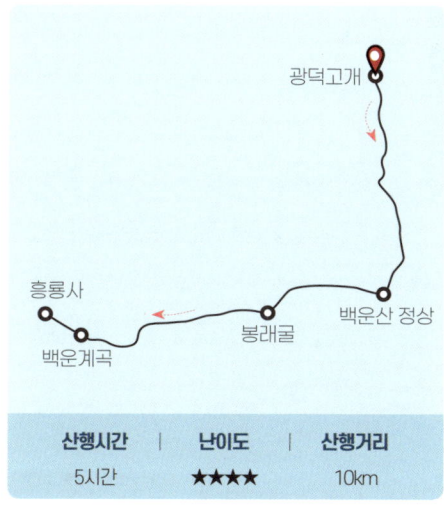

Tip 백운계곡은 포천의 명물인 이동갈비와 이동막걸리를 즐기며 먹거리 여행을 겸할 수 있는 산행지이다. 이동면 영평천 주변에 약 200여 개의 갈비집들이 늘어서 있다. 달달한 양념에 숙성시킨 두툼한 소갈비 맛이 일품이다. 이동막걸리는 부드러운 맛의 생막걸리다. 군사 지역인 포천에서 복무하던 제대 군인들이 그 막걸리 맛을 잊지 못해 다시 찾아오면서 그 이름을 알리기 시작했다.

079 | 우산살처럼 하늘을 향한 당당함
진안 운장산

전북 진안군 정천면 운장산(1,126m)은 남한의 대표적 고원지대인 진안고원의 서북방에 자리하고, 정상인 운장대, 동봉, 서봉의 3개의 봉우리가 거의 비슷한 높이로 이루어져 있으며 전북에서 가장 웅장하고 광범위한 산세를 이룬다. 운일암, 반일암 계곡에는 기암괴석이 즐비한 석계로 경관이 수려하여 여름철 피서지로 유명하다.

흩뿌리듯 여우비가 내렸다. 뜨겁게 데워진 열기를 식히듯 아슴푸레하게 안개도 피어올랐다. 태풍이 지나가고 폭염주의보가 내려진 날 어김없이 산을 찾는다. 산은 언제나 누구에나 어머니처럼 아무조건 없이 그 품을 내어준다. 이런 넉넉함에 매료되어 빠져 나올 수가 없다.

내처사동 주차장에서 출발해 목교를 지나면서 본격적인 산행이 시작된다. 운장산 삼봉 중 첫 번째 동봉으로 향하는 길 양옆으로 특이하게 조릿대가 무성하다. 사계절 푸른 생명력을 가진 조릿대는 한라산에 상당히 분포되어 지금은 생태계 교란으로 베어낸다고 한다.

동봉에 올라서니 시원한 조망이 펼쳐진다. 산을 오르는 묘미를 느낄 수 있다. 운장산은 동봉-중봉-서봉이 600m 간격으로 우뚝 서 있다. 동봉에

서 저 멀리 중봉, 서봉이 한 눈에 들어온다.

　내리막 계단, 조릿대 숲길, 급경사 오르막길에서 심장박동수가 최고점을 찍으면서 중봉(운장대) 정상에 도달한다. 정상부에서는 호남의 명산들이 파노라마뷰처럼 펼쳐진다. 남으로 지리산 주능선, 동으로 덕유산 줄기, 북으로 대둔산과 서대산이 펼쳐져 역시 호남 제일의 조망을 자랑한다.

　하늘과 맞닿을 듯한 암릉구간을 지나면 서봉에 도달한다. 서봉에서의 조망도 끝내준다 대한민국 국토의 70%가 산인 것을 체감할 수 있다. 하산은 피암목재에서 내처사동쪽으로

내려 선다.

하산길에 하마터면 주저앉을 뻔한 것을 간신히 참는다. 등산로에 뱀 한 마리가 유유히 지나가는 것이다. 아무리 산이지만 뱀을 보기는 참 드문 일이다. 그만큼 이곳이 청정하다는 의미가 되겠다.

운장산 산행을 마치고 차로 10분 정도만 내려오면, 운일암반일암이 있다. 깍아지른 절벽에 길도 없이 오로지 구름만 오간다 해서 운일암, 깊은 계곡이라 햇빛을 절반만 볼 수 있어 반일암이라고 한단다. 크고 작은 폭포와 소가 빚어낸 절경이다.

에필로그 전라북도의 무·진·장(무안·진안·장수)과 경상북도의 B·Y·C(봉화·영양·청송) 남부지역의 대표적인 오지마을이다. 지금의 오지란 말은 청정지역으로 자연환경이 잘 보존되고 지역민들 삶에도 순박함과 온정이 넘쳐나는 좋은 뜻으로 해석할 수 있다. 운장산은 오지 중의 오지에 위치해 예전에는 산행은 엄두도 못 내었다 한다. 그런 곳에 길을 내고 개발을 해서 사람들이 찾고 있다. 사람과 자연은 함께 살아가야한다. 자연을 즐기되 훼손하거나 오염시키는 일은 있어서는 안된다. 항상 자연에 감사하며 자연을 지키려는 노력이 더 필요하다.

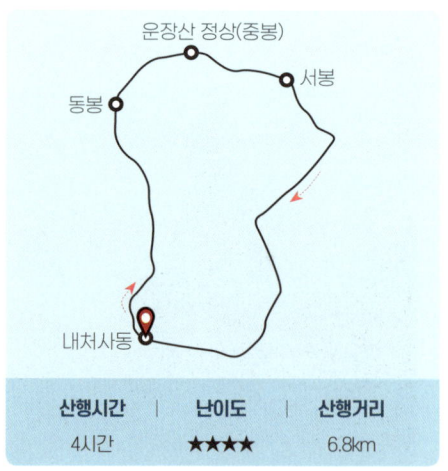

Tip 진안은 홍삼으로 유명하다. 홍삼은 수삼을 쪄서 말린 인삼을 말한다. 면역력이 필요한 요즘, 건강에 관심이 많은 사람이라면 진안인삼시장에 들러보는 것도 좋겠다. 평균 고도가 400m 이상인 진안은 인삼 재배에 좋은 기후를 가지고 있다. 이를 테마로 10월이면 진안홍삼축제도 열린다. 얼핏 본, 숙세 슬로건이 재밌다. **진**짜 재밌는데, **안** 올 거야?

11

천년고찰을 따라
걷고 싶다면

- 오대산
- 조계산
- 희양산
- 두륜산
- 청량산
- 칠갑산

080 | 월정사를 품은 문수성지 오대산
홍천 오대산

강원 홍천군 내면 오대산(1,563m)은 주봉인 비로봉 외에 호령봉, 상왕봉, 두로봉, 동대산 등 해발 1천m가 넘는 고봉이 많다. 전형적인 토산(土山)이며 토양이 비옥해 산림자원이 풍부하고 겨울철에는 강설량이 많다. 크게 비로봉을 중심으로 한 오대산지구와 노인봉(1,338m) 일대의 소금강지구로 나뉜다. 월정사, 상원사 등 대찰이 있다.

월정사는 신라 선덕여왕 12년에 자장율사가 창건한 사찰 푸른 침엽수림에 둘러싸인 천년 고찰이다. 이런 월정사를 품고 있는 오대산은 문수보살의 성산으로 산 전체가 불교 성지이다.

오대산 산행에 앞서 월정사를 먼저 둘러보기로 한다. 국보로 지정된 팔각구층석탑, 석조보살좌상 등 비롯한 수많은 문화재가 월정사의 위엄을 말해준다.

월정사에서 산행 기점인 상원사까지는 도로가 나있어 차로 이동할 수 있다. 상원사 역시 월정사만큼 오랜 역사를 자랑하는 사찰로 상원사 초입의 관대걸이에는 세조와 문수보살의 이야기가 담겨 있다.

맑은 공기에 따스한 햇살을 받으며 시작된 산행은 계단 모양의 독특한 양식의 사자암중대를 지나 적멸보궁까지는 완만한 숲길로 여유롭기만 하다.

　상원사 적멸보궁은 자장율사가 당나라에서 가져온 부처님의 진신사리를 모신 곳이다. 진신사리는 다섯 곳의 사찰에 나누어 보관했는데, 오대산 상원사, 양산 통도사, 설악산 봉정암, 사자산 법흥사, 태백산 정암사가 5대 적멸보궁이다.

　적멸보궁부터 비로봉까지 1.5km 구간은 오르막 경사에 끝없는 계단이 이어져 거리가 쉽게 좁혀지지 않지만, 두 발로 뚜벅뚜벅 걸어 한걸음, 한걸음이 모이다 보면 아무리 높고 험한 산이라도 정상을 내어준다.

정상에 서니 멀리 설악산 대청봉이 보이고, 앞으로 가야 할 상왕봉도 보인다. 시원한 조망에 가슴이 탁 트인다. 오대산의 품에 들어가니 오염되지 않은 대자연에 폭 안긴 느낌이다.

상왕봉을 지나며 시작되는 하산길 후반은 임도이다. 가도 가도 끝날 것 같지 않은 긴 임도도 함께 걷는 이들과 두런두런 이야기를 나누다 보니 전혀 지루하지가 않다. 아직 겨울이 다 가지 않아 눈도 제법 쌓여 있어 청명한 날씨의 3월에 하는 눈 산행이 마냥 좋다. 계속 웃음이 나온다.

에필로그 100대 명산 탐방을 시작한 이후 중반부쯤 잠시 고민에 빠지기도 했다. 집에서 가까운 산이야 여유롭게 둘러보고 올 수 있다지만, 멀리 있는 곳은 갔다 왔다 에너지 소모가 만만치 않기 때문이다. 오대산도 새벽에 출발해서 산행을 마치고 소금강까지 둘러보고 집으로 돌아오니 자정이 가까운 시간이었다. 피곤할 법도 하지만 산에서 받은 좋은 기운과 성취감, 거기서 느끼는 행복은 그런 고민을 상쇄시키기에 충분했다. 잃는 것보다 얻는 것이 100배는 더 많다.

Tip 오대산 월정사는 천년의 숲길로 알려진 전나무숲길이 유명하다. 사찰 입구까지 1km 구간에 1,700여 그루의 아름드리 전나무가 아름답다. 또 월정사에서 시작해 동피골, 상원사까지 이어지는 10km의 선재길도 빼놓을 수 없다. 도로가 나기 전 스님들이 걸으며 깨달음을 얻었다던 길로 누구나 가볍게 걸을 수 있어 트레킹 코스로 추천할 만하다. 산행이 힘들다면 선재길을 걸어보자!

산행시간	난이도	산행거리
4시간	★★★★	12.5km

081 천년고찰 송광사와 선암사를 잇다
순천 조계산

전남 순천시 송광면 조계산(887m)은 산세가 험하지 않고 부드러운 산으로 맑은 물이 흐르는 계곡과 울창한 숲, 폭포와 약수 등이 있어 경관이 아름답다. 유명한 송광사와 선암사를 품고 있으며 수려한 자연경관으로 도립공원으로 지정되었다. 국내에서 규모가 가장 큰 절인 송광사에는 많은 국보와 보물들이 있다.

조계산은 두 곳의 대사찰을 품고 있다. 서쪽 사면의 송광사와 동쪽 사면에 있는 선암사다. 두 곳 모두 신라시대에 창건되어 가장 잘 보존된 우리나라의 대표적인 고찰이다.

산행은 선암사에서 출발한다. 선암사 올라가는 계곡에 봄 내음이 가득하다. 계곡 가운데는 부처님의 세상으로 갈 수 있도록 만든 승선교가 있다. 태고종 본산인 선암사의 느낌은 아늑하고 정갈하다. 봄의 선암사는 매화를 찾는 사람들로 북적인다. 선암사 매화는 선암매로 불리며 천연기념물로도 지정되어 있다. 화려하진 않지만 고목에 피어나는 매화 향이 은은하다.

선암사를 뒤로하고 대각암을 거쳐 장군봉으로 향한다. 갈림길에서 장군봉 이정표가 눈에 잘 띄지 않는다. 왼쪽의 계곡 방향이 장군봉 가는 길이

다. 돌계단과 나무계단이 반복되지만 완만해서 여유롭게 걸을 수 있다.
  장군봉을 앞두고 바로 경사가 급해진다. 여기서 장군봉까지는 정상을 향해 가쁜 숨을 몰아쉬며 오른다. 수려한 산세 구경은 일단 미루고...

  장군봉 정상에서 큰굴목재까지는 산세를 즐길 수 있는 여유로운 길이 이어진다. 큰굴목재길에서 송광사까지는 남도 삼백리 천년불심길을 따라 걷는다. 수행자의 마음으로 인내를 배우고 느끼며 이 길을 걸어 본다.
  산행의 종착점 송광사는 한

국 삼보사찰 중 승보사찰로 대가람답게 목조삼존불감, 혜심고신제서, 국사전, 화엄경변상도 등 국보와 많은 보물이 있다.

　송광사에는 또다른 명물이 있다. 해발 500m에 자리한 송광사의 말사 천자암에 가면 수령이 800년이 넘은 '쌍향수'를 만날 수 있다. 보조국사 지눌과 제자 담당국사가 중국에서 돌아올 때 짚고 온 향나무 지팡이를 이곳에 나란히 꽂은 것이 뿌리가 내리고 가지가 나서 자랐다고 한다. 쌍향수에 손을 대면 극락에 갈 수 있다는 속설도 전해지고 있다.

`에필로그` 선암사에는 유명한 것이 또 하나 있는데, 바로 "뒤깐"이다. 국내 사찰의 재래식 해우소 중에 가장 오래된 것으로 정호승 시인의 '눈물이 나면 기차를 타라'에 나오는 그곳이다. '눈물이 나면 기차를 타고 선암사를 가라 / 선암사 해우소로 가서 실컷 울어라 / 〈중략〉 눈물이 나면 걸어서라도 선암사로 가라 / 선암사 해우소 앞 등 굽은 소나무에 기대어 통곡하라' 살면서 힘들고 어려운 일에 부딪혔을 때 찾을 수 있는 "뒤깐" 같은 곳이 나에게는 있었던가.

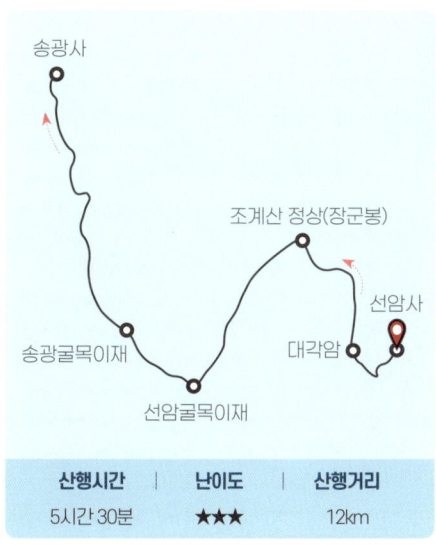

Tip 선암사와 송광사를 연결하는 10km 정도의 숲길은 두 사찰의 스님들이 오가며 명상의 시간을 가졌던 길로 천년 불심길이라 부른다. 적당한 오르막과 내리막을 반복해서 힘하고 어려운 코스는 아니다. 이 길에는 또 다른 명소가 있는데, 바로 조계산의 맛집 보리밥집이다. 산속에 보리밥집이라니. 산행 중에 맛보는 보리밥은 별미 중의 별미다. 식사 후 숭늉까지 맛볼 수 있으니 놓치지 말자!

082 | 일년 중 단 하루만 열리는 봉암사
문경 희양산

경북 문경시 가은읍 희양산(999m)은 산 전체가 하나의 바위처럼 보이는 특이한 생김새다. 그 때문에 멀리서도 쉽게 알아볼 수 있으며 문경새재에서 속리산 쪽으로 이어지는 백두대간의 줄기에 있다. 산세가 험해 구한말에는 의병의 본거지이기도 했다. 남쪽 자락에 있는 봉암사는 신라시대에 창건되었으며 많은 문화재가 있다.

햇볕 희(曦)에 볕 양(陽), 희양산. 이름부터가 밝게 빛난다. 희양산 남쪽에는 제아무리 애를 써도 마음대로 갈 수 없는 봉암사가 자리하고 있다. 평소에는 스님들의 수련을 위해 일반인의 출입을 철저히 통제하고 있기 때문이다. 단 하루 부처님 오신 날에만 개방된다.

신라 헌강왕 5년(879년) 창건된 봉암사는 한국 현대 불교사에 기념비적인 의의가 있는 장소이기도 하다. 해방 직후 조계종 전 종정 성철스님 등이 '오직 부처님의 법대로 살자'는 정신으로 다양한 개혁과 실험을 시도하였고, 이후 전국에서 스님들이 서서히 봉암사로 모여들면서 수행을 하는 선도장으로 자리매김했다.

부처님 오신 날에 맞춰 봉암사 방문과 희양산 산행을 함께 계획한다. 아

침 일찍 도착한 봉암사 입구는 역시 상기된 표정의 사람들로 북적인다. 전날 밤 도착해서 밤을 지새운 분들도 계신 듯하다. 일 년 동안 고요했을 산사가 오늘 하루만큼은 시끌벅적하리라.

일 년에 한번 산문을 여는 봉암사를 찾아준 방문객을 맞이하는 차 나눔 행사도 하고 있는데, 주변에 핀 꽃들을 가져다가 찻 자리를 아름답게 꾸미는 모습이 인상적이다. 아름다운 자연을 찻 자리에도 옮기고 있다.

희양산 등산은 봉암사에서 다시 차로 이동해 은티

마을에서 시작한다. 희양산은 해발 999m로 천고지에 1m 모자라고, 백두대간의 단전 부분에 위치한 거친 바위산이다.

지름티재부터 바위가 살짝살짝 나타나더니 어느 순간 본격적으로 험한 구간이 시작된다. 노약자는 반드시 되돌아가라는 경고판도 눈에 띈다. 조심조심 클라이밍을 즐기며 아찔한 구간을 다 올라 능선에 다다른다. 능선길에서 바라보는 풍경에 그저 감탄이 이어진다. 초록을 띤 연두색의 푹신한 숲 침대와 바위 절벽도 보이고 저 멀리 봉암사도 한눈에 들어온다.

정상에서의 조망은 장쾌하고 아름답다. 녹음이 짙어지는 굽이굽이 펼쳐진 거대한 산봉우리에서 대자연의 웅장함을 느낀다. 그 너머로 날카롭게 솟은 대야산과 속리산 줄기가 파도를 이룬다.

에필로그 일년에 단 하루, 부처님 오신 날에만 개방을 하는 봉암사. 원래 못하게 하면 더 궁금해지는 것이 사람의 마음이라던가. 봉암사가 그리스신화에 나오는 판도라의 상자 같다는 생각을 했다. 그런 봉암사에서 특히 인상적이었던 것은 하얀색 연등이었다. 여느 사찰처럼 화려한 색이 아니라 의아했다. 봉암사는 스님들이 수행하는 특별 수도원이라 연등에 색칠하는 시간마저도 아껴서 정진에 힘쓰라는 의미라고 한다.

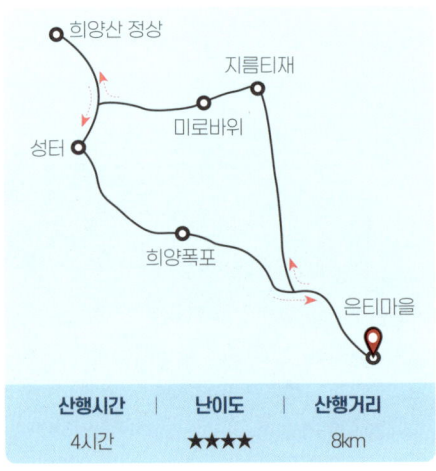

Tip 봉암사에는 신라 말 고운 최치원이 비문을 짓고, 분황사의 혜강스님이 글씨를 쓴 '봉암사 지증대사탑비'가 있다. 이 탑비는 봉암사를 처음 건립한 지증대사의 공적을 찬양하기 위한 것으로 국보 제315호로 지정되었다. 이 외에도 보물인 지증대사탑, 봉암사삼층석탑, 정진대사탑비, 봉암사 극락전, 마애미륵여래좌상 등 많은 문화재를 만나 볼 수 있다.

083 | 땅끝에 호국 불교의 성지 대흥사가 있다
해남 두륜산

전남 해남군 삼산면 두륜산(703m)은 한반도 최남단의 해남반도 중앙에 솟아 있다. 동쪽 사면은 경사가 급하고 서쪽 사면은 비교적 완만한 산세를 이룬다. 산의 규모는 작아 산행 코스는 단순한 편이다. 산밑에 있는 대흥사에는 임진왜란이나 6·25 전쟁 때도 참화를 입지 않았던 천불전 등 많은 불교 유적과 문화재가 있다.

일찍이 서산대사가 대흥사를 두고 '삼재가 미치지 못할 곳으로 만년동안 훼손되지 않을 땅'이라 하여 본인의 의발을 이곳에 보관하도록 했다고 한다. 이 일을 계기로 대도량으로 자리잡은 대흥사는 유네스코에 등재된 7개 사찰(통도사, 부석사, 봉정사, 법주사, 마곡사, 선암사, 대흥사) 중 하나다.

대흥사를 대표하는 인물은 임진왜란 때 승병을 일으켜 나라를 지킨 서산대사와 우리나라 차(茶)문화에 큰 영향을 미친 초의선사라 할 수 있다. 강진으로 유배를 온 다산 정약용이 초의선사의 차 맛에 반했다는 이야기도 전해진다.

주차장에서 산행을 시작해 울창한 숲길을 지나 대흥사에 닿는다. 천년 고찰의 위엄과 고즈넉함을 잘 간직한 대흥사는 도량 어디에나 절절한 신

심과 사연이 배여 있다. 천불전과 천불(1,000개 불상)이 1811년 불에 타자, 옥석의 산지 경주에 40여 명의 스님들이 모여 옥석으로 된 천불을 다시 제작하였다.

산행코스는 대흥사를 기점으로 시계방향으로 한 바퀴를 돌아오는 것으로 잡는다. 돌길을 따라 소풍 가는 기분으로 걷다 보면 북미륵암에 이른다. 이곳의 큰 바위 벽면에 높이 4.2m로 새겨진 마애여래좌상(국보 제308호)은 특유의 경건함과 장엄함을 연출한다. 10세기에 새겨진 것으로 추정된다고 한다.

북미륵암을 지나 평평한 너른 곳인 오심재에 도착한다. 이곳에서 노승봉으로 향하는 길은 가파르고, 낙석 주의 안내판도 있을만큼 주의해야 하는 구간이다. 이어서 계단길과 마지막 암릉을 오르면 드디어 가련봉이다.

　가련봉에서는 다도해가 한눈에 굽어 보인다. 여름 산행인데다 오랜 시간 걸은 탓에 주저앉아 멍하니 바다만 바라보고 있는데, 옆에 있던 등산객이 차디찬 얼음물 한잔을 건넨다. 부처님의 자비처럼 인정을 베푸는 그 등산객이 고맙고 또 고맙다.

에필로그　수백 년이 넘는 세월에도 그 자리를 지키고 있는 문화재와 옛 자취를 살펴보는 것은 산행이 주는 또 다른 즐거움이다. 오래전 대흥사 입구에 있는 우리나라 최초의 여관인 유선여관을 둘러보며 고즈넉한 분위기에 반했던 기억이 있다. 그 유선여관이 최근 리모델링을 통해 유선관(한옥 호텔)과 카페로 탈바꿈했다는데, 더 쾌적하고 편리하게 사용할 목적이었을 것으로 생각된다. 예전의 그 느낌을 이제는 느낄 수 없겠지만… 때로는 조금 더 불편한 것이 마음이 편할 때가 있다.

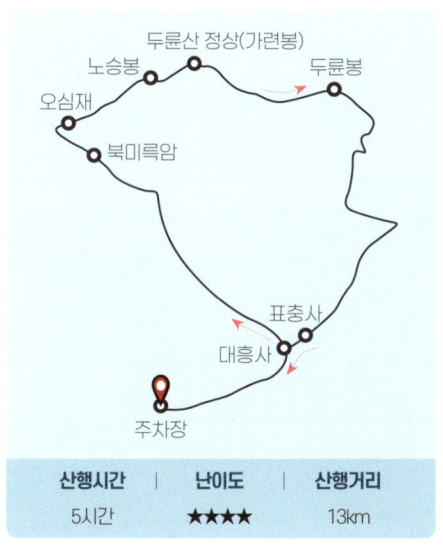

산행시간	난이도	산행거리
5시간	★★★★	13km

Tip　조선 시대의 출중한 시조 시인 고산 윤선도는 해남에서 태어났다. 치열한 당쟁 속에서 유배로 보낸 세월이 길다. 제주도로 유배 가는 길에 풍랑을 만나 보길도에 이르게 되었고, 이곳에서 머물며 <어부사시사> 같은 작품을 완성하였다. 이 섬에는 바람이 불 때 비가 쏟아지는 소리가 난다는 녹우당 등 고산 윤선도의 유적지 여러 곳이 있다. 그의 숨결이 곳곳에 밴 보길도도 들러보기를 추천한다.

084 | 연꽃의 꽃술자리, 청량사
봉화 청량산

경북 봉화군 명호면 청량산(870m)은 우리나라 '3대 기악' 중의 하나로 최고봉인 장인봉을 비롯해 선학봉, 자란봉, 탁필봉 등 12개의 봉우리가 솟아 있고 봉마다 대(臺)가 있으며 산자락에는 8개의 동굴과 4개의 약수가 있다. 신선이 바둑을 두었다는 신선대, 선녀가 유희를 즐겼다는 선녀봉, 최치원이 마시고 정신이 맑아졌다는 총명수 등 약수가 있다.

1544년 풍기군수로 있던 신재 주세붕은 청량산을 돌아보고 쓴 〈유청량산록〉에서 우리나라 산 중에 웅장하기는 두류산(지리산)이고, 청절하기는 금강산이며, 기이한 명승지는 박연폭포와 가야산 골짜기다. 그러나 단정하면서도 엄숙하고 밝으면서도 깨끗하며 비록 작기는 하지만 가볍게 여길 수 없는 것이 바로 청량산 이라고 평하고 있다.

선학정 주차장에서 청량사까지는 시멘트 포장도로로 경사도가 상당하다. 입구에서부터 아기자기하게 꾸며놓은 예쁜 꽃들이 찾는 이들을 반겨준다. 구름으로 산문을 지은 소금강 청량사에서 5월의 푸르름과 야생화 틈 사이에서 느껴지는 여유로움이 참 좋다.

　청량사는 신라 문무왕 3년(663년)에 원효대사가 창건한 천년고찰로 창건 당시만 해도 33개의 부속건물이 있는 대사찰이었으며, 봉우리마다 암자에서 울려퍼지는 스님의 독경소리가 산 전체를 가득 채웠다고 한다. 청량산 일대에만 27개의 암자가 있어서 신라불교의 요람을 형성하였다.

　청량사를 뒤로하고 본격적으로 등산로에 접어든다. 자소봉과 연적봉, 탁필봉… 여러 봉우리를 오르락 내리락 하다가 청량산의 명소 하늘다리가 나타나면 정상이 가까워진 것이다. 하늘과 가장 가깝다 해서 '하늘다리'라고 이름지었다고 하던가…

　자란봉과 선학봉을 잇는 이 다리는 길이 90m, 높이 70m로 보기만 해도 아찔하다. 긴장되는 마

음과는 다르게 아래로 펼쳐지는 초록물결이 참 곱고 예쁘다.

　여기서 조금만 더 가면 정상인 장인봉이다. 정상을 지나 100m쯤 더 내려가면 기막힌 조망터가 나타나는데, 청량산 남서쪽 일대의 기암들과 가파른 산록 그리고 푸른 낙동강 물줄기가 한 눈에 조망된다.

　하산길은 급경사 구간을 따라 청량폭포 방향으로 잡는다. 화려함은 순간의 감동을 주지만 은은함은 두고두고 잊지 못할 것이다. 딱 오늘의 청량산을 두고 하는 말이다.

에필로그 청량산에서 돌아나오는 길에 이육사문학관에 들렀다. 이육사는 퇴계 이황의 14대손으로 안동을 대표하는 명문가 출신이다. 그래서 태어난 마을 인근에 퇴계종택과 도산서원이 있다. '광야', '청포도' 등 민족의 아픔을 노래한 민족시인이자 독립운동가 이육사를 기념하는 곳에서 자신의 안위와 부귀영화보다 나라를 먼저 생각한 마음이 고스란히 느껴졌다. 암울하고 어두웠던 시절 조국을 배반하고 민중을 외면한 지식인들도 많았지만, 진심으로 나라를 위해 힘쓴 분들도 계셨다. 이 사회를 위해 내가 어떤 역할을 할 수 있을지 진지하게 고민해 봐야겠다.

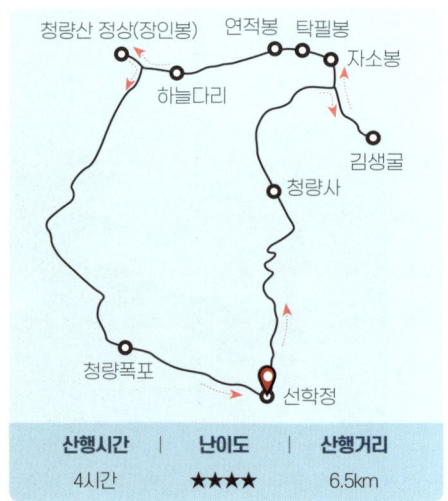

Tip 청량산에는 역사적인 장소와 볼거리들이 참 많다. 신라시대 원효, 의상, 김생, 최치원 등의 명사가 찾아와 수도했던 곳으로 최치원의 유적지인 고운대와 독서당, 신라의 명필 김생이 글씨공부를 하던 김생굴이 있다. 또 고려의 공민왕이 홍건적이 난을 피해 쌓았다는 청량산성도 있고, 조선시대 퇴계 이황은 청량산을 사랑하며 스스로를 청량산인이라 불렀다.

085 햇볕이 잘 드는 곳, 청양에 숨겨진 보물
청양 칠갑산

충남 청양군 대치면 칠갑산(561m)은 만물생성의 7대 근원인 "칠(七)"자와 싹이 난다는 뜻의 "갑(甲)"자로 생명의 근원지, 생명의 발원지라 한다. 산 정상에서 일곱 군데로 뻗어내려 있고, 금강 상류인 지천과 잉화천을 굽어보는 산세에 일곱 장수가 나올 갑(甲)자 형의 일곱 자리 명당이 있어 칠갑산이라 전해온다.

100대 명산 탐방을 시작하면서 많은 변화가 생겼다. 가장 큰 변화는 주말이나 공휴일에 시간만 나면 산행 계획을 세우고 나서는 것이다. 그러면서 전국을 여행하고 해당 지역의 역사 문화를 관심있게 볼 수 있는 소중한 시간들을 보낼 수 있었다.

'충남의 알프스'라는 별명을 가지고 있는 칠갑산은 해발 561m로 높거나 험준하진 않지만 크고 작은 봉우리와 깊은 계곡을 지닌 명산으로 깊고 웅장한 산세를 보여 청양의 진산으로 불려지고 있다.

천장호관리사무소에서 산행을 시작하자 눈발이 휘날리고 매서운 겨울바람이 분다. 겨울 산행에 이 정도는 양호하다고 생각하며 전진하자 이내 천장호 출렁다리가 나타난다. 중간 부근을 지날 때 30~40cm 정도 흔들

리도록 설계되어 세찬 눈보라와 함께 출렁임의 짜릿한 스릴이 더해진다. 출렁다리 한가운데에 높이 16m로 세계에서 가장 큰 고추 세 개와 구기자의 모형이 자리하고 있다. 청양의 특산물을 홍보하기에 아주 적합하다는 생각이 든다.

다리를 건너면 칠갑산 정상으로 향하는 천장로 등산로가 무난하게 이어진다. 그러나 정상에 가까워지면서 수직에 가깝다고 할 정도로 급경사를 이루는 337개의 철계단이 눈 앞에 펼쳐져 입이 딱 벌어진다. 심장은 요동치고 거친 숨을 연신 몰아쉬지만 마음은 편안하다. 산행을 하면서 내공이 쌓인 것일까.

정상에서의 감동은 산에 오를 때의 힘든 정도와 비례한다. 칠갑산 정상에 서면 주변에 이보다 높은 봉우리가 없어 확 트인 조망이 기대에 어긋나지 않는다. 서쪽으로 백월산, 동남쪽으로는 계룡산이 보이는 듯하다.

하산은 사찰로를 따라 칠갑산의 명소 장곡사 쪽으로 향한다. 장곡사는 신라 문성왕 12년(850년) 보조선사 체징에 의해 창건된 천년고찰로 국보, 보물, 문화재를 간직하고 있다. 뿐만 아니라 우리나라에서 유일하게 건축의 형태와 축조 시대가 서로 다른 대웅전이 있는 유서 깊은 명찰이다. 천년고찰을 따라 걷는 이 길은 한국의 아름다운 길로 선정될 정도로 호젓하고 아름답다.

에필로그 칠갑산을 유명 산의 반열에 올려놓은 것은 '콩밭 매는 아낙네야 무슨 설움 그리 많아 포기마다 눈물 심누나…'로 시작되는 대중가요 '칠갑산'이다. 홀어머니를 생각하는 애끓는 마음과 간절한 그리움을 노래하고 있는데, 요즘 그 사연 많은 칠갑산에 젊은 감성이 충만해지고 있다. 칠갑산 솔바람길은 천장호 출렁다리 주변 길을 따라 알프스마을로 이어져 많은 이들이 찾고 있다. 자연은 변하지 않고 그대로인데, 시대와 세대에 따라 사람들이 받아들이는 감정의 무게와 색깔은 달라진다!!

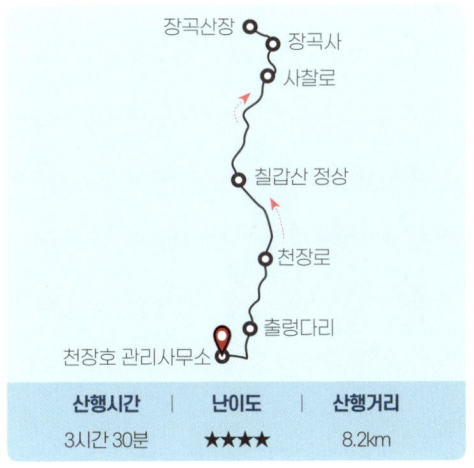

Tip 이냉치냉(以冷治冷). 겨울에 찾으면 추울수록 재밌다는 얼음 분수 축제를 만끽할 수 있다. 커다란 얼음 분수로 만들어 놓은 알프스성에 동화의 나라에 사는 캐릭터들이 모여 사는 겨울 왕국이 칠갑산에 펼쳐진다. 청양의 청정 자연 속에서 맑은 밤하늘을 들여다볼 수 있는 천문우주테마과학관 스타파크를 찾아도 좋다.

100가지 보물을 품은 100대 명산

12

호젓한 숲길을 걸으며 사색하고 싶다면

- 추월산
- 백덕산
- 가리산
- 태화산
- 방태산
- 금수산
- 천마산
- 방장산

086 | 추월산의 달 그림자, 그 정취가 담긴 산
순창 추월산

전북 순창군 복흥면 추월산(731m)은 많은 수림과 기암괴석, 깎아 세운 듯한 석벽이 마치 섬을 쌓은 듯이 둘러있다. 아름다운 경치와 울창한 수림에 약초가 많이 나 예로부터 명산으로 불렸다. 널찍하게 펼쳐지는 담양호를 끼고 있으며 산기슭과 중턱은 완만한 경사를 이룬다. 활엽수와 노송이 빽빽이 들어차 있고 특히 가을에는 단풍이 아름답다.

'추월산의 달 그림자'를 아시나요? 추월산을 낀 맑디맑은 담양호수에 달이 긴 그림자를 드리웠으니 그 얼마나 아름다웠을까. 그러기에 예로부터 이름난 시인 묵객들의 시심(詩心)을 자극했던 것인가. 그 모습은 상상만으로도 가슴을 뛰게 했을 것이다. 산색이 아름답고 물이 맑음을 산자수명(山紫水明)하다 했는데, 추월산이 바로 그런 곳이 아닐까 싶다.

호젓한 산행을 하기 원한다면 추월산은 가을에 찾는 것이 더욱 제격일 듯 싶다. 추월산은 단풍으로도 명산의 대열에 오르니 말이다.

오랜만에 아주 홀가분하게 산길을 걷는다. 입구에 의병전적지라 쓰인 비석이 눈길을 끈다. 추월산은 임진왜란 때 치열한 격전지였으며, 동학농

민운동 때에도 동학군이 마지막으로 항거했던 곳이기도 하다.

추월산 암벽 사이사이로 절묘하게 등산로가 나 있어 명산의 정취를 느낄 수 있다. 산을 오르다가 뒤돌아보면 담양호의 푸른 물결이 펼쳐진다. 전망대에서 바라본 절정을 앞둔 화려한 단풍과 담양호가 어우러진 풍광은 "와~ 예쁘다!"라는 소리가 절로 나온다.

1,000개가 넘는 계단을 올라 고려시대 보조국사 지눌이 창건했다고 알려진 보리암에 들린다. 보리암은 아찔한 수직의 벼랑 위에 아슬아슬하게 매

달듯 지은 암자다. 그 긴장감이 서울 관악산의 연주암 못지 않다. 아, 저런 곳에 어떻게 암자를 지었을까?

고려 신종 때 보조국사 지눌이 창건한 보리암에는 얽힌 이야기들이 많다. 지눌이 전국에서 좋은 땅을 찾으려고 나무로 세 마리 매를 만들어 보냈더니 한 마리는 순천 송광사터에, 한 마리는 장성 백양사터에, 나머지 한 마리는 이 추월산 보리암터에 앉았더란다.

능선을 따라 정상에 오르면 기암절벽이 장관을 이룬다. 솜씨 좋은 석공이 한땀 한땀 깎아 빚은 듯한 모습이 마치 성을 쌓은 듯이 산의 정상을 차지하고 있다. 정상에서 내려다보이는 푸른 숲에 에워싸인 담양호의 전경은 이루 말할 수 없이 아름답다.

에필로그 가을밤에 올려다보면 바위 봉우리가 달에 닿을 듯 높아 보인다고 해서 추월산이라는 예쁜 산이름이 유래했다고 한다. 우리나라에는 예쁜 산이름들이 참 많다. 양평 소리산, 통영 사량도지리산, 원주 매화산, 제주 소록산, 이천 도드람산, 진주 월아산… 추월산은 이름 그대로 아주 낭만적이다. 많은 사연을 간직한 낭만적인 산에서 호젓한 산행을 하고 나니 마음이 가득 채워지는 기분이다.

Tip 담양에는 나무와 관련된 유명한 곳이 많다. 몇 백 년 넘은 노거수(老巨樹)들이 도열하는 조선시대의 인공숲 관방제림과 하늘을 향해 뻗은 빽빽한 대나무 향이 상쾌해 죽림욕을 마음껏 즐길 수 있는 죽녹원, 양쪽 길가에 심어져 울창한 가로수 터널길을 이루어 사진을 찍기 위해 많은 사람들이 몰려드는 메타세콰이어길은 담양의 랜드마크이다.

087 낙엽을 밟으며 사색의 바다에 빠진다
영월 백덕산

강원 영월군 무릉도원면 백덕산(1,350m)은 태백산맥의 줄기에 딸려 있다 산세가 웅장하고 험한 편이어서 능선의 곳곳마다 절벽을 이룬다. 하지만 산세가 완만한 산행 코스를 잡으면 어렵지 않게 등정할 수 있다. 남서 쪽에 우리나라 5대 적멸보궁인 법흥사가 자리하고 그 일대는 원시림이 잘 보존되어 있다.

백덕산의 1,300m가 넘는 높이와 웅장한 산세로 인해 처음에는 위압감을 느낄지도 모른다. 그런데 호젓하게 그리고 느긋하게 사색을 즐길 수 있는 코스가 있다. 바로 해발 800m의 문재터널에서 산행을 시작하는 코스다.

여름의 시작을 알리는 6월 초 짙은 녹음으로 옷을 갈아입은 산에서는 풀냄새, 나무냄새 등 짙은 향이 코를 자극한다. 백가지 덕을 품은 산이라 했던가. 백덕산은 자작나무 군락지 속에서 사색과 낭만의 시간을 보낼 만한 곳이다.

초반은 완만한 오르막이고 큰 어려움 없는 난이도이다. 하늘을 가릴 듯 빽빽한 나무 사이를 지나며 이런저런 생각에 잠긴다.

걷기 위주의 등산은 육체적 활동도 의미가 있지만 정신 건강에 좋은 사

색하는 스포츠며, 산을 걸으며 스스로 많은 생각을 하고, 동행자들과 깊은 대화를 나눈다면 산에 오르는 사람들의 인생은 더욱 행복해질 것이라는 누군가의 말도 떠오른다.

그렇게 산을 오르는 동안 어느 순간 시원한 조망이 터진다. 정말 여기도 산, 저기도 산, 산 밖에 보이지 않는다. 첩첩산중이란 말을 실감한다.

정상을 눈앞에 두고 N자형 비슷하게 구부러진 참나무 아래를 지난다. 서울대학교 정문의 커다란 철제 구조물인 〈샤〉를 떠올리게 한다고 해서 서울대 나무로 통한단다. 어쩜 저렇게 자랐을까? 자연의 신비로움을 또 한번 느끼게 된다.

6km의 긴 코스를 지나 백덕산 정상에 도달한다! 탁 트인 정상의 시원한 조망이 일품이다. 저 멀리 가리왕산과 매봉산이 가물거린다.

숲 능선길을 따라 하산은 운교리 방향으로 한다. 험하지 않은 편안한 흙길이 이어지면서 마음이 가벼워지고 룰루랄라 콧노래가 나온다.

감성이 충만해진 김에 도종환 시인의 '산을 오르며'를 읊어본다.

오르막길에서 가파른 숨 몰아쉬다 주저앉지 않고 / 내리막길에서 자만의 잰걸음으로 달려가지 않고 / 평탄한 길에서 게으르지 않게 하소서…

에필로그 하산하면서 '홀산'(혼자 하는 산행)하는 MZ세대들을 여럿 만난다. 등산하면 중장년층들이 주로 즐기는 레저 활동으로 알았는데, 나홀로 산행을 즐기는 20, 30대들이 부쩍 많아졌단다. 코로나 19 이후에 바뀐 트렌드다. 활동성이 강한 젊은 세대들이 답답함을 해소하기 위한 목적으로 산을 찾는 경우가 많다고 한다. 등산처럼 좋은 취미가 또 있으랴.

산행시간	난이도	산행거리
4시간	★★★	12km

Tip 산행기점인 문재터널 가까운 곳에 유명한 안흥찐빵집이 있다. 찐빵하면 안흥 아닌가? 또 6월의 평창에는 놓치지 말아야 할 것이 하나 있다. 바로 육백마지기에 만발한 샤스타데이지이다. 원래 육백마지기는 고랭지 채소밭인데, 배추를 심지 않은 여름에는 꽃을 심는다. 커다란 풍력발전용 바람개비와 샤스타데이지 꽃밭의 풍경이 이국적이라 인생샷을 찍기 위해 많은 이들이 찾고 있다.

088 소확행을 얻어가는 편안한 산행길
홍천 가리산

강원 홍천군 두촌면 가리산(1,051m)은 서쪽으로 소양호, 동쪽으로 400 리 홍천강을 내려다보며 우뚝 솟아 있다. 산 이름인 가리는 단으로 묶은 곡식이나 땔나무 따위를 차곡차곡 쌓아둔 큰 더미를 뜻하는 순우리 말이다. 능선은 완만한 편이나, 정상 일대는 협곡을 사이에 둔 3개의 암봉으로 이루어지고 강원 제1의 전망대라고 할 만큼 조망이 뛰어나다.

'소확행'이란 신조어가 있다. 가리산의 한갓진 숲길을 걸으며 그 말을 떠올린다. 소확행은 일본 작가 무라카미 하루키가 처음 사용한 말로 '소소하지만 확실한 행복'의 약자다. 그가 이야기한 대로 삶의 소소한 행복감을 자주 느끼는 것이 곧 전체적 행복감일 것이다.

가리산은 전형적인 육산이다. 전반적인 가리산 등산 코스는 누구나 수월하게 걷기 좋다. 연인끼리 혹은 가족 단위로 정상이 아니라도 가리산자연휴림에서 호젓한 느낌을 만끽하기에도 좋을 것 같다.

비가 오락가락 하더니, 안개가 산을 접수하기로 했나 보다. 오늘 전망이 썩 좋지 않겠다고 일찌감치 예상해 본다. 합수곡 분기점에서 가삽고개로 향하는 길은 무난하다. 빽빽하게 우거진 키다리 낙엽송들이 짙푸르

게 우거져 하늘을 찌르고 있다. 고즈넉하기만 한 낙엽송 숲은 옛날에는 화전민들의 치열한 삶의 터전이었다고 한다. 60년대 말까지 이 산의 골짜기마다 화전민들이 많이 살았다는데...

정상이 가까워지면 평탄한 산줄기 위에 뾰족한 바위 봉우리 세 개가 모여 솟아 있다. 각각 제 1, 2, 3봉으로 불린다. 이 정상의 봉우리들은 밧줄과 난간을 잡고 오르내려야 하므로 바짝 긴장한다. 이 오름길 바위 전체에 박아 놓은 철제 난간이 위험하니 조심하라고 알려주는 것 같다.

정상 1봉에서 소양호를 내려다 보는 전망이 일품이라는데, 짙은 안개로 아무 것도 보이지 않는다. 아쉬운 마음을 뒤로 하고 가까이에 있는 2봉으로 발걸음을 옮긴다. 이곳에서도 역시 안개로 큰바위 얼굴의 실루엣만 흐릿하게 확인될 뿐이다.

사방이 안개에 싸여 전망이 보이지 않지만, 나름대로 몽환적인 분위기를 만들어 운치가 있다. 회색빛의 주변 환경과 고사목들이 어우러진 모습이 한 폭의 수묵화를 보는 기분이다.

정상에서 내려가는 길도 험한 구간을 일부 포함하고 있지만 대체적으로 나무숲에 둘러싸인 조용한 숲길이다. 합수곡에 이르러 만나는 계곡의 물이 장쾌하게 흐른다.

에필로그 정상 부근의 '큰바위 얼굴' 바위는 가리산의 명물이다. 조선 영조 때 한 선비가 산 정상에 올라 호연지기를 키워 판서가 됐다고 한다. 이곳을 찾은 많은 사람들이 잇따라 과거에 급제하고 벼슬을 했다는 전설에 따라 이 바위에는 수능 대박을 꿈꾸는 수험생 학부모들이 많이 찾는다. 대구 팔공산의 갓바위처럼. 자식을 위해 기도하는 부모의 애절한 마음에 가슴이 아릿해진다.

> **Tip** '무궁화의 고장' 홍천에 국내 최초의 무궁화 산림휴양지로 무궁화수목원이 조성됐다. 우리 꽃 무궁화를 보존하고 독립운동가였던 한서 남궁억 선생의 무궁화 사랑을 기리기 위해 조성됐다. 남궁억 광장, 무궁화 조형물, 무궁화 품종원, 무궁화 미로원 등 무궁화를 주제로 한 테마공원이 있다. 홍천에는 무궁화공원, 무궁화 테마파크, 무궁화마을도 있다.

089 | 부드러운 능선에 낙엽길이 이어진다
영월 태화산

강원 영월군 영월읍 태화산(1,027m)은 강원도와 충청북도의 경계를 이루는 산으로 산세는 대체로 완만하다. 고려시대의 토성(土城)인 태화산성에서는 소백산과 백두대간 줄기가 보이고, 드넓은 억새밭이 아름답다. 북동쪽에는 고씨동굴(천연기념물 제219호)이 있고, 그 부근에는 조선시대에 단종이 세조에 의해 유배되었다가 묻힌 청령포와 장릉이 자리한다.

태화산은 남한강을 품에 안고 유유히 산세를 좌우로 펼친다. 그리고 활엽수 숲의 아름다움을 산행객들에게 펼쳐 보이며 능선 길은 부드럽다.

능선이 완만하고 남한강과 어우러진 조망이 일품이며 산세가 험하지 않아 가족과 함께하는 산행지로 매우 좋다.

아직 앙상한 나뭇가지 일색이지만 곧 새순이 돋고 연두빛 잎들이 수줍게 머리를 내밀 것이다. 봄이 오는 소리를 들으며 걷는 푹신한 흙길에 마음이 편안해진다.

숲속 사이사이로 남한강과 주변을 아우를 수 있는 전망 좋은 곳이 나타

난다. 오르막 내리막길이 있긴 하지만 주위와 잘 어울리며 자연스레 동화된 듯한 모양새까지 갖춰 전형적인 우리네 산, 그 자체다. 그런데 이 산을 찾는 사람은 별로 없는 듯하다. 인근 소백산, 월악산의 그늘에 가려 널리 알려지지 않아서인가 보다.

호젓한 산행과 사색을 즐기며 나만의 시간을 갖기에는 그야말로 안성맞춤이다. 다시 사색의 즐거움에 빠져든다. 프랑스의 유명 소설가 까뮈가 말했다. '모든 잎이 꽃이 되는 가을은 두 번째 봄'이라고. 그런데 가을은 가을대로의 아름다움이 있다. 봄보다 더 아름다울 수 있는 가을의 아름다움이…

산길을 따라 걷다보면 작은 암자가 나오는데, 이곳에서 기르는 개가 얼마나 충직한지 등산객을 보고 엄청나게 짖어대는 바람에 겁 많은 사람들은 놀라서 혼비백산하며 달아난다.

정상에 도착하니, 어라? 정상석이 두 개다. 자세히 보니 하나는 충북 단양군이라 표기되고, 다른 하나는 강원 영월군이라 쓰여 있다. 덕분에 마치 다른 산에 올라온 것 같은 기분으로 두 번의 인증사진을 찍는다.

고구려시대 토성인 태화산성 쪽으로 하산한다. 산행이 끝나는 지점에 임진왜란 때 왜병과 싸운 고씨(高氏)가족이 숨어서 난을 피했다고 해서 이름 붙여진 고씨동굴이 있다. 고씨동굴은 천연기념물 제219호로 4억 년 전에 형성되었고, 종유석·석순·석주들이 조화롭게 배치되어 장관을 이룬다.

에필로그 정약용, 공자, 아인슈타인, 루소, 칸트, 괴테, 니체, 소크라테스 등 동서고금의 많은 철학자들이 걸으면서 명상하고 연구했다고 한다. 문제 해결을 위한 치열한 사색은 자기 자신을 성장시키는 비결이었다. 꿈꾸는 자는 꿈꾸지 않는 자보다 많이 이룬다던가. 사색하는 자는 사색하지 않는 자보다 많이 이룰 것이다.

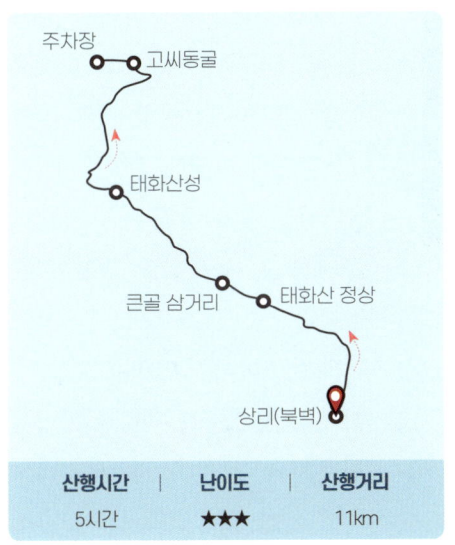

Tip 호젓하고 멋진 숲길을 걸으며 사색에 젖어들 수 있다면? 산림청에서는 경관이 아름답고 생태적 가치가 우수한 명품숲을 발굴하고 지역의 주요 산림관광자원으로 육성하기 위해 국유림 명품숲을 선정하고 있다. 유형별 특성을 고려하여 산림경영을 위한 경영 경관형 숲, 희귀수종 등 연구를 위한 보전 연구형 숲, 휴양을 위한 휴양 복지형숲으로 구분하는데, 총 50개 정도의 숲이 있다.

090 | 방태산에서 늦가을의 스잔함을 느끼다
인제 **방태산**

강원 인제군 상남면 방태산(1,435m)은 골짜기와 폭포가 많아 철마다 빼어난 경관을 볼 수 있다. 한국에서 가장 큰 자연림이라고 할 정도로 나무들이 울창하다. 사계절 내내 물이 마르지 않으며 희귀식물과 어종이 살고 있다. 방동리에는 심마니가 발견하였다는 방동약수가 있고, 진동계곡에는 피서객과 야영객이 많이 몰린다.

늦가을 방태산을 찾는다. 오지 중의 오지이고 우리나라에서 가장 큰 자연림이어서 한국의 아마존이라 불리는 곳이 바로 방태산이다.

자연휴양림을 출발하자 등산로는 완경사에 고즈넉한 숲속으로 이어진다. 천천히, 아주 천천히 걸으며 사색에 잠겨본다. 이런 산행이 이어질수록 기분이 좋아지고, 긍정적인 태도와 감정이 강화되어 건강 증진에 도움이 되는 것 같다.

적가리골의 이단폭포를 지난다. 폭포 두 개가 연이어진 암반 폭포로 수량이 풍부하고, 빼어난 화가가 그린 풍경화처럼 전체적인 구도와 짜임새가 탁월하다. 절정으로 치닫는 가을을 기억하려는 듯 떨어지는 물소리는 만추를 노래하고 있다.

　적가리골 주변에는 아름드리 거목들이 빼곡하게 우거져 있다. 사람의 손을 타지 않는 자연림이다. 과연 한국의 아마존이라 불릴 만하다. 갈림길에서 주억봉을 향해 본격적인 산행을 시작한다.

　해발 1,400m의 고산인지라 걷기 좋은 숲길을 벗어나면 삼거리에서 주억봉 정상까지는 가파름의 절정을 이룬다. 주억봉 정상의 전망은 정말 뛰어나다. 북쪽으로 바라보면 가리산, 점봉산과 설악산 대청봉까지 훤히 보인다. 정상석은 나무로 만든 것과 대리석으로 만든 것 등 두 개가 있다.

남쪽 지역은 마지막 단풍을 즐길 무렵이지만 역시 강원도라 다르다. 정상 부근의 나뭇가지에 상고대가 피어 있다. 얼마 전 단풍이 절정이라는 말을 들었는데 곧 이곳에는 칼바람이 몰아치고 산 전체가 하얀 눈 옷으로 갈아 입으리라. 누가 시키지 않았는데도 때가 되면 꽃이 피고 지고, 단풍이 들고… 자연의 섭리는 그 자체가 아름다움이다.

능선길을 따라 구룡덕봉으로 향한다. 시야가 탁 트여 길이 지루하지가 않다. 간간이 만나는 주목은 언제부터 저렇게 있었을까.

에필로그 방태산은 100대 명산 탐방 중 98차이다. 100대 명산에 오르고자 처음 다짐했을 때 자연 속에서 호연지기를 키우는 것이 목표였는데, 그것 말고도 다른 선물을 받았다. 어떤 운동을 해도 줄어들지 않던 허리 둘레가 2인치나 줄어 입던 옷을 수선하는 기쁨을 맛보았다. 무엇보다 몸이 아주 건강해졌다. 그리고 만성적인 비염이 없어졌다. 산은 아낌없이 내어주기만 한다. 고맙고 또 고맙다.

Tip 방태산은 여름철에는 하늘이 보이지 않을 정도로 수림이 울창한 가운데 계류가 시원하게 흘러 계곡 피서지로도 제격이다. 풍부한 수량의 적가리계곡 옆의 이단폭포와 와폭을 여름에 찾는다면 더 좋을 듯하다. 방태산자연휴양림 인근의 방동약수도 놓치지 말자! 탄산, 망간 등 성분이 함유되어 위장병 치료와 소화 증진에 특히 좋다고 한다. 톡 쏘면서 쇳맛이 나서 처음 먹는 사람은 힘들 수 있으니 참고하기를…

091 | 충주호와 단풍 속 사색의 향기
제천 금수산

충북 제천시 수산면 금수산(1,015m)은 능선이 마치 미녀가 누워 있는 모습과 비슷하여 미녀봉이라고도 부른다. 충주호를 낀 산기슭에는 푸른 숲이 우거지고 봄에는 철쭉, 여름에는 녹음, 가을에는 단풍, 겨울에는 설경이 아름답다. 계곡에는 한여름에도 얼음이 어는 얼음골이 있고 산중턱에는 가뭄이나 장마에도 수량이 일정한 용소가 있다.

금수산에 단풍철에 맞춰 가기 위해 나름대로 이리저리 궁리를 했다. 하지만 현장에 와 보니 딱 맞는 시기는 맞추지 못한 것 같다. 한 일주일만 더 있으면 단풍이 더 아름다울 텐데… 그래도 이제 막 물들기 시작하는 단풍 잎에서 그 나름대로의 멋이 느껴진다.

금수산은 원래 백암산이라 불렸으나 조선시대 대학자 퇴계 이황이 단양 군수로 있을 때 "비단에 수를 놓은 것처럼 아름답다"고 하며 금수산이라 바꾸었다고 한다. 이 산을 끼고 드넓은 충주호의 푸른 물이 감싸듯이 돌아 흐른다. 그 덕분에 주변 경관도 아름답고, 이름 그대로 마치 비단에 수를 놓은 듯 기암절벽을 이룬 능선과 어울린 산세가 눈길을 사로잡는다.

편안한 오솔길이 이어진다. 단풍이 다 들면 환상적인 단풍 터널이 될 듯하다. 얼마 지나지 않아 남근석공원이 나타난다. 괜히 민망해지는 순간이다. 산세가 여자가 누워 있는 형상이라 음기가 세다고 전해진다. 그리하여 남근석공원까지 만들어 그 음기를 누르고자 했다던가.

남근석공원을 지나면서 본격적인 산행이 시작된다. 천천히 걸으며 사색에 젖어 들다보니 어느새 옹달샘에 도착한다. 그곳에서 보는 풍경은 빼어나다. 아직 아침이라 그런가 아니면 이곳에 호수가 있다던데 그 영향을 받아서인지는 몰라도 운무가 눈앞에서 춤을 춘다.

조금만 힘을 더 내면 능선길에 다다른다. 이곳에서는 저 멀리 월악산이 보인다. 이제 정상까지는 편한 길이다. 감탄을 연발하며 경치 구경을 하다 보니 어느덧 정상이다.

하산길에 둘러보니 산행객을 위한 이정표가 눈에 잘 띄지 않는다. 거의 없다시피 하다. 산행객들의 리본 또한 발견하기 힘들다. 처음 오는 등산객들을 위해 좀 더 친절했으면 좋겠다.

하산길에 가벼운 기분이 든다. 1,000m가 넘는 높은 산이지만 힘들다는 생각이 들지 않는다. 풍경에 취해서 인적 드문 산길을 천천히 걸어서 가뿐하게 오른 것 같다.

에필로그 법륜스님의 '인생수업'이라는 책에 '잘 물든 단풍은 봄꽃보다 아름답다'는 구절이 나온다. 마음에 와닿는 부분이다. 막 피어나는 꽃도 아름답기가 이루 말할 수 없지만 일 년을 마무리하기 위해 준비 작업을 하는 단풍 역시 보는 사람의 마음을 흔들어 놓기 마련이다. 사람도 마무리가 중요하다. 마무리가 깔끔하지 못하면 좋은 인상을 남길 수가 없다. 훗날 누군가에게 뒷모습이 아름다운 사람으로 기억되었으면 좋겠다.

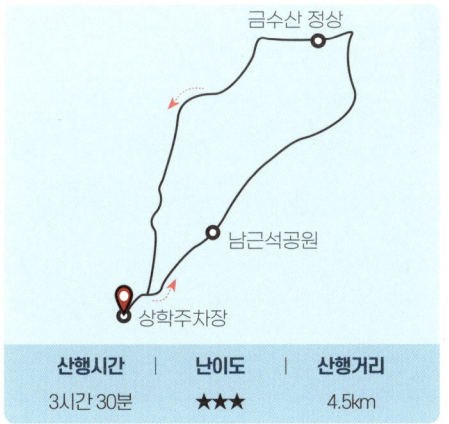

산행시간	난이도	산행거리
3시간 30분	★★★	4.5km

> **Tip** 청풍명월이라 일컫는 제천에 와서 청풍호(충주호)를 찾지 않는다면, 뭔가 안하고 빠트리는 기분일 것이다. 청풍호는 충주댐으로 인해 조성된 인공호수로 소양호 다음으로 담수량이 크며, 풍부한 수량과 넓은 수면으로 어종이 풍부하다. 유람선과 케이블카는 청풍호를 제대로 느낄 수 있는 방법이다.

092 | 바람조차 쉬어가는 호젓한 낙엽 산행지
남양주 천마산

경기 남양주시 화도읍 천마산(812m)은 남양주시의 한가운데에 우뚝 자리 잡고 있다. 남쪽에서 천마산을 보면 마치 달마대사가 어깨를 쫙 펴고 앉아 있는 형상을 하고 있어 웅장하고 차분한 인상을 준다. 고려말 이성계가 이 산이 매우 높아 손이 석 자만 길어도 하늘을 만질 수 있겠다 하여 '하늘을 만질 수 있는 산'이라는 이름이 비롯되었다고 한다.

조선시대 동에 번쩍 서에 번쩍하던 임꺽정이 근거지로 삼았다고 하는 천마산. 천마산은 지하철 경춘선 천마산역에서 10분 정도 걸어가면 산행 입구에 쉽게 도착할 수 있어 수도권 주민들이 가볍게 산행하기 안성맞춤이다.

새소리, 바람 소리, 바람에 흔들리는 나무 소리, 인적이 뜸한 등산로, 두툼하게 깔린 낙엽... 바스락 바스락 낙엽을 밟으며 푸른 하늘을 올려다보니 마음 속까지 상쾌해지는 것 같다. 이 산에는 소나무와 굴참나무, 신갈나무, 고로쇠나무, 까치박달 등 낙엽 활엽수가 주종을 이루는 까닭에 낙엽이 수북히 쌓여 있다.

프랑스의 평론가이자 시인 구르몽의 시 '낙엽'이 생각난다. 가을이면 떠

오르는 가을에 어울리는 참 좋은 시다. 이 시를 읽으며 가을의 낭만에 젖어들지 않는 사람이 어디 있으랴.

시몬, 너는 좋으냐? 낙엽 밟는 소리가 / 낙엽 빛깔은 정답고 모양은 쓸쓸하다 / 낙엽은 버림받고 땅 위에 흩어져 있다 / 시몬, 너는 좋으냐? 낙엽 밟는 소리가 / 가까이 오라, 우리도 언젠가는 낙엽이리니…

잘 정비된 등산로를 따라 터벅터벅 정상을 향해 걸으며 사색을 즐겨본다. 꾸준히 이어지는 흙길, 숲길에 마음이 편안해진다. 생각을 정리하기 위해 등산을 간다는 분들도 있는데, 그 말을 충분히 이해할 수 있다. 머릿속 어지러운 생각들이 어느 순간 안정이 되는 것을 느낀다.

 깔딱고개를 지나며 조망이 열리기 시작한다. 여기서부터 정상에 도착하기 전까지는 약간 거친 산길을 오르는데, 그 구간이 길지 않고 계단도 정비가 잘 되어 있어 많이 힘들지 않다. 하산 길에 만나는 형형색색의 단풍이 너무도 고와서 걸음이 자꾸 느려진다. 천마산은 언제 오더라도 가볍게 산행하기 딱 좋은 산이다.

에필로그 사색의 계절, 가을... 또한 가을은 독서의 계절이다. 어느 통계에서 보니 우리나라 성인 절반은 1년에 책을 한 권도 읽지 않는다고 한다. 안타까운 일이다. 독서광으로 알려진 빌게이츠가 말하지 않았던가. '오늘의 나를 있게 한 것은 우리 마을의 작은 도서관이다. 하버드 졸업장보다 소중한 것이 독서하는 습관'이라고... 당장 오늘부터 손에 꼭 쥐고 있는 핸드폰을 잠시 내려놓고 한 권의 책을 품어야겠다.

산행시간	난이도	산행거리
3시간	★★★	6.2km

Tip 남양주의 대표적 인물은 다산 정약용이다. 정약용은 실학을 집대성한 인물로 이곳에서 태어나 말년을 보내고 고향에 묻혔다. 남양주에 가면 정약용을 기리기 위한 정약용 유적지를 한번 둘러보는 것도 좋겠다. 입구에 조성된 문화의 거리에는 수원화성 축조에 사용된 거중기와 동판에 집필한 목민심서, 경세유표가 새겨져 있다. 또 시대를 앞서간 선구자의 업적과 자취가 전시된 기념관과 정약용을 주제로 제작된 미술품들이 전시된 문화관이 있다.

093 | 편백나무 향 가득한 숲 속 쉼터
장성 방장산

전남 장성군 북이면 방장산(743m)은 전라북도와 전라남도의 경계를 이루고 예로부터 신령스러운 기운이 있다 하여 지리산, 무등산과 더불어 호남의 삼신산(三神山)으로 일컬어졌다. 산기슭에 세 개의 계곡이 있는데, 이 중 서쪽 기슭의 용추폭포가 흐르는 용추골이 많이 알려져 있다. 별로 높지는 않지만 산세가 깊어 경사가 심하고 봉우리가 많다.

방장산은 산이 신령스럽고 산세가 깊어 옛날에는 도적떼가 많았다 하여 방등산이라 불렀다가 근래에 들어 산이 넓고 커서 백성을 감싸준다는 뜻으로 방장산이라 고쳐서 부르게 되었다.

산행 초입에서 바라본 방장산은 호남의 삼신산(중국 전설에 나오는 상상의 세 신산)으로 추앙받아 온 산다워 보인다. 주위의 이름난 내장산, 선운산, 백암산에 둘러싸여 있으면서도 기세가 눌리지 않는 당당함을 자랑한다.

방장산자연휴양림에서 산행은 시작된다. 살랑거리는 코스모스와 노랗게 변해가는 은행나무길을 걸으며 가을 느낌을 만끽하는 지금 이 순간이 참 좋다. 방장산은 만추의 시기에 가장 멋지게 모습을 드러낼 것이 분명하다. 어느 계절에 와도 좋을 것 같은 산이다.

　양고살재부터 나타나는 경사진 등산로가 돌탑을 지나 방장사까지 이어진다. 배넘어재에서 갈미봉까지 이어지는 완만한 능선길을 따라가면 임도와 만나는 구간이 나온다. 벽오봉을 지나면 넓은 공터와 함께 패러글라이딩 활공장이 있는 억새봉에 도착한다.

　방장산 억새봉은 탁트인 조망과 함께 패러글라이딩, 산악자전거 등 레저스포츠를 즐길 수 있는 전국에서도 손꼽히는 명소다. 정상까지는 1.8km로 삼거리 갈림길의 고창고개를 지나 철탑을 지나면 오르막이 시작된다.

　급경사는 아니지만 서서히

고도를 높여준다. 숨이 차고 힘들어도 상쾌하고 가벼워지는 이 마음은 자연 속에서만 느끼는 것이 아닐까 생각된다. 휴대폰에서 축하 메시지가 흘러나온다. "트랭글이 등산 배지 획득을 축하합니다." 정말 반가운 소리다. 트랭글은 항상 정상에 도달하기 100m 전에서 가장 먼저 축하해 주는 박카스와 같이 상쾌한 존재이다.

　하산은 방장산을 한 바퀴 크게 두르며 출발했던 자연휴양림으로 향하는 원점회귀로 한다. 100대 명산이 아니었으면 방장산이라는 산이 우리나라에 있다는 것도 몰랐을 텐데… 이래 저래 100대 명산 탐방을 시작한 것은 참 잘한 일이다.

에필로그　하산길에 방장산 자연휴양림 편백나무길을 걸어본다. 산림 속을 걸으면 나무에서 뿜어 나오는 피톤치드의 상쾌한 향기와 효능에 기분이 좋아진다. 자연에서 온 우리이기에 어쩔 수 없이 자연 안에 들어가면 마치 내 몸 같은 편안함을 느낄 수 있다. 편백나무에서 뿜어내는 다양한 물질과 향기가 우리 몸에 즉각적 반응을 주어 건강이라는 선물도 받는다. 그래서 피톤치드를 일컬어 '대표적인 산림치유인자'라고 불려지는 것 같다.

산행시간	난이도	산행거리
3시간 30분	★★★	8.5km

Tip　밤에 떠나는 야간산행, 새벽에 출발하는 일출산행, 혼자 떠나는 산행에도 이 앱만 있으면 길 잃어버릴 걱정은 없다. 산쟁이들의 필수앱 '트랭글'이 그것이다. 출발지에서부터 운동 기록이 시작되어 엉뚱한 길로 가는 것을 막아 주고, 내가 어느 정도 왔는지도 가늠할 수 있다. 특히 정상 도착 전에 미션 완료를 알리는 축하 메시지를 보내주고 뱃지도 부여해 성취감을 얻게 하는 것은 덤이다.

100가지 보물을 품은 100대 명산

13

백두대간을 따라
걷고 싶다면

- 지리산
- 황악산
- 속리산
- 황장산
- 덕항산
- 두타산
- 설악산

094 | 백두대간을 밟으며 '어머니의 산'으로
함양 지리산

우리나라 내륙의 최고봉 지리산(1,915m)은 어리석은 사람이 머물면 지혜로운 사람으로 달라진다고 해서 붙여진 이름이다. 주봉인 천왕봉 아래 노고단(1,507m), 반야봉(1,751m) 등 3봉을 중심으로 100여 리의 거대한 산악군을 형성하고 있다. 화엄사, 쌍계사 등 유서 깊은 사찰과 국보, 보물 등 문화재가 많으며, 1967년 국립공원 제1호로 지정되었다.

백두대간은 우리 민족 고유의 지리 인식 체계로 백두산에서 시작하여 금강산, 설악산을 거쳐 지리산까지 끊기지 않고 남북으로 이어지는 긴 산줄기를 일컬으며, 총 길이는 1,400km에 이른다.

백두대간이 처음 체계화된 것은 조선 후기 실학자 신경준이 작성한 산경표에 의해서다. 우리나라의 민족정기가 백두산에서 시작하여 지리산까지 흐르고 있음을 강조한 것이다.

그 백두대간의 출발점 지리산은 우리나라에서 가장 넓은 국립공원으로 경남, 전남, 전북 3개 도에 걸쳐 있으며, 어머니 품처럼 넉넉하다 해서 '어머니의 산'으로 통한다. 그래서일까? 지리산의 산신령은 다른 산과는 달리 노고 할머니라 불리는 여성이다. 또 지리산은 6·25전쟁의 깊은 아픔을

간직하고 있기도 하다.

　지리산 천왕봉까지 가장 빠르게 오르려면 중산리에서 출발하면 된다. 또 법계사에서 운영하는 셔틀버스를 이용하면 순두류까지 수월하게 갈 수 있다. 본격적인 산행은 순두류에서 시작된다. 단풍으로 물든 10월 중순의 지리산은 어느 화가의 파레트를 들여다보듯 알록달록하다.

　순두류에서 법계사까지는 그다지 힘들지 않고 무난하게 오르지만, 법계사부터 천왕봉까지 2km는 산행의 묘미를 맛볼 수 있는 다이나믹한 구간이다. 군데군데 심장안전쉼터를 괜히 만들어 놓은 것이 아니다.

항상 인기가 많아 사람들로 북적이는 천왕봉을 살짝 비켜서 장쾌하게 이어지는 백두대간 길을 마음에 새겨본다. 제석봉을 지나면서는 오랜 세월 지리산이 품고 있는 주목(朱木) 군락지도 볼 수 있다. 장터목을 거쳐 중산리로 칼바위와 웅장한 계곡을 따라 하산하면서 이원규 시인의 시를 나지막하게 읊조려 본다.

"〈중략〉 그러나 굳이 지리산에 오고 싶다면 언제 어느 곳이든 아무렇게나 오시라. 그대는 나날이 변덕스럽지만 지리산은 변하면서도 언제나 첫 마음이니 행여 견딜만하다면 제발 오지 마시라"

에필로그 지리산에는 천왕봉만 있는 것이 아니다. 노고단, 한신계곡, 칠선계곡, 뱀사골, 바래봉 등 지리산을 만날 방법은 너무나 많다. 지리산은 매년 한번 이상 찾는데, 가장 기억나는 것은 첫 번째 지리산 종주 길이다. 처음 이용하는 대피소의 환경이 열악해 뜬눈으로 밤을 새워야 했다. 하지만 새벽에 본 하늘에서 우수수 쏟아질 것 같은 무수한 별들과 삼대가 내리 적선해야만 볼 수 있다는 천왕봉의 일출에 고단함이 한순간 사라지는 것 같았다. 참고 노력한 자만이 얻을 수 있는 특권이랄까...

Tip 백두대간 길을 더 걷고 싶다면 천왕봉에서 노고단까지 지리산 종주를 계획해보자!! 그러려면 국립공원관리공단 대피소 예약이 필수다. 주말에는 경쟁이 치열하니 미리미리 해야 한다. 그리고 구례군에서는 지리산 종주 인증제를 시행하고 있다. 홈페이지에 신청해 인증 수첩을 구입한 후 대피소 등 인증센터에서 스탬프 도장을 찍으면 기념 메달도 받을 수 있다.

095 | 덕유와 속리를 이어주는 백두대간의 나들목
김천 황악산

경북 김천시 대항면 황악산(1,111m)은 소백산맥의 허리 부분에 솟아 있다. 산세는 평평하고 완만한 편이어서 암봉이나 절벽이 없고 산 전체가 수목으로 울창하다. 동쪽 기슭의 직지사는 조계종 제8교구 본사로 이 절의 이름을 딴 경부선의 직지사역이 있다. 예로부터 학이 많이 찾아와 황학산이라고 불렀다고도 한다.

황악산은 백두대간 줄기가 추풍령에 이르러 잠시 주춤하다가 다시 솟구치기 시작한 곳에 자리 잡은, 능선이 길고 우람한 산이다.

백두대간 덕유산 구간과 속리산 구간을 잇는 허리 부분이 황악산 구간이다. 황악산에 펼쳐지는 백두대간 길을 걸으려면? 산행 기점인 직지사에서 가파른 등산로를 오르면 고지대의 주능선에 이른다. 이 능선이 백두대간 길이다.

벚꽃이 흐드러지는 4월의 직지사는 이미 많은 나들이객과 불자들이 북적거린다. 모두 상기된 얼굴로 완연한 봄을 즐기고 있는 듯하다. 직지사 경내를 여유롭게 둘러보니 담장을 끼고 흐르는 계곡물과 따사로운 봄볕이 조화롭기 그지없다.

신라 눌지왕 2년(418년) 창건되었다고 전해지며, 큰 스님 사명대사가 출가한 천년고찰 직지사는 수도하는 스님이 100명이 넘는 근엄한 대가람이다. 고구려 아도가 지었다는 설도 있으나 사적비가 허물어져 확실한 것은 알 수 없다.

등산로에 접어드니 사람들 소리가 확실히 줄어든다. 오늘 이 산에는 등산하려는 이보다 상춘객이 훨씬 많은가 보다. 산 높이에 비해 험한 구간은 별로 없고 평탄한 등산로가 이어진다.

능선에 도착하니 앞으로

가야 할 길이 손에 잡힐 듯 선명하다. 이제부터는 백두대간 길이 이어진다. 경사도가 있는 산을 오르다 완만한 능선길을 걸으면 발걸음이 너무 가볍다. 평지만 걸을 때는 절대 모를 느낌이다. 이 구간은 가을이면 정상까지 유순하게 펼쳐지는 억새로도 유명하다는데, 어느 계절에 찾아도 지루함 없이 등산을 즐길 수 있을 것 같다.

정상인 주변과 바람재 일대는 초원지대다. 정상에 올라서면 서쪽은 민주지산이요, 남쪽은 수도산이다. 하산은 합수곡 방향으로 한다. 내원교를 거쳐 산행기점인 직지사로 원점 회귀하는데, 하산길에 만난 진달래가 방긋방긋 웃는다.

에필로그 황악산을 떠나며 언젠가는 백두대간을 종주해 보리라 마음먹는다. 전국의 모든 산꾼들의 로망이 백두대간 종주라지 않던가. 백두대간 종주 후에 쓴 멋진 산행기를 모아 책으로 펴낸 산꾼들도 있다. 물론 많은 시간과 에너지가 필요할 것이다. 하지만 아름다운 우리나라 산들을 직접 두 눈으로 보고 마음에 품고 싶다는 마음이 점점 커진다. 100대 명산에 이은 또 다른 버킷리스트가 실행될 그 날을 위하여!!!

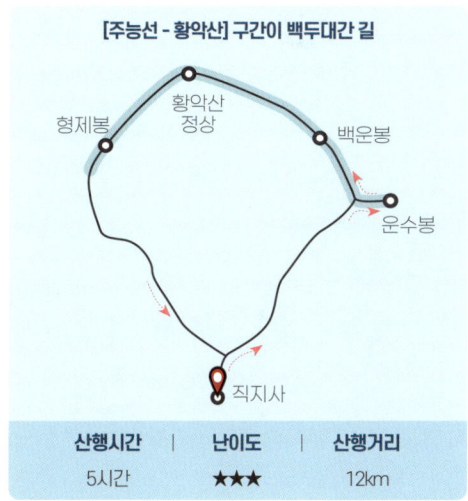

산행시간	난이도	산행거리
5시간	★★★	12km

> **Tip** 직지사 입구에 자리한 전세계도자기박물관은 재일교포 2세인 복전영자씨가 우리나라 도자기와 서양 도자기 등 1,019점을 김천시에 기증하면서 세워진 박물관이다. 지하 1층, 지상 1층으로 구성되어 있으며 고려청자, 조선백자, 유럽 도자기, 크리스탈 및 유리 제품을 전시한다. 영상실에서는 세계도자기 역사 및 제작 과정을 소개한다.

096 | 세 개의 강이 발원하는 백두대간의 허리
보은 속리산

충북 보은군 속리산면 속리산(1,058m)은 최고봉인 천왕봉을 중심으로 비로봉, 문장대 등 9개의 봉우리로 이루어져 있다. 한국의 팔경(八景) 가운데 하나로 화강암의 기봉과 울창한 산림으로 뒤덮이고 법주사가 자리한다. 법주사에는 팔상전(국보 55) 등 여러 국보와 보물이 있고 속리산 입구에 자리한 정이품송 소나무는 천연기념물로 지정되어 있다.

소백산맥 줄기 가운데 솟아 있는 속리산은 봄의 벚꽃, 여름의 푸른 소나무 숲, 가을의 단풍으로 비경을 이루고, 하얀 눈을 뒤집어쓴 겨울의 속리산은 그대로 그윽한 한 폭의 동양화다. 법주사 등 둘러볼 곳도 많아 여행가듯 떠날 수도 있다. 그리고 산행하기가 그리 어렵지 않다.

속리산은 정감록이 예언한 십승지지이기도 하였으니, 십승지지는 조선시대에 난리를 피해 몸을 보전할 수 있고 거주 환경이 좋은 10여 곳의 피난처다. 영주 풍기, 봉화 춘양, 보은 속리산, 남원 운봉 등이 바로 그런 전통적인 이상향이었다.

속리산은 예로부터 '삼파수(三派水)의 산'으로도 불린다. 남한의 3대 하천으로 꼽히는 한강, 낙동강, 금강의 물줄기가 제각각으로 속리산에서부

터 발원해 흐르고 흘러 큰 강을 이루는 것이다. 산 깊고 골 깊은 백두대간의 허리에서 물을 흘려보내 젖줄 같은 역할을 하는 것이 속리산이다.

속리산에서 백두대간 길을 밟으려면, 법주사 입구에서 산행을 시작해 문장대까지 올라야 한다. 3번 오르면 극락에 갈 수 있다는 속설이 전해지는 1,033m 높이의 문장대에 오르면 속리산의 절경을 한눈에 내려다볼 수 있다.

백두대간 길은 문장대에서 속리산 정상 천왕봉까지 4km에 걸쳐 펼쳐진다. 이 백두대간 길은 각종 기암괴석의 전시

장과도 같으며 아기자기한 암릉으로 이루어져 있다. 가히 바위의 천국이라고 할만하다.

암릉 사이로 난 등산로를 따라 걷다 보면 온갖 모양의 바위와 마주하고 작은 터널 등도 지나면서 속리산의 매력을 제대로 느낄 수 있다.

하산길은 지금까지의 길과 사뭇 다르다. 멋진 암릉은 사라지고 우거진 숲길을 지난다. 다양한 모습을 가지고 있어 더 재미가 있는 것이 산이다.

에필로그 백두대간 길을 걷다보면 리본을 가끔 본다. 앞으로 백두대간 종주를 할 등산인들이 길을 잃어버리지 않도록 나뭇가지에 달아 남겨두는 리본이다. 리본의 용도는 불확실한 구간에서 가던 길을 되돌아올 때를 대비해서 붙이는 것이었다. 길을 잃고 헤매기 쉬운 백두대간 길에서 표지 리본은 바다로 말하자면 등대와 같은 것이리라. 다음에 이 길을 지나 종주를 할 산 친구들을 배려하는 마음은 그 아니 아름다운가.

Tip 속리산 등산을 위해서는 법주사를 통과해야 한다. 이는 문화재관람료를 지불해야 한다는 의미다. 다소 억울한 마음도 들 수 있지만 이왕 이렇게 된 거 법주사를 꼼꼼히 둘러보는 것도 정신 건강에 좋은 방법이다. 법주사는 유네스코 세계유산으로 등록된 한국의 산사(통도사, 부석사, 봉정사, 법주사, 마곡사, 선암사, 대흥사) 중 하나이기도 하다. 또한 우리나라에 현존하는 유일한 목조탑인 국보 제55호 법주사 팔상전과 무게 160t, 높이 33m의 거대한 금동미륵대불상 등 볼거리가 많다.

097 | 부드러운 능선의 백두대간을 걷다
문경 황장산

경북 문경시 동로면 황장산(1,077m)은 월악산국립공원 동남단에 있는 산으로 조선 말기까지 작성산이라고 불리었다. 골짜기가 깊어 원시림이 잘 보존되어 있고 암벽 등이 빼어나다. 산중에는 고구려 때 축성되었다는 작성산성, 고려 공민왕 때 홍건적에 쫓긴 왕실의 비빈과 상궁들의 피신처가 되었다는 문안골이 있다.

상황에 따라 산은 함께 걷기도 하고, 혼자 걷기도 한다. 오랜만에 혼자 황장산을 찾는다.

안생달마을에서 와인동굴 방향으로 발걸음을 재촉한다. 오미자밭길 사이로 산죽이 반긴다. 시작부터 완만하고 편안한 산길이 이어진다. 쭉쭉 뻗은 낙엽송이 눈과 마음을 시원하게 하고, 졸졸 물 흐르는 소리를 내는 계곡은 귀를 즐겁게 한다. 조선시대 말엽에 대원군이 경복궁을 중건할 때 이 산의 황장목을 베어 사용하였다고 한다.

등산로도 잘 닦여 있다. 흙길, 바윗길, 나무계단 등 다양하면서 안전하게 산행을 즐길 수 있다. 여유로운 걸음으로 능선인 작은 차갓재까지 어렵지 않게 닿는다. 작은차갓재에서 전망대길은 경사가 급하고 약간의 암

릉지대로 작은바위를 타는 재미가 쏠쏠하다

숲 속에서 수줍게 고개를 내민 야생화가 보인다. 많은 흔들림 속에서 꿋꿋하게 꽃을 피워내는 것만 봐도 자연은 신비롭다. 또 살짝 건드리기만 해도 뽑힐 것 같은 고사목 한 그루가 바위 틈에 위태스럽게 서 있다. 그 운치가 그대로 한 폭의 동양화다. 살아서도 죽어서도 나무는 위대하다.

정상에 가까워 갈수록 흙길보다 바위와 암벽들이 많아진다. 밧줄에 의지

해 오르락 내리락을 해야 하는 구간은 약간은 긴장해야 한다. 황장산 정상은 숲으로 둘러싸여 시원한 조망이 터지는 여느 산들의 정상과는 차이가 있다. 약간 답답함이 느껴지기도 한다. 오히려 정상에 못 미치는 전망대에서 보는 경치가 더 시원하다.

하산은 왔던 길을 돌아가기로 한다. 차를 가져 왔을 때는 다른 선택지가 별로 없다는 것이 혼자하는 산행의 단점이다. 또 안 좋은 점은 산행의 감흥을 함께 나눌 이가 없어 외롭다는 것이다. 어쨌든 수월하게 올라온 만큼 내려가는 길 또한 여유가 넘쳐 콧노래를 흥얼거린다.

에필로그 황장산 등산로 입구에는 와인카페가 하나 있다. 원래 광산이었는데 폐광된 동굴을 개조해서 아름다운 카페로 만들었다고 한다. 문경은 우리나라 최대의 오미자 생산지이고 이곳의 와인은 오미자를 이용해 만든다. 내가 살고 있는 김해도 산딸기 주산지이다. 산딸기를 이용해 와인도 만들고, 와인동굴에 가면 산딸기 와인을 맛볼 수 있다. 하지만 널리 홍보가 안된 듯하다. 지역의 특화자원을 활용해서 상품을 개발하는 것도 중요하지만, 널리 홍보하고 관광 자원으로 자연스럽게 연결시키는 것도 그에 못지 않게 중요하다.

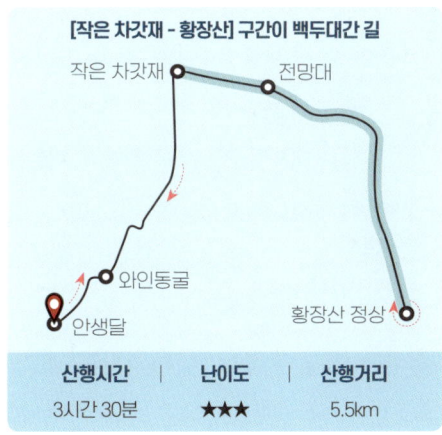

Tip 문경새재도립공원에는 '옛길박물관'이라는 특이한 박물관이 있다. 문경은 영남의 선비들이 한양으로 과거를 보러 가며 지나던 길이었다. 문경시가 운영하는 이 공립박물관에서는 옛길에 대한 자료와 현실감 있게 재현된 문경의 옛 문화를 살펴볼 수 있다. 매년 9월이면 문경 오미자축제도 열리고 있다.

098 | 동양 최대 동굴을 품은 백두대간의 분수령
삼척 덕항산

강원 삼척시 신기면 덕항산(1,071m)은 백두대간의 분수령을 이룬다. 동쪽 비탈면은 경사가 가파르다. 서쪽 비탈면은 완만하다. 거대한 암벽, 칼로 벤 듯한 암면 등 수려한 산세를 이루며 너와집, 굴피집 등 많은 민속유물이 보존되어 있다. 산 중턱의 환선굴과 대금굴은 천연기념물 제178호로 동양 최대 동굴이다.

백두대간은 소백산에서 힘차게 동쪽으로 뻗어나간다. 그러다가 덕항산에 이르러서는 세찬 기운을 받아 북쪽으로 방향을 튼다. 그런 다음 동해안을 따라 북쪽으로 치고 올라가 남한 쪽 백두대간의 최북단인 설악산에 닿는다.

덕항산은 그렇게 백두대간의 분수령을 이룬다. 북쪽에 두타산(1,353m), 남동쪽에 응봉산(1,303m)이 있고, 지극산과 능선을 나란히 하고 있다. 동쪽 비탈면은 경사가 가파르나 서쪽 비탈면은 경사가 완만하다. 덕항산 정상에서 지각산을 지나 자암재까지가 백두대간 길이다.

파란 하늘과 쾌청한 날씨에 시작 전부터 기분이 좋다. 대이리 매표소 입구에 주차를 하고 시원한 계곡을 따라 포장된 길을 오르다 보면 이내 본

격적인 등산로가 시작되는 골말이 나타난다. 여기서부터는 하늘이 보이지 않을 정도로 울창한 숲을 쉼 없이 올라야 한다. 밧줄, 철제계단이 계속 이어지는데, 특히 장암목의 926계단에 이르러서는 심장의 박동수가 최고조에 이른다.

사거리쉼터에 도착해서 비로소 안도의 숨을 쉰다. 여기서부터는 능선길이라 어려운 구간은 지났다고 보면 된다. 덕항산 정상까지 갔다가 다시 여기로 돌아와 환선봉으로 향할 계획이다.

힘들게 고생했다고 봐주

는 건지 정상으로 향하는 길은 편안한 흙길이다. 이런 길이라면 하루 종일 걸어도 피곤하지 않겠다 싶다. 정상에 도착한 뒤 한참을 쉬는 동안 찾는 사람이 한 명도 없다. 힘들긴 하지만 너무나 멋진 곳인데, 많은 사람들과 함께 감흥을 나누고 싶다는 생각이 든다.

환선봉을 지나 자암재까지의 길도 편안하기 그지없다. 힘들게 올라올 땐 아무 생각이 안 나는데, 이런 길을 걸으면 이런 저런 생각들이 정리되는 기분이다. 자암재부터는 다시 급한 내리막길이 시작된다. 하지만 군데군데 멋진 조망터가 있어 산세 구경하느라 힘든 것도 잊어버린다.

에필로그 얼마 전에 본 뉴스가 떠올랐다. '백두대간 보호지역'인 강원도 태백시 일원에 풍력발전시설을 설치할 수 있도록 산지 사용이 허가되었는데, 시설의 설치를 위해 1,000그루가 넘는 나무가 벌목되었다고 했다. 이렇게 세워진 풍력발전시설은 제대로 관리조차 되지 않고 있는 것으로 확인됐다는 것이다. 안타까웠다. 백두대간은 한반도의 역사가 백두대간 중심의 지맥에 뿌리를 둔다는 역사적 의미도 강하지만, 지리적 위치 때문에 생태학적으로도 중요한 곳이다.

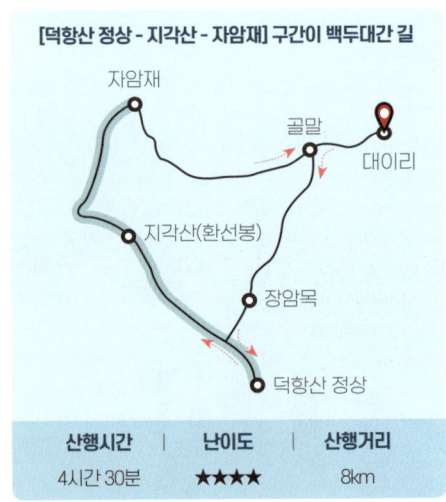

Tip 덕항산에는 두 개의 동굴이 있다. 천연기념물 제178호 대금굴과 환선굴인데, 모노레일이 설치되어 있어 접근성이 좋다. 모두 5억 년이 넘는 억겁의 세월이 쌓여 대자연의 신비를 오롯이 접할 수 있다. 특히 대금굴은 2003년 발견되어 2007년 개장한 곳으로 1일 관람객을 제한해 인터넷 예매가 필수이다. 시간 여유가 된다면 두 곳 모두 둘러보는 것이 좋다.

099 장엄한 백두대간과 무릉계곡의 조화
동해 두타산

강원 동해시 삼화동 두타산(1,357m)은 깎아지른 암벽이 노송과 어울린다. 또한 명경지수 같은 계류와 조화를 이룬 무릉계곡의 골짜기가 비경을 연출한다. '두타'는 불교 용어로 속세의 번뇌를 버리고 불도를 닦는다는 뜻이다. 이 산은 4km 거리를 두고 청옥산(1,404m)과 연이어져 두 산을 합쳐 두타산이라고 부르기도 한다.

지형지세가 험준한 백두대간은 수많은 계곡과 명산을 품고 있다. 특히 두타산은 백두대간 중 가장 역동적인 산세를 가졌다고 알려져 있다.

산행 출발지인 810m 고도의 댓재는 산경표에는 죽현, 대동여지도에는 죽령으로 표기되어 있다. 이처럼 다양한 이름을 가진 댓재는 영동과 영서를 연결하는 고개로 2차선 포장도로라서 다른 등산로와는 다른 모습이다. 이곳에서 두타산으로 가는 길 반대 방향의 백두대간 길을 따라가면 덕항산으로 이어진다.

댓재에서 두타산으로 오르는 길 6km는 올라야 하는 고도에 비해 힘이 많이 든다. 완만한 길 같아 보여도 여느 백두대간 길이 그렇듯 오르고 내리기를 수차례 반복해야 해서 헉헉 숨이 차오른다.

　두타산 정상이 보이면서 조망이 조금씩 터진다. 다소 갑갑했던 속이 시원하게 풀리는 순간이다. 두타산에서 청옥산으로 가서 백두대간 길을 조금 더 걷고 싶은 마음도 있었지만, 급격하게 떨어진 체력을 고려해 박달령 기점에서 무릉계곡 방향으로 하산하기로 한다.

　내려가는 길 또한 만만치 않기는 마찬가지다. 가파르고 험한 구간을 계속 지나야만 한다. 그렇게 한참을 걸어 도착한 무릉계곡… 그 얼마나 아름답기에 무릉계곡이라고 이름을 붙였나.

　본격적으로 무릉계곡이 이어진다. 용추폭포, 쌍폭포, 선녀탕, 장군바위, 관음폭포, 학소대 등 다양한 이름의 명소가 나타난다. 산행이 마무리되는 삼화사 부근의 무릉반석이 또한 시선을 사로잡는다. 수 백 명이 앉을 수 있는 평평한 암반으로 물놀이 하는 아이들, 계곡에 발을 담근 어른들, 햇빛에 달궈진 돌침대에 누운 이들… 모두가 신선이 따로 없다.

두타산 정상을 경계로 이렇게 다른 모습이 있을 수가 있을까. 한쪽은 꾸준하게 올라야만 하는 흙길과 돌길이 이어지고, 다른 쪽은 쏜살같이 흘러내리는 급류가 어우러진 계곡의 풍경… 이 또한 산이 주는 재미요, 우리가 산을 찾는 이유다.

에필로그 등산 중에 잠깐 쉬다가 한 어르신과 대화를 나누게 되었다. 그 어르신이 "내가 몇 살쯤 되어 보이오?"하고 묻는다. "60대 후반쯤 될 거 같다"고 말씀드리니, 빙그레 웃으면서 "내 나이 올해 여든이 다 되어 가는데, 두타산을 매주 빠지지 않고 올라 좋은 공기를 마셔서 그런지 사람들이 나이보다 젊게 본다"고 하신다. 저렇게 다부진 근육질 몸을 가진 분이 여든이라니… 계속 산에 다녀야 할 이유가 한 가지 더 생겼다.

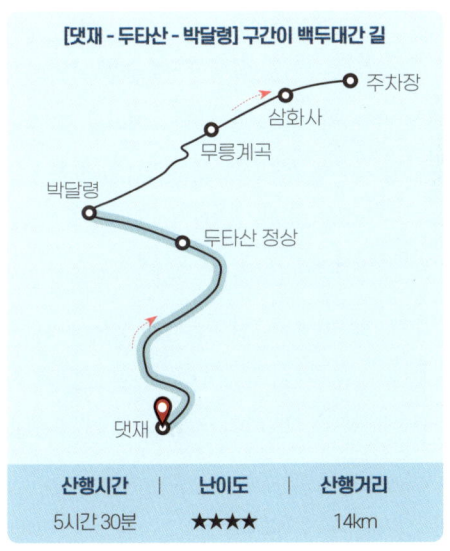

Tip 백두대간 길과 계곡을 모두 즐기고 싶다면 차를 삼척 시내에 주차해두고 댓재까지는 택시를 타고 가자. 이후 무릉계곡 방향으로 하산한 후 삼화사 입구에서 버스로 차를 세워둔 삼척 시내까지 이동하면 된다. 꼭 등산이 목표가 아니라면 무릉계곡이 끝나는 지점까지 트레킹을 한 후 원점으로 돌아오는 것도 좋다. 두타산은 산과 바다를 함께 즐기려는 피서객들에게는 이상적인 산이기도 하다.

100 단절된 백두대간, 더 이상 갈 수 없는
속초 설악산

강원 속초시 설악동 설악산(1,708m)은 한라산, 지리산에 이어 세 번째로 높고 우리나라 사람들이 첫손에 꼽는 명산이다. 정상인 대청봉을 중심으로 서북능선, 공룡능선 등 큰 줄기로 이루어지고 수많은 기암절벽, 계곡이 있으며 수백여 종의 희귀 동식물들이 서식한다. 계절마다 철쭉, 단풍, 설경으로 옷을 바꿔 입으며 아름다움을 뽐낸다.

지리산 천왕봉에서 백두대간 종주를 시작한 이들은 설악산 미시령에서 멈추어야 한다. 설악산에서 금강산으로 이어지는 백두대간을 우리는 밟을 수 없기 때문이다.

설악산 정상 대청봉에서는 날씨가 좋으면 북쪽으로 금강산이 눈에 들어와 분단의 아픔을 실감하게 하기도 한다. 금강산과 설악산은 본래 같은 산인데 구분됐다. 금강산은 휴전선에서 약 20km 거리이고, 삼일포 권역까지 합하면 고작 7km 떨어져 있다. 금강산이 내금강, 외금강, 해금강, 신금강으로 나누어지듯 설악산도 외설악, 내설악, 남설악, 북설악으로 나누어지는데 기준은 대청봉이다.

설악산은 화려하면서도 웅장함과 섬세함을 두루 갖춘 산이다. 산 전체

가 기백이 서린 품이 장부의 기상과 같다. '금강산은 수려하기는 하되 웅장한 맛이 없고 지리산은 웅장하기는 하되 수려하지 못한데, 설악산은 수려하면서도 웅장하다'는 말도 있다.

대청봉에서 일출을 맞기 위해 새벽 4시에 어둠 속에서 입산한다. 한겨울의 새벽공기는 차갑지만 신선하다. 설악폭포까지 조금 편한 길이 이어지나 싶더니 이내 가팔라진다. 뒤돌아보니 경사도가 장난이 아니다. 아찔하다. 주변을 돌아보니 많은 사람들이 헤드랜턴의 불빛에 의지해 오르고 또 오른다. 한참 앞만 보고 걷다 보니 깜깜하기만 했던 주위가 조금씩 밝아짐이 느껴진다. 이제야 설악의 자태가 보이기 시작한다.

대청봉 정상을 500여 m 남긴 지점에서 환하게 밝아진다. 얼마나 더 걸었을까. 갑자기 사람들이 소란스러워진다. 아, 대청봉에 도착한 것이다. 드디어... 드디어 대청봉이다. 그런 감격을 즐길 사이도 없이 바람이 몰아친다. 서 있기조차 힘들다. 사람들이 이리저리 중심을 잃고 밀려다닌다.

한순간 저 멀리 속초 앞바다에서 일출이 시작된다. 모두들 탄성을 내지

른다. 너무 절묘한 타이밍에 정상에 오른 것이다. 조금만 늦었어도 이 광경을 놓쳤을 것이다. 나는 참 운이 좋은 사람이다. 대청봉에서 바라보는 동해 일출은 환상 그 자체다. 마음이 뭉클해지고 뜨거운 무엇이 가슴에서 올라온다. 너무 춥지만 해가 완전히 다 떠오르고 나서도 한참이나 넋을 놓고 바다와 하늘과 해의 삼중주에 취해 서 있는다. 그런 다음에야 설악산 풍경을 제대로 눈에 담는다. 화채능선, 공룡능선에 저 멀리 울산바위가 늠름한 자태를 뽐낸다.

중청을 지나 소청으로 가는 길의 한 쪽 면은 천길 낭떠러지다. 조심조심 걸음을 옮긴다. 계속되는 화려한 산세에 걷는 속도가 점점 느려진다. 소청에서 희운각으로 내려가는 코스는 경사도가 엄청나다. 올라오는 사람들의 힘겨운 표정으로도 짐작할 수 있다.

희운각대피소에서 조금만 더 가면 무너미고개가 나오는데, 이곳은 공룡능선과 천불동계곡으로 가는 갈림길이다. 엄청난 눈으로 인해 공룡능선으로 가는 길은 전면 폐쇄되었다. 국립공원관리공단에서 위험하다는 이유로 입구를 막아놓은 것은 다 이유가 있다. 그런 길쯤이야 문제 없다는 무모한 객기로 도전하기엔 겨울산은 변수도 많고 위험하다. 제발 하지 말라는 것은 하지 말자!!

　무너미고개에서 소공원으로 이어지는 계곡길은 계곡 양쪽의 기암절벽이 천개의 불상이 늘어선 모습이어서 천불동계곡이라 한다. 웅장한 기암절벽 사이로 크고 작은 폭포와 소들이 한 폭의 그림 같은 모습이다. 비선대를 지나 소공원에 있는 곰 동상에서 기념사진을 촬영하는 것으로 8시간 반에 걸친 무박 산행을 마무리한다.

에필로그　설악산에는 대청봉 등산 외에도 볼 것들이 참 많다. 토왕성폭포, 흘림골 탐방로, 울산바위 등 다양하게 설악을 접할 수 있는데, 특히 고성 화암사에서 출발해서 1시간이면 닿을 수 있는 성인대는 최근 핫플레이스로 떠올랐다. 이곳에 서면 웅장한 울산바위를 조망할 수 있다. 또 지금은 갈 수 없는 금강산도 지척에서 바라볼 수 있다. 통일이 된다면 금강산을 지나 북한의 백두산까지 백두대간 종주 붐이 일어나리라. 그런 분위기를 타고 백두대간은 남과 북의 온 국민을 하나로 더욱 묶어 줄 것이다.

Tip　백두대간을 종주하려면 먼저 지도부터 준비하고 독도법도 익혀야 한다. 백두대간 종주에는 지도가 필수적이다. 국립지리원 발행의 5만분의 1 지형도는 25매, 2만5천분의 1 지도는 50매가 필요하다. 그리고 GPS 없이 오로지 지도와 나침반만 가지고 정해진 목표를 찾아가는 과정이 독도법이다. 독도를 하려면 우선 지도의 기호를 이해해야 한다. 지형지물을 표시하는 기호들이 지도 하단에 설명되어 있다.

김해는 이천년
역사를 자랑하는,
우리나라 역사문화의
중심입니다.

찬란한 철기문화를 꽃피운 해상왕국으로
우뚝 섰던 과거에서부터
인구 50만 이상이 살고 있는
대도시로 자리 잡은 지금에 이르기까지
겹겹이 쌓인 시간만큼
이 도시는 수많은 이야기들을 품고 있습니다.

여기서 소개할 '김해의 명산' 역시
변함없이 그 자리를 지키며,
김해의 성장과 발전을 지켜봐 왔을 것입니다.

김해를 조금 더 깊이 알 수 있도록,
김해에 조금 더 가깝게 다가갈 수 있도록,

김해의 명산으로 여러분을 초대합니다.

김해의 명산 01

가락국 이야기 보따리
무척산

무척산 이야기

　무척산(無隻山 702.5m)은 한자 그대로 해석하면 짝이 없는 산(혼자 서 있는 외로운 산) 혹은 견줄 상대가 없을 만큼 아름다운 산이라는 뜻이다. 옛 가락국 중심에 우뚝 솟은 명산으로 가락국의 시조 수로왕과 그의 부인인 허왕후에 대한 신비로운 이야기가 깃들어 있다.

　산정호수인 천지에 얽힌 이야기로는, 수로왕이 돌아가시자 지금 김해시 서상동의 왕릉이 자리 잡고 있는 위치에 묘를 만들기 위하여 땅을 파는데 이곳에서 물이 솟아나게 되어 곤란한 지경에 처하게 되었다. 그 때 갑자기 늙은 도사가 나타나서 무척산 꼭대기에 연못을 파면 수로왕릉의 물줄기가 끊어질 것이라고 하여 그대로 행했더니 더 이상 묏자리에 물이 나오지 않았다고 한다.

　모은암은 수로왕이 어머니를 그리워하여 지었다거나 혹은 가락국 제 2대 거등왕이 모후인 허왕후를 기리기 위해 창건했다고 알려져 있는 사찰이다. 전해지는 이야기에 의하면 삼랑진의 천태산 부은암은 거등왕이 아버지인 수로왕을 위해 세웠으며, 진영읍의 자암까지 세 곳이 가락국의 세 원찰(願刹)이라고 한다.

무척산 오르기

　무척산은 북쪽으로는 낙동강과 연결되고 남쪽으로는 김해시를 향해 길게 뻗어 내린다. 주변의 산들과 이어지지 않고 혼자 우뚝 솟은 것이 특징이다. 거대한 암벽 아래 들어앉은 모은암 쪽의 산세는 아기자기하고 암봉으로 이루어져 있어 경관이 훌륭하다.

　무척산으로 오르는 길은 다양하지만 생림면 무척산관광안내소에서 시작하는 것이 일반적이다. 여기서 출발해 산정호수인 천지를 지나 무척산 정상까지 올라간 뒤 흔들바위가 있는 방향으로 내려오면, 무척산을 크게 한 바퀴를 두르는 원점회귀 산행이 된다.

　산행 출발지인 무척산관광안내소는 주차장과 화장실이 잘 갖추어져

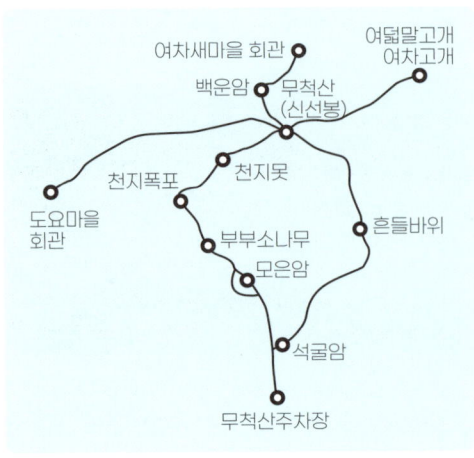

있다. 초반부터 오르막이 이어지지만 급경사나 험한 구간은 별로 없으니 크게 염려하지 않아도 된다.

산중턱의 모은암은 글자 그대로 어머니를 기리기 위해 지은 사찰이다. 그 대상이 수로왕의 어머니라고도 하고 허왕후라고도 한다. 거대한 암벽 아래 자리한 고즈넉한 사찰의 모습이 마음을 편안하게 해준다.

정상으로 향하는 길에 만나는, 줄기가 다른 두 개의 나무가 하나로 합쳐진 연리지소나무와 떨어질 듯 말 듯 아슬아슬하게 서 있는 흔들바위 그리고 시원하게 흘러내리는 천지폭포도 또 다른 볼거리다.

무척산 최고의 명소, 천지 앞에 서면 어떤 경외감까지 든다. 높은 산 위에 어떻게 이런 못이 생겼을까... 이름마저 민족의 영산이라는 북한 백두산의 천지와 같다. 영험한 기운 때문인지 천지 옆에는 무척산기도원이 자리 잡았다.

신선봉이라는 이름이 붙은 정상에 올라 저 멀리 유유히 흐르는 낙동강을 바라보면서 무척산에 서려 있는 가락국의 이야기들을 곱씹어 본다.

> **I SEE GIMHAE ① 김해의 역사**
>
> AD42년 수로왕이 가락국을 건국한 이래 현재 50만 이상의 인구가 모여 사는 대도시가 되기까지 김해시는 이천년의 유구한 역사를 자랑한다.
>
> | 42년 | 532년 | 756년 | 971년 | 1895년 | 1981년 | 1995년 |
> |---|---|---|---|---|---|---|
> | 가락국 창건 | 신라합병 (금관군) | 김해소경 (통일신라) | 김해부 (고려) | 김해군 (조선) | 김해시 승격 | 시·군 통합 |

김해의 명산 02

신령스러운 물고기가 노닐다
신어산

신어산 이야기

　신어산(神魚山 630m)은 김해의 역사를 품은 진산으로 신령스러운 물고기라는 뜻을 가지고 있다. 수로왕의 부인인 허왕후는 인도 아유타국 출신으로 수로왕과 혼인하기 위해 인도에서 바다를 건너왔다. 이 사실을 뒷받침해 주는 것을 신어산의 고찰 은하사에서 찾아볼 수 있는데, 바로 은하사 법당에 있는 쌍어문양이다. 이는 허왕후의 고향 인도 아유타지방과 관계가 있었음을 짐작케 한다.

　신어산 서쪽 자락에 있는 은하사는 정확한 창건연대는 불분명하지만, 허왕후의 오빠인 장유화상이 불교가 들어온 것을 기념하여 지은 것으로 알려져 있으며 시기는 1세기 경이다. 원래 이름은 서림사라고 했다. 인근

에 가락국 초기에 건립된 또 다른 사찰인 동림사가 있다.

우리나라 공식적인 불교 공인 기록은 372년 고구려 소수림왕 때 중국에서 전해진 북방불교이다. 하지만 그보다 일찍 장유화상이 인도에서 불교를 들여왔다고 하니 남방불교전래설이 맞을 수도 있다. 다만 유물이나 기록이 부족해서 입증은 되지 않고 있다.

신어산 오르기

신어산의 북동쪽으로는 낙동강이 흐르고 남쪽으로는 김해평야가 펼쳐진다. 도심 가운데 있어 접근성도 좋아서 휴일이면 많은 시민들이 찾고 있다. 등산로가 힘들지 않아 어린아이를 동반해서 가족산행을 계획하기도 좋다.

주차장에서 조금 더 올라 작은 광장에서 앞으로 가야 할 길을 정해야 한다. 정상까지 갈 수 있는 코스는 세 곳으로 나뉜다.

은하사를 거쳐 천진암과 출렁다리를 지나갈 수도 있고, 오른쪽 능선길을 따라 가는 방법도 있고, 영구암 쪽으로 오를 수도 있다. 다만 영구암 방향은 거리는 짧지만 가파른 구간이 많아

다른 길보다 힘들게 느껴질 수도 있다.

신어산은 사계절 언제 찾아도 수려한 경관을 자랑한다. 곳곳에서 만날 수 있는 기암괴석과 그에 얽힌 옛 이야기들은 산행에 재미를 더해준다. 특히 능선에 올라서면 시종일관 편안한 흙길이 이어져 사색하며 걷기에 좋다.

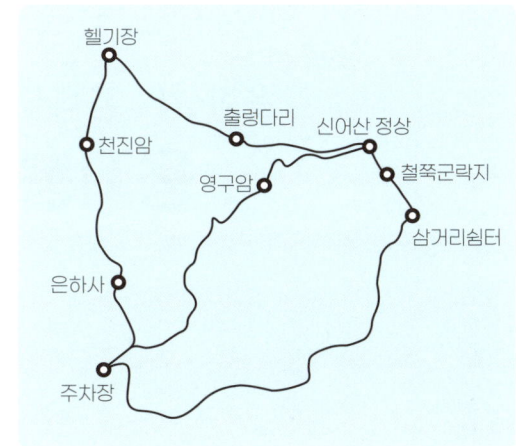

시간과 체력에 따라 코스를 적절하게 조절할 수 있어 무리 없이 산행하기에 딱이다. 어느 코스를 선택하든 1시간이나 1시간 30분이면 정상에 오를 수 있다.

정상에서는 부산 금정산 고당봉, 파리봉 등이 선명하게 시야에 들어오고 김해시내가 한눈에 내려다 보인다. 산에 올라서 시가지를 바라보니 큰 아파트, 건물들이 마치 장난감 같다.

5월 중순이 되면 이곳 신어산 정상 일대는 사람 키높이의 철쭉이 활짝 펴서 환상적인 철쭉바다가 펼쳐진다. 이 즈음해서 철쭉축제도 열려 많은 사람들에게 멋진 추억을 만들어준다.

> **I SEE GIMHAE ② 김해의 축제**
>
> - **가야문화축제** 매년 음력 3월 15일 수로왕 춘향대제일에 맞춰 우수한 가야문화를 알리기 위해 개최된다.
> - **분청도자기축제** 청자에서 백자로 넘어가는 중간단계의 생활자기로, 형태와 문양이 자유롭고 예술적인 분청자기를 주제로 매년 10월 열린다.
> - **진영단감축제** 우리나라 단감시배지로 단감 재배에 천혜의 자연조건을 갖추고 있는 진영에서 매년 11월에 열리는 축제이다.

김해의 명산 03

장유화상의 흔적을 찾아서
용지봉

용지봉 이야기

김해 장유에 있는 용지봉(龍池峰 723m)은 용제봉(龍祭峰 혹은 龍蹄峰)이라고도 불리는데, 여기에는 여러 유래가 있다. 용제봉(龍祭峰)은 비를 관장하는 용에게 기우제를 지내는 봉우리라 해서 이름 붙였다 추정되며, 또 다른 용제봉(龍蹄峰)은 용이 승천하면서 잠깐 쉬었다 간 발자국이 남았다고 유래되고 있다. 용지봉(龍地峰)은 용제봉이 용지봉으로 변한 것을 표기했다고 전해진다.

용지봉 아래 장유사에는 장유화상 사리탑과 장유화상의 영정이 있다. 허왕후의 오빠로, 우리나라 최초로 불법을 전파하고 신어산 은하사를 창건한 것으로도 알려져 있는 장유화상이 이곳 장유사와도 깊은 인연이 있었음을 보여준다.

  수로왕과 허왕후는 열명의 아들을 두었는데, 큰아들 거등은 왕위를 계승하였다. 둘째와 셋째는 어머니성을 따라 허씨의 시조가 되었으며, 나머지 일곱명을 장유화상이 지리산으로 데리고 들어가 성불하게 했다고 한다. 하동 칠불사는 이 전설과 관련되어 있는 사찰이다.

  대웅전 뒤편의 장유화상사리탑은 가락국 제8대왕 질지왕 때 장유암을 재건하면서 건립한 것으로 전해진다. 임진왜란 때 왜구들이 탑을 도굴해 부장품을 훔쳐 가서 그 후에 파손된 탑을 복원하였고, 지금은 석물만 남아 있다.

용지봉 오르기

  용지봉은 북쪽으로는 대음산과 비음산이 이어지고 남으로는 불모산으로 연결되는 낙남정맥의 갈림길이다.

  일반적으로 용지봉 산행은 대청계곡 주차장에서 시작하게 된다. 관리소 옆 계단을 밟으면서부터 처음부터 끝까지 꾸준한 오르막이며 숲길과 바위길을 번갈아가며 오르고 또 올라야 한다.

  암릉지대에 도달하여 한숨을 돌리는 동시에 조망이 터진다. 불모산 정상이 보인다. 불모산 정상에 있는 군사시설과 송신탑은 어디서 봐도 불모산임을 알 수 있는 표식과 같다. 그 옆으로 또 다른 장유의 인기 산행지인 굴암산이 이어진다. 이 능선길에서는 진해 앞바다까지 멀리 보인다.

  이제부터는 그다지 힘들지 않은 암릉을 계속해서 지난다. 용바위

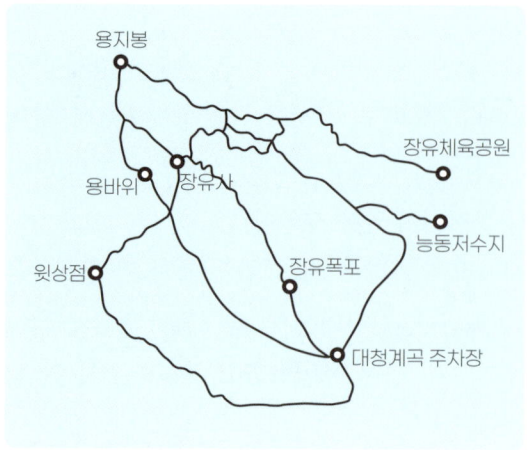

라고 이름 붙은 팻말을 따라 산 안쪽으로 들어가면 흔들바위를 닮은 용바위도 만날 수 있다. 여기서 바라보는 장유사는 손에 잡힐 듯 가까이 있다.

용지봉 정상은 사방으로 탁 트여 있다. 대암산, 비음산으로 이어지는 능선과 장유지역 시가지를 비롯해 부산의 산들까지 한눈에 보인다.

내려갈 때는 왔던 길이 아니라 장유사로 방향을 잡고 계곡을 따라 하산하면 좋다. 이곳은 산림이 울창하고 긴 계곡이 있어 자연경관이 빼어나다. 최근에 대청천에서 국립용지봉자연휴양림, 장유폭포로 이어지는 걷기 좋은 대청계곡누리길이 연장 조성되어 도심에서부터 걸어서 이곳까지 산책하는 사람들도 많다.

I SEE GIMHAE ③ 김해의 맛

- **불암장어** 부산과 김해의 경계, 서낙동강이 바라다 보이는 곳에 불암동 장어타운이 있다. 장어는 원기회복에 탁월한 것으로 알려져 있다.
- **진영갈비** 얇게 포를 뜬 소갈비를 돌돌말아 양념장에 재웠다가 구운 것으로 양이 많고 가격이 싸며 육질이 연해 맛이 좋기로 유명하다.
- **김해뒷고기** 고기를 선별하고 남은 부위들을 일컬으며, 뒤로 몰래 빼돌린 고기라해서 이름붙였다는 설도 있다. 육질이 쫀득하고 연해서 씹는 맛이 좋다.
- **진례닭백숙** 진례 평지계곡에 백숙집이 모여 있는데, 평지마을 백숙촌이다. 촌닭을 직접 장작불에 삶아 그 맛이 일품이다.
- **동상동칼국수** 김해 시내 중심에 있는 동상시장에서 서민의 맛을 대표하는 칼국수를 만들어 파는 가게가 모여 있다.

> 김해의 명산 04

김해에도 백두산이 있다
백두산

백두산 이야기

　김해도 백두산이 있다는 재밌는 사실!! 김해시 대동면에는 민족의 영산 북한의 백두산과 같은 이름인 또 다른 백두산이 있다. 지명과 관련해서는 산경표(조선시대 우리나라 전국의 산맥 분포를 나타낸 표) 상 끝점인 북한 백두산에 대칭되는 지점의 산이라서 이름이 유래되었다는 설이 있다.

　북한의 백두산이 우리나라 등뼈에 해당하는 백두대간의 시점이라면 대동 백두산은 백두대간을 받쳐주는 낙남정맥의 끝자락에 해당한다. 즉 우리나라 산은 백두산에서 시작해 백두산으로 끝난다고 볼 수도 있겠다.

　또 한가지 흥미로운 것은 백두산 정상으로 가는 길목에 있는 한 뿌리에서 여섯 개 줄기가 뻗어 자란 독특한 모양의 소나무다. 일명 '육형제소나

무'라 부른다. 이 모습이 흡사 6개의 황금알에서 깨어난 사내아이들이 6가야의 왕이 되어 연맹국을 이루었던 가야 이야기와 절묘하게 일치하며 호기심을 불러 일으킨다.

백두산 아래 원명사에는 보물 제961-1호인 묘법연화경이 있다. 법화경이라고 부르기도 하며 천태종의 근본경전으로 화엄경과 함께 우리나라 불교사상 확립에 크게 영향을 끼친 경전이다. 원명사 역시 가락국 시절부터 존재했을 것으로 추정하고 있다.

백두산 오르기

북한 백두산(2,744m)과 이름은 같지만 김해 백두산(白頭山 353m)은 의외로 야트막하다. 산 중턱에 운동기구들도 있어 마을 주민들이 운동삼아 산책삼아 오르기도 하고, 인근 다른 지역의 사람들 역시 가벼운 산행지로 많이 찾는다.

산행은 대동면행정복지센터(대동초등학교)에서 많이 출발한다. 산행 진행 방향으로 가야의길, 명상의길, 편백의길 세 개로 구분해 놓았다. 이를 백두산누리길이라 하는데 가야문화와 역사 이야기들을 소개한 안내판이 있어 역사를 되새겨 보면서 산행을 하는 것도 또 다른 재미다. 초정리 원명사에서 출발하면 산행시간을 더 단축할 수도 있다. 어디서 출발하든 중간기점에서 만나게 되어 있다. 시작부터 계속해서 편안한 흙길이 이어지며, 편백나무숲

을 지나면서는 상쾌한 기운에 더욱 발걸음이 느려지곤 한다.

백두산은 전반적으로 힘든 구간이 거의 없는 산이라고 보면 된다. 육형제소나무가 있는 쉼터 직전에 한차례 그리고 이곳에서 정상까지 한차례만 급한 오르막이고 나머지는 완만해서 걷기 좋은 길이다.

정상에 올라 바라보는 전망은 더할 나위 없이 좋다. 양산의 천성산, 부산 금정산으로 이어지는 능선들이 파노라마처럼 펼쳐지고 그 아래 낙동강이 굽어다 보인다.

I SEE GIMHAE ④ 가야의 향기

- **국립김해박물관** 가야문화의 이해와 우수성을 알리기 위해 건립된 가야문화권 유물을 집대성한 곳
- **대성동고분박물관** 가야시대 고분군을 중심으로 나라의 성립과 정치, 사회 등 금관가야의 실체를 밝히고 있는 곳
- **수로왕릉&왕비릉** 가락국을 건국한 수로왕과 그의 부인인 인도에서 온 허왕후를 모신 곳
- **구지봉** 구지가를 부르며 백성들이 춤을 추자 하늘에서 6개의 알이 든 황금상자가 내려왔다는 가야의 건국신화가 깃든 곳
- **가야테마파크** 문화체육관광부와 한국관광공사의 2023~2024 한국관광100선으로 선정

100가지 보물을 품은 100대 명산

초판 발행 2023년 4월 27일
2쇄 발행 2023년 6월 21일

지은이   이춘호
펴낸이   김능구
펴낸곳   블루페가수스

책임편집   김자경
디자인   현윤정
마케팅   정성훈
SNS홍보   김가은

출판등록 2017년 11월 23일 (제2017-000140호)
주소 07327 서울시 영등포구 여의나루로71 동화빌딩 1607호
전화 02-780-4392 / 주문팩스 02-780-4395

ⓒ 2023 이춘호

ISBN 979-11-89830-15-1

- 이 책은 저작권법에 따라 보호를 받는 저작물이므로 무단전재와 무단복제를 금합니다.
- 이 책 내용의 전부 또는 일부를 이용하려면 반드시 저작권자와 블루페가수스의 서면 동의를 받아야 합니다.
- 책값은 뒤표지에 있습니다.
- 잘못된 책이나 파손된 책은 구입하신 서점에서 바꾸어 드립니다.